普通高等学校体育专业主干课配套教材

体育管理学案例

Tiyu Guanlixue Anli

张瑞林　主编

高等教育出版社·北京
HIGHER EDUCATION PRESS　BEIJING

内容提要

本书是《体育管理学》的配套教材，旨在加强培养体育专业学生的实践能力，强化学生对体育管理学理论知识的认识、理解和运用，实现由知识向实践能力的跨越。本书知识全面、结构清晰、案例匹配、分析精确、问题深刻，力求通过案例，使学生了解体育管理中的现实问题，将体育管理体制、学校体育管理、运动训练管理、体育赛事管理、社会体育管理和体育产业管理的制约因素、主要矛盾及发展趋势如实呈现给学生。

本书可作为全国高等学校体育专业本专科生教材，也可作为体育专业成人教育教材、体育管理相关人员培训教材、体育教师的教学用书和体育行政人员的管理参考用书。

图书在版编目（CIP）数据

体育管理学案例 / 张瑞林主编 . -- 北京 : 高等教育出版社 , 2013.11

ISBN 978-7-04-038506-9

Ⅰ . ①体… Ⅱ . ①张… Ⅲ . ①体育－管理学－高等学校－教材 Ⅳ . ① G80-05

中国版本图书馆 CIP 数据核字 (2013) 第 222475 号

策划编辑 桂隽超　责任编辑 桂隽超　封面设计 杨立新　版式设计 王 雎
责任校对 李大鹏　责任印制 毛斯璐

出版发行	高等教育出版社	咨询电话	400-810-0598
社　址	北京市西城区德外大街4号	网　址	http://www.hep.edu.cn
邮政编码	100120		http://www.hep.com.cn
印　刷	国防工业出版社印刷厂	网上订购	http://www.landraco.com
开　本	787mm×960mm 1/16		http://www.landraco.com.cn
印　张	17.25	版　次	2013 年11月第1版
字　数	265千字	印　次	2013 年11月第1次印刷
购书热线	010-58581118	定　价	28.00 元

本书如有缺页、倒页、脱页等质量问题，请到所购图书销售部门联系调换

物 料 号　38506-00

主　　编　张瑞林

副 主 编　王先亮　路锋辉　尚宁宁

编写人员　（以姓氏笔画为序）：

王先亮　王晓芳　刘玉兰　刘　营　孙　越

张瑞林　尚宁宁　祝　菁　耿廷芹　路锋辉

前 言

随着我国高等教育的改革与发展，素质教育的进一步落实，创新型、复合型、实用型体育人才培养的目标对体育专业建设提出了更高的要求，教学内容、教学方法以及教材建设等方面的改革迫在眉睫。为更好地适应高等学校体育院系专业课程改革的需要，一方面要改变传统的教学模式，引入更贴近实践的案例教学、实训教学等教学方法，更好地启迪和促进学生主动思考；另一方面要切实加强体育专业学生的实践能力培养，强化学生对理论知识的理解和运用，实现由理论知识向实践能力的转化。

体育管理学是高等学校体育专业基础课程之一，体育管理能力是高等学校体育专业学生重要的专业技能。因此，在学习和掌握体育管理学理论与知识的基础上，理论联系实际，培养和提高体育管理方面的技能尤为重要。然而，当前我国体育专业教材建设相对滞后，案例教学所需的教材相对匮乏，难以满足体育专业建设与发展的需求。在此形势下，为适应高等学校体育专业改革，以改变传统教学模式、着力培养学生实践技能和提升学生社会适应能力为导向，我们编写了《体育管理学案例》教材。

本书的编写过程中，作者力争做到理论知识系统全面、客观事实阐述清晰、案例选择精确匹配、问题分析精辟深刻。在内容组织方面，纵向上明确了我国体育管理的发展历程，横向上建立了国内外的比较分析。通过案例的教学，使学生了解体育管理中的重大和现实问题，将体育管理体制、学校体育管理、运动训练管理、体育赛事管理、社会体育管理和体育产业管理的制约因素、主要矛盾及发展趋势生动地呈现给学生。通过本教材的学习，体育专业学生能更清晰地把握我国体育管理的现状，深刻理解体育行业的现实情况，建立起对体育管理内外环境的正确认识。在案例的选择方面，我们力争选取与管理学原理、管理学方法相匹配的经典案例和时效性更强的案例，引导学生主动分析问题，充分利用已学的理论知识解决问题，以切实培养和提高学生的体育管理技能。

全书分为六章，分别就体育管理体制、学校体育管理、运动训练管理、体育赛事管理、群众体育管理和体育产业管理方面的问题设计了案例。本书适用于全国高等学校体育相关专业本、专科学生，亦可作为体育专业成人教育、体育教师进修、体育管理人员培训的参考用书。本书应该在学生掌握体育管理学基本理论的基础之上使用，可依据本书开展案例教学、实训教学等新型教学方式，提高教学的效果。

本书由张瑞林教授担任主编，王先亮、路锋辉、尚宁宁担任副主编，编写人员包括王晓芳、王先亮、刘玉兰、刘营、张瑞林、尚宁宁、祝菁、耿廷芹和路锋辉，全书由张瑞林教授统稿。

本书编写过程中吸收和借鉴了大量国内外专家学者的研究成果；所选案例，部分由本书编写人员整理，部分来自于报刊、杂志及互联网上的材料等，为使案例的主题更加突出，便于教学，编者对部分内容进行了改编。本书在出版过程中，得到了高等教育出版社体育分社的鼎力支持，在此表示由衷的感谢！

限于编者的水平，书中难免有疏漏之处，恳请读者批评指正！

编者

2012 年 4 月

目　录

第一章

体育管理体制

体育管理体制是指体育管理的机构设置、权限划分、运行机制等体系与制度的总称，是实现体育总目标的组织保证。① 我国体育管理体制经过多年的发展和改革，为促进我国体育的发展发挥了重要的作用。但是，我国体育管理体制尚不健全，还存在各种各样的矛盾和问题，如何正确地认识、深入地剖析这些问题，需要全体社会成员的关心和参与，真正找到解决问题的答案，促进我国体育管理体制的革新，促进体育全面、协调、健康地发展。

① 张瑞林，秦椿林．体育管理学（第 2 版）[M]. 北京：高等教育出版社，2008.6:62.

第一节 我国体育管理体制

一、我国体育管理体制的发展历程

体制与国家的政治、经济和社会密切相关，我国体育管理体制是伴随改革和发展而不断革新的。大体上，我国体育管理体制经历了以下四个发展时期：①

（一）中华全国体育总会时期（1949—1951 年）

中华全国体育总会成立于新中国成立之初，包括两个组织系列：中华全国体育总会系列主要包括从中央到地方，直至基层的体育分会；中华全国体育总会下属的各单项体育协会组织系列主要包括各级运动项目协会。中华全国体育总会负责全国体育相关事务的管理。在这一时期，我国体育管理体制的特点是呈现出浓厚的社会主义色彩，建立在依靠群众、发动群众的基础上，并不依靠行政手段去推行，这与当时的社会环境和政治气氛密切相关。②

（二）国家体育运动委员会时期（1952—1980 年）

1952 年，为适应有计划、大规模经济建设的需要，借鉴当时苏联的模式，我国正式成立了中央人民政府体育运动委员会，1954 年更名为中华人民共和国国家体育运动委员会，是负责领导全国体育运动的政府行政机关。从此，全国各种体育活动被纳入到大一统的“举国体制”当中③。这一时期体育管理体制的主要特点表现为四个方面：第一，政府行使几乎

---

① 张瑞林，秦椿林．体育管理学（第 2 版）[M]. 北京：高等教育出版社，2008.6:70~74.

② 齐书春等．从社会分化看我国体育管理体制的衍变与发展 [J]. 南京体育学院学报 .2003.(3):40.

③ 齐书春等．从社会分化看我国体育管理体制的衍变与发展 [J]. 南京体育学院学报 .2003.(3):40.

全部管理职权；第二，国家承担绝大部分经济义务；第三，行政命令是主要管理手段；第四，举国体制表现出较强的应急性。

（三）初步改革时期（1981—1997 年）

国家体委为了适应改革开放和市场经济发展的需要，在保留“举国体制”的前提下对体育管理体制进行了一系列的改革。1981 年，开始推行提高体育总会、单项体育协会、行业体育协会地位和作用的改革试点；1983 年，开始对训练体制和竞赛体制进行多方面改革；1984 年，开始对体育科研体制进行改革。在此基础上国家体委于 1986 年 4 月 15 日颁布了《关于体育体制改革的决定（草案）》，为体育体制尤其是体育管理体制的改革拉开了序幕。1993 年，全国体委主任会议制订下发了《国家体委关于深化体育改革的意见》，确立了 20 世纪 90 年代体育体制改革的基本思路，确定逐步建立符合现代体育运动发展规律、国家调控、依托社会、自我发展、充满生机活力的体育体制和良性运行机制。以此为指导思路，国家对体育的各个领域进行了大刀阔斧的改革。1993 年，成立了 14 个运动项目管理中心，各项目管理中心是隶属于国家体委的直属事业单位；1994 年，国家体委机关内部改革，由原来的 15 个厅、司、局缩减为 13 个；1997 年，国家体委又组建了 6 个运动项目管理中心，并对原来的 3 个项目中心进行了调整。

（四）国家体育总局时期（1998 年至今）

在前期改革的基础上，1998 年，国家体委更名为国家体育总局，与中华全国体育总会一个机构两块牌子。这就基本决定了以后相当长的一段时间内，我国体育管理体制为新型的“举国体制”。随着改革开放的深入，体育总局适应发展的要求不断调整，全盘政府管理逐渐转向了以公共服务为主，社会组织管理权限逐步扩大，市场自由度逐渐提升，我国体育管理体制正向着“政府主导、社会自治、市场自主”的方向稳步推进。

二、体育管理体制的内容与类型

根据我国体育事业的历史和发展，可以将体育划分为竞技体育、群众体育与体育产业三个组成部分，体育管理体制也可以相应地分为竞技体育管理体制、群众体育管理体制与体育产业管理体制。竞技体育管理体制是针对运动训练、体育竞赛的管理，群众体育管理体制是针对全民健身及其附属活动的管理，体育产业管理体制则是针对体育物质产品与精神产品生产的行业管理。

根据体育管理体制的概念，体育管理体制的主要内容应该包括体育管理机构设置、权限划分、运行机制等体系与制度。根据管理权限的归属不同，可以将体育管理体制划分为政府管理型、社会管理型和结合型三种。政府管理型以政府管理为主，政府设立专门的体育管理机构，前苏联就是典型的代表；社会管理型由社会组织行使体育管理职能，政府机构很少介入，美国是社会管理型的代表；结合型是将政府和社会管理结合在一起的管理体制，既有政府管理又有社会管理，如德国、日本等国家。目前，我国体育管理体制正向结合型管理体制转变。

第二节　竞技体育管理体制

一、我国竞技体育管理体制

竞技体育管理体制是运动训练与运动竞赛等竞技体育事务管理的机构设置、权限划分和运行机制等体系与制度的总称，其目标是通过保障竞技体育的高效开展，实现为国争光和服务社会。竞技体育管理机构由中央政府机构和地方政府机构以及社会机构组成，中央管理机构为国家体育总局，其业务负责部门为竞技体育司，地方管理机构为各地方体育局竞技体育管理处室；政府管理机构为国家体育总局各个项目管理中心，社会管理机构为各个运动项目协会。国家体育总局竞技体育司和地方体育局竞技体育处按照分工统筹负责各自范围内竞技体育的发展规划、竞技运动项目布局以及体育竞赛的设置，协调各种赛事的组织工作。各运动项目管理中心负责相应项目的管理工作，项目协会分工负责项目的自律性、社会性管理工作。总体而言，我国竞技体育管理体制仍是举国体制，即“国家为了尽快解决某项重大的体育事务,举全国之力,集全民之智所形成的体育事业组织与项目管理体制。”①在举国体制的支撑下，我国竞技体育事业飞速发展，2008 年成功举办了第二十九届奥运会，并且荣登金牌榜第一位。整个“十一五”期间我国运动员共获世界冠军 634 次，竞技体育步入了辉煌的发展时期。

随着我国改革开放的深入，举国体制在取得优异成绩的同时也显示出了与社会发展不协调的一面。在市场经济的背景下，出现了运动员退役以后就业难、体育后备人才缺乏、体制活力不足、社会积极性下降、政企不分与政事不分共存以及体育领域的腐败滋生等一系列的问题，竞技体育管理体制的深入改革也提上了日程。根据《体育事业发展“十二五”规划》，“十二五”期间我国将继续坚持和完善竞技体育举国体制，发挥举国体制优势，破除举国体制的弊端，做好统筹协调，赋予举国体制在市场经济条件下的新内涵、新内容、新机制，更好地凝聚国家目标、社会需求、大众意志和体育资源，促进竞技体育实现新跨越，带动体育事业全面发展。②

二、案例精选

案例一 坚持举国体制 完善体育后备人才队伍培养

在 2008 年全国体育局长会议上，国家体育总局局长刘鹏在大会报告中表示，“在当前和今后一段时期内要毫不动摇地坚持中国体育的举国体制”。刘鹏认为，历史和实践证明，举国体制是与中国现阶段基本国情和中国体育的目标任务相适应的竞技体育发展模式。在当前和今后一段时期内既要毫不动摇地坚持举国体制，同时“又要根据新情况、新问题、新环境不断完善，赋予其市场经济条件下的新内涵。”

① 苗治文，李勇勤，张大庆，等．论举国体制的改革与发展 [J]. 北京体育大学学报 .2006,29(6):742.

② 国家体育总局 . 体育事业十二五规划 [Z].2011.

刘鹏指出，要从更加宽广的视角来观察、思考、设计和统筹对举国体制的完善，包括如何优化我国竞技体育的结构和布局，如何从实际出发探索完善符合中国国情的职业体育制度等。对于完善体育后备人才队伍的培养，其模式的具体目标是：第一，既立足于培养优秀竞技体育人才，又兼顾面向社会培养就业前景好、具备体育职业技能的人才。如与教育机构合作，把体校的训练与培养中小学体育教师结合起来；与体育职业鉴定机构合作，把体校的训练与培养具有职业资格的社会体育指导员衔接起来等。第二，从落实九年制义务教育入手，完善体校的文化课教学。要与具有优质教育资源的中小学校合作，由它们来承担体校学生的文化教育。第三，通过制度化的培训，切实提高各级各类体校教练员科学训练水平，提高培养效益和成材率，防止拔苗助长的问题发生。第四，统筹体育后备人才队伍建设和运动员保障工作。

（改编自：李旭、高进，《坚持举国体制 完善体育后备人才队伍培养》，华奥星空网 http://www.sports.cn，2008 年 01 月 08 日。）

案例二 奖牌为何要变卖？

《中国青年报》2007 年 4 月 10 日报道：迫于生计，昔日的国际马拉松冠军艾冬梅决定变卖她在运动生涯中获得的 15 枚奖牌。仅仅两天时间，已有数百人“抢购”这 15 枚奖牌，连铜牌都有人愿出 5000 元买。这样的现象应该引起我们的深入思考：它是否反映了举国体制下竞技体育存在某些弊端？

有关资料显示，目前我国注册的专业运动员约 5 万人，在非奥运年有近万名运动员退役，奥运年的规模则更大。但得到“妥善安置”的退役运动员仅千人左右，更多的只能得到所谓的“一次性补偿”，补偿金额由各地方体育局决定。条件好的地区多一点，而大部分地区也就能为一位运动员拿出几千元，而且运动员真拿到手还要费一番周折。可以说，艾冬梅的境遇很有代表性。

在举国体制下，我国职业运动员文化基础较差，除了体育技能，没有其他的专业技能，也没有足够的文化课基础去进一步学习科学文化知识，最终只能去做最低技术含量的工作，赚取菲薄的收入谋生。在运动生涯中留下了伤病的那些运动员的境遇就更加悲惨。以前，“举国体制”下的专业运动员都是“铁饭碗”，能够“旱涝保收”，这也是当初很多人愿意让自己的孩子放弃学业，从事竞技运动的一个重要原因。现在，即便不能保证他们都有“铁饭碗”的工作了，但最起码相关部门应当拿出一笔钱来，为退役运动员进行必要的专业技能培训，让他们有一技之长到社会上去谋生。这既是对运动员们负责，也对中国体育事业吸引优秀人才有利。

（改编自：乐毅，《艾东梅的奖牌能砸起多大的水花》，新华网，2007 年 04 月 12 日。）

案例三　怎样看待竞技体育的举国体制

北京奥运会中国代表团获得的金牌总数名列第一。据此，中国奥委会的官员认为，这说明举国体制还是有效的。

从某种意义上说，这位官员的话并不错，特别是对于竞技体育来说。但是，凡事得历史地看，现代体育运动发源于西方，绝大多数运动项目，“落后国家”的人，过去可能连听都没听说过，更不用说喜欢且参与其中。后发国家要想在体育运动方面迎头赶上，通常要走一些超常规的道路，举国体制就是一种。这种体制在采用之初，把国家荣誉放在第一位来考虑，为迅速提升一国的竞技体育水平，确保更多运动员在国际赛场取得优异成绩、为国家争得荣誉，发挥了不可磨灭的作用。

历史上前苏联和东欧一些国家，也曾实行举国体制。从结果上看，这不仅可以确保为国家争荣誉，对各个运动项目的引进和推广也有积极的作用。乒乓球运动在中国一直实施的是举国体制，不仅培养运动员，集中训练，而且国家队还专门设置了陪练运动员，模仿各国对手，实施针对性训练。这已经达到了举国体制的极致。这种体制实行多年来，中国的乒乓球运动水平的确上去了。不仅精英运动员打得好，雄霸世界乒坛多年，而且乒乓球运动在中国也得到了很好的普及，刺激了这项运动的全民性开展。

然而，我们必须辩证地看待体制的问题。举国体制虽然有效，也有很多好处，但我们必须清醒地意识到，这种体制应该只是一种过渡性的制度安排。体育运动的目的，不应只是为了国家的荣誉，更重要的应该是注重人的发展。举国体制作为体育事业发展的先锋，应该向全民体育和市场化的方向走。

如果有一天，运动员从事某项运动，更多的是自发和出于兴趣爱好，或者能够顺利地发展成为商业化的职业运动员，那么，举国体制这种制度安排也就成功地完成了它的使命。

（改编自：张鸣，《怎样看待竞技体育的举国体制》，中国青年报，2008年08月23日。）

思考问题：

1. 根据案例一、三，总结和评价当前我国竞技体育管理体制。

2. 根据案例二，分析我国竞技体育管理体制存在的弊端。

3. 根据上述案例，分析我国竞技体育管理体制改革的方向，针对我国的竞技体育管理体制改革，你有怎样的合理举措和建议？

4. 根据人力资源管理的相关理论和知识，结合体育管理的规律，你认为当前应该如何解决运动员退役就业难的问题？

第三节　群众体育管理体制

一、我国群众体育管理体制

群众体育管理体制是指群众体育管理的机构设置、权限划分和运行机制等体系与制度的总称。国务院2011年颁发的《全民健身计划（2011—2015年）》指出，群众体育管理是一个极其复杂的系统，涉及中央主管部门、地方政府、地方体育局、社区和体育社团组织等一系列政府与社会机构，其业务主管部门为国家体育总局群众体育司和地方体育局群众体育处（科）等。当前，我国现行的群众体育管理体制体现出结合性，即政府垂直管理和社会自我管理并存。整个群众体育管理系统主要分为三个子系统：群众

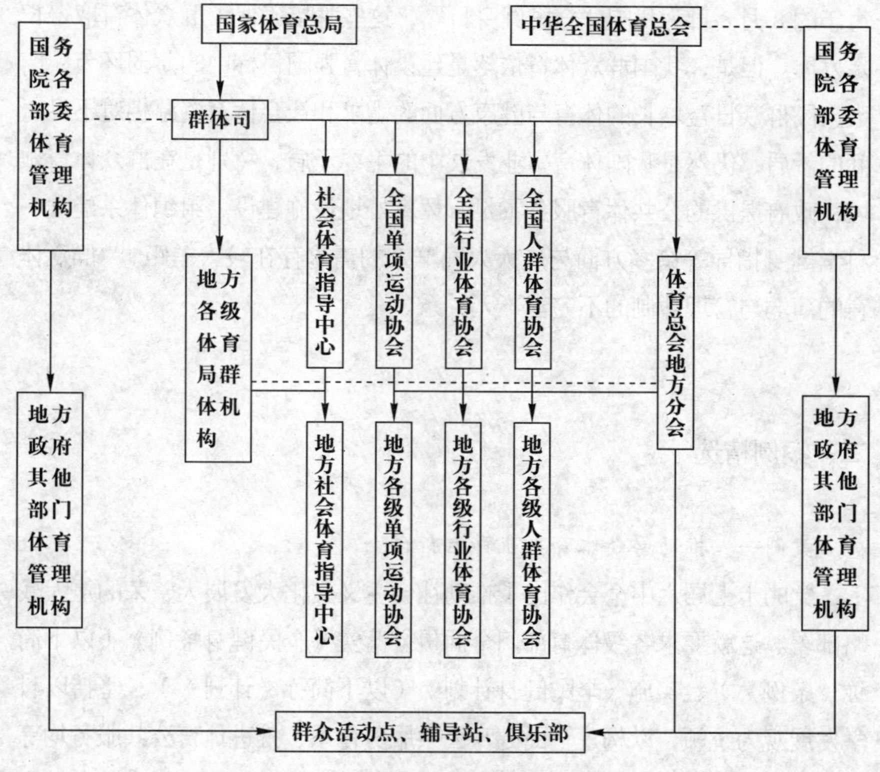

图 1-1 群众体育管理体制示意图

（注：虚线为协作关系，实线箭头为业务指导关系，其中国家体育总局对群体司为直接管理关系。
引自：中国群众体育现状调查课题组 . 中国群众体育现状调查研究 [M].1998:35.）

体育政府管理系统、群众体育社会管理系统和基层群众体育组织。① 我国群众体育整个管理系统如图 1-1 所示。

青少年体育是群众体育与竞技体育的重要组成部分。2007 年，中共中央、国务院发布了《关于加强青少年体育 增强青少年体质的意见》，同年“全国亿万学生阳光体育运动”正式开展，受到了社会各界的广泛关注。2010 年国家体育总局设置了青少年体育司，各地方体育局也设立了相应的青少年体育管理机构，负责推进并管理青少年体育工作。

近年来我国群众体育管理不断加强，管理体制日趋完善。2009 年起，

① 吕小黎，秦小平 . 我国群众体育管理体制及其改革 [J]. 湖南第一师范学报 .2008,8(3):132

每年的8月8日为我国“全民健身日”，这些举措确保了群众体育取得长足发展。但是，我国群众体育依然是建设体育强国目标中的薄弱环节，广大人民群众日益增长的体育与健康方面的需求和社会体育资源相对不足之间的矛盾，仍然是我国体育事业发展中的主要矛盾，特别是在群众体育领域，政府提供的公共体育服务不足，体育场地设施建设、组织体系建立、科学健身指导等诸多方面与广大人民群众的需求存在较大差距。[①] 群众体育的薄弱与管理体制的不完善不无关系。

二、案例精选

案例一　推动群众体育事业再上新台阶

党的十七届六中全会作出了推动社会主义文化大发展大繁荣的重大战略部署。这就要求各级体育部门全面贯彻落实《全民健身条例》（以下简称《条例》）、实施《全民健身计划》（以下简称《计划》），坚持以科学发展观为统领，以构建全民健身公共服务体系、推进体育公共服务均等化为目标，着力推动政府履行全民健身公共服务职能，推动群众体育工作取得新进展。

一、继续贯彻落实《条例》、实施《计划》，进一步推动各级政府履行公共体育服务职责

《条例》和《计划》的颁布体现了党和政府以人为本、执政为民，对人民群众身体健康的高度重视，对全民健身事业发展的充分肯定和殷切期望。贯彻落实好《条例》、全面完成《计划》确定的各项目标任务，持续推动各级政府履行体育公共服务职责，努力推进形成政府主导、部门协同、社会共同参与的全民健身工作格局是当前和今后一个时期开展群众体育工作的首要任务。

近年来，各级体育部门深入贯彻落实《条例》，积极推动本级人民政

① 国家体育总局.体育事业“十二五”规划[Z].2011.

府将“全民健身发展纳入国民经济和社会发展规划、写入地方年度《政府工作报告》和列入地方财政预算”，切实履行体育公共服务职责。《计划》的研究制订，取得了明显进展和初步成效。

尽管各地贯彻落实《条例》和实施《计划》取得了新的成效，但距离目标的实现还存在很大差距。部分地区，特别是中西部地区，按照《条例》要求将全民健身工作经费列入本级财政预算存在一定难度，有些地方直接将彩票公益金冲抵财政拨款，甚至取代财政拨款，影响了刚性的财政投入保障；“三纳入”执行情况向地（市）和县（区）延伸发展不平衡；一些地方政府未能充分发挥向公众提供公共体育服务的职能，公共体育事业投入不足，基层公共体育服务能力薄弱，公共体育服务的均等化差距较大。

面对存在的问题和差距，务必保持清醒的头脑，要充分认识到贯彻落实《条例》和实施《计划》，构建覆盖城乡比较健全的全民健身公共服务体系，是各级政府履行公共服务职能的应尽职责，是保障和改善民生的重要举措，是发挥体育推动社会主义文化大发展大繁荣作用的重要内容，它不仅是“十二五”体育事业发展的一项重点工作，也是事关体育强国建设和文化强国建设的一项重要任务。2012 年 1 月 3 日，新华社的长篇通讯《总揽全局 科学发展——以胡锦涛同志为总书记的党中央 2011 年治国理政纪实》特别强调要“制订新的全民健身计划”，充分说明了制订《计划》，提高全民族身体素质在保障和改善民生方面的重要作用。因此，各级体育部门一定要继续将深入贯彻落实《条例》和《计划》作为主要任务，采取有效措施，进一步推动各级政府认真履责，切实将“三纳入”工作做实，并不断延伸和拓展纳入的内容，同时要指导和督促地市和县区政府制订好本级《全民健身实施计划》。

二、充分发挥各类社会组织作用，努力形成政府主导、部门协同、全社会共同参与的全民健身事业发展新格局

全民健身事业是一项庞大的社会系统工程，事关提高全民族身体健康素质和人民的幸福生活指数，不仅需要大力推动各级政府切实履职尽责，同时要充分依靠和调动全社会力量共同推进。为进一步推动全民健身事业发展，更好地满足人民群众对体育健身的新需求，《计划》明确提出要“形成政府主导、部门协同、全社会共同参与的全民健身事业发展格局”。各

级体育部门要认真按照《计划》要求，积极主动争取地方党委、政府及相关职能部门的支持与合作，充分发挥各部门的资源优势和各类社会组织的积极作用，形成共同推进全民健身事业发展的整体合力。

首先，要充分发挥各级党委和政府相关职能部门的资源优势和作用，积极推动各部门协同工作，共同推进《全民健身计划》的深入实施。各级体育部门要充分发挥主观能动性，积极争取地方政府的支持，有效整合本地各职能部门资源，进一步凝聚深入推行《计划》的共识，紧紧围绕本地制订的《全民健身实施计划》，明确相关部门工作职责，细化工作任务和分工，形成有效的工作机制，并针对影响全民健身事业发展的瓶颈和难题，研究出台具有针对性的政策和措施，使全民健身各项工作取得新进展和新成效。

其次，要充分发挥各级体育总会和单项体育协会的作用，不断创新全民健身工作机制。发展全民健身事业在体育系统内部也要切实转变观念，进一步明确和树立“大群体观”，彻底改变过去那种“群体部门一家干群体”的局面，要充分认识到全民健身事业不仅仅是群体部门和几个非奥项目管理单位的职能，更是整个体育系统的一项重要工作。各级体育总会、单项体育协会和有关单位同样承担着推动全民健身工作不断发展的任务。各地应根据本地发展全民健身的工作实际，明确各级体育总会、单项体育协会和相关单位的职责和任务，充分发挥各级体育总会的组织优势以及各单项协会和有关单位在项目和场馆等方面的资源优势，建立和完善发展群众体育的新的工作机制，共同推进全民健身工作深入开展。

再次，要充分发挥各类社会组织的作用，为全民健身事业发展注入新的活力。各级工会、共青团、妇联、残联等社会组织和行业体协、老年人体协、农民体协、各类健身俱乐部等体育组织联系群众最直接、最密切，对动员和组织不同人群参加全民健身活动具有强大的号召力，是深入实施《计划》十分重要的力量和覆盖面广泛的组织保障。各级体育部门要善于引导和发挥他们的作用，积极支持和协助他们广泛开展贴近群众、形式多样的全民健身活动，并为他们组织开展各类活动提供必要的场馆条件、技术指导和资金支持，共同营造浓厚、持久的全民健身氛围。同时，还要注重发挥各类新闻媒体和科研单位的作用，引导他们不断加大全民健身宣传力度，推广普及科学健身知识，为全民健身发展提供有效的舆论支持和智力支持。

最后，要积极发现和挖掘热心社会工作、热爱全民健身事业、具有良好社会形象和感召力的社会人士共同参与全民健身工作。全民健身既是一项社会事业，也是一项公益事业，需要全社会各界人士的广泛参与和支持。广大群体工作者一定要“跳出体育看体育、跳出体育干体育”，在认真履行好自身职责的同时，把目光更多地投向那些热爱体育事业，具有良好社会形象和感召力，愿意为推动全民健身事业投入资金、付出劳动的社会各界人士，可以聘请他们在各类体育社团任职，鼓励支持他们依法依规组织群众体育活动，并为他们开展工作创造条件，提供方便，使其成为“政府主导、部门协同、全社会共同参与的全民健身事业新格局”中的重要组成部分。这也是相当多体育发达国家的普遍做法。

三、坚持以人为本、统筹发展，不断丰富和完善全民健身公共服务体系，更好地满足广大群众多样化的体育健身需求

全民健身事业关系着全民族身心健康和生活幸福，我们必须牢牢把握体育为人民服务的根本宗旨，坚持以人为本、统筹发展的工作思路，切实把工作重心放在保障群众体育权益上，把更多的体育资源用在满足群众多样化体育需求上，按照公益性、基本性、均等性、便利性的要求，不断丰富和完善“以公共体育场地设施、公益体育组织网络、群众性体育活动系统、公益社会体育指导员队伍、健身指导及信息服务系统为支撑和运作评估为基本框架的覆盖全社会的全民健身服务体系”，逐步缩小不同人群、不同区域之间的发展差距，努力完成《计划》确定的各项工作任务和目标。

（改编自：刘鹏在 2012 年全国群体工作会议上的讲话，2012 年 2 月 14 日，福州。）

案例二 广泛开展全民健身运动 加快体育强国建设进程

——解读《全民健身计划（2011—2015 年）》

国务院关于印发《全民健身计划（2011—2015 年）》（以下简称《计划》）的通知，对未来 5 年全民健身事业发展提出目标任务，并制订了工作、保障措施。国家体育总局相关人士在接受记者采访时，对计划内容进行了深入解读。

参加体育锻炼的人数显著增加

《计划》要点：到2015年，城乡居民每周参加体育锻炼活动不少于3次、每次不少于30分钟、锻炼强度中等以上的人数比例达到32%以上，比2007年提高3.8个百分点；其中16岁以上（不含在校学生）的城市居民达到18%以上，农村居民达到7%以上，分别比2007年提高4.9和2.9个百分点。提高老年人、残疾人参加体育锻炼人数的比例。

解读：这些量化目标是依据过去15年全民健身事业的历史基础和发展状况，经过多次研究探讨确定的，是客观科学的。由于对残疾人参加体育锻炼的情况目前没有完整现状调查，因此对其发展目标仅原则性提出要求。

城乡居民身体素质进一步提高

《计划》要点：到2015年，城乡居民达到《国民体质测定标准》合格以上标准的人数比例明显增加。在校学生普遍达到《国家学生体质健康标准》基本要求，其中达到优秀标准的人数比例超过20%。

解读：考虑到各地情况差异较大，对于城乡居民达到《国民体质测定标准》合格以上标准的人数比例，没有提出具体量化目标。各地区下一步在制订本地区具体实施计划时，可以结合自身实际情况提出具体量化目标。学生标准则是按教育部有关要求提出。

体育健身设施有较大发展

《计划》要点：到2015年，全国各类体育场地达到120万个以上，人均体育场地面积达到1.5平方米以上。市（地）、县（区）、街道（乡镇）、社区（行政村）普遍建有体育场地，配有体育健身设施。

解读：2003年全国体育场普查数据表明，我国有各类体育场地85万个（块），人均体育场地面积为1.03平方米。“十一五”期间，国家实施“农民体育健身工程”，已在全国农村地区新增了20多万个体育场地，新增体育场地面积约2亿平方米，截至2010年底全国体育场地超过100万个（块）。“十二五”期间，将组织实施“体育基本公共服务设施建设规划”，加大对基层公共体育设施建设的投入，体育设施数量和面积会继续有大的发展。

全民健身获财政预算保障

《计划》要点：到2015年，县级以上地方人民政府要按照《条例》规定，将全民健身事业纳入本级国民经济和社会发展规划，将全民健身工作所需经费列入本级财政预算。加强基础建设和重大全民健身活动的经费投入，对公益性全民健身事业单位和服务机构给予必要的经费保障。

解读：受财力所限，现阶段不是所有县级以上人民政府都能将全民健身工作所需经费纳入本级财政预算。未来各级政府应坚持体育事业公益性原则，把全民健身当做公共服务产品。除加大财政对全民健身事业的投入外，还要完善财政、税收、金融和土地等优惠政策，鼓励和引导社会力量捐资、出资兴办全民健身事业。

提高学校体育设施开放率

《计划》要点：学校在课余时间和节假日要向学生开放体育设施，并在保证校园安全的前提下，积极创造条件向公众开放体育设施。县级以上各级人民政府对向公众开放体育设施的学校给予经费补贴，为学校办理有关责任保险。要积极创造条件将机关、企事业单位的体育设施向社会开放。

解读：长期以来，我国学校体育设施向公众开放的比例较低。安全、管理和物耗等问题是影响学校开放体育设施积极性的重要原因。开放学校体育设施，应理清各方的权责界限，兼顾学校和公众的利益。文化部、财政部日前发出通知要求，全国美术馆、图书馆、文化馆站都要逐渐向公众免费开放。公共体育设施向公众免费开放，也是未来体育职能部门努力的方向。

对体育主管部门实行目标考核

《计划》要点：各级体育主管部门要切实提高认识，认真履行职责，积极探索全民健身工作的新思路、新办法，加强组织领导，落实政策保障、人员配备、资金投入、监督奖励等措施，并建立目标责任制，签订责任书，实行目标考核。

解读：国家体育总局经过几年的研究已初步形成一套全民健身发展评价体系，近期将正式出台。今后，国家体育总局将依据这套评价体系，对各地群众体育工作进行年度评估，从机制上保证《计划》各项目标任务的贯彻落实。

（改编自：高鹏，王镜宇，《广泛开展全民健身运动 加快体育强国建设进程——解读〈全民健身计划（2011—2015年）〉》，新华网，2011年02月24日。）

思考问题：

1. 根据案例一、二，分析当前我国政府机构和社会组织在群众体育发展中的作用。

2. 根据案例分析，为什么在竞技体育中成功运用的举国体制却在群众体育管理中失灵?

3. 根据上述案例，分析我国群众体育管理体制改革的方向，并谈谈如何改革我国群众体育管理体制。

第四节 体育产业管理体制

一、我国体育产业管理体制

体育产业伴随着经济社会的发展，已经成为21世纪的朝阳产业。从历史角度分析，我国体育产业管理体制的发展分为三个阶段：第一，计划管理体制阶段（1978—1992年），此阶段体育产业管理体制尚不健全，是按照传统的计划经济体制对体育产业进行管理；第二，市场化管理体制探索阶段（1993—1996年），此阶段提出了“面向市场，走向市场，以产业化为方向”的改革思路，标志着我国体育产业管理体制开始了市场管理体制的探索；第三，市场化管理体制发展阶段（1997年至今），此阶段逐步向以市场调节为主的体育产业管理体制发展过渡。[①]目前，我国体育产业管理体制结构如图1-2所示。

根据国家体育总局、国家统计局体育产业统计公报，2008年，我国体育产业从业人员已经达到317万，实现增加值1 555亿元，占当年GDP的0.52%，体育产业成为国民经济新的增长点。在高速发展的同时，我国

① 张瑞林，王先亮．我国体育产业管理体制研究[J].体育学刊．2010，17（10）:14~21.

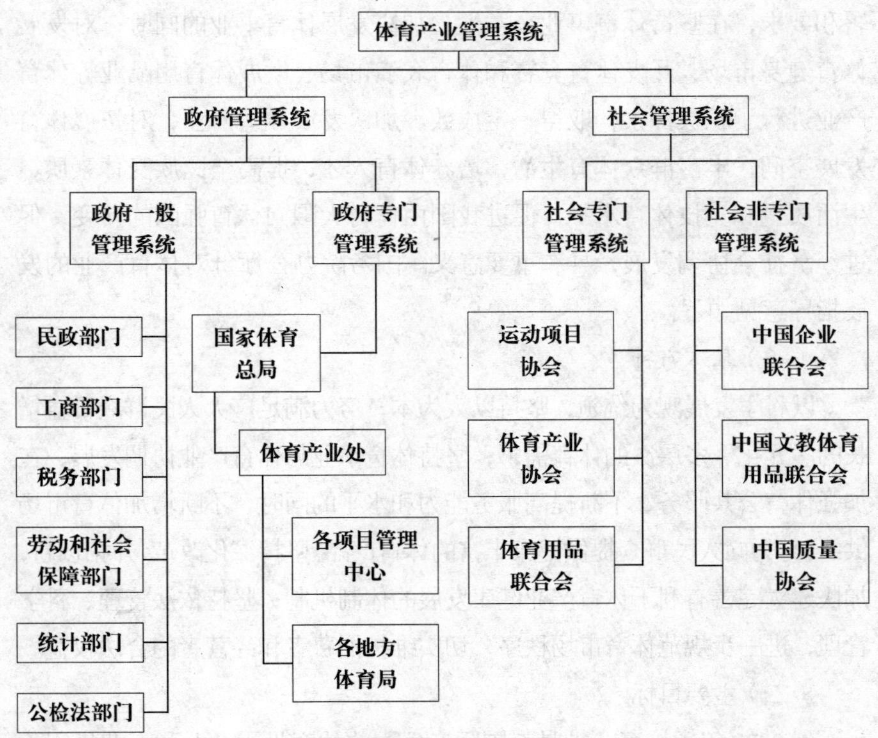

图 1–2 我国体育产业管理体制结构

（引自：张瑞林，王先亮．我国体育产业管理体制研究 [J]. 体育学刊 .2010，17（10）:14~21.）

体育产业管理体制尚存在较多问题，如管理机构设置不合理、权限划分不清、利益纠葛复杂、结构失衡明显和管理效益不高等，体育产业管理体制的优化改革势在必行。②

二、案例精选

案例一 关于加快发展体育产业的指导意见

近年来，各地区、各有关部门认真贯彻落实中央关于体育工作的部

② 张瑞林，王先亮．我国体育产业管理体制研究 [J]. 体育学刊 .2010，17（10）:14~21.

署和要求，在坚持体育事业公益性、加快发展体育事业的同时，对发展体育健身市场、开发体育竞赛和体育表演市场、发展体育用品业等体育产业进行了积极探索，取得一定成效。加快发展体育产业，对拓展体育发展空间，丰富群众体育生活，培养体育人才，提高全民族身体素质、生活质量和竞技体育水平，促进我国由体育大国向体育强国的转变，促进经济社会协调发展，具有重要意义。国务院办公厅针对体育产业的发展指导意见如下：

（一）基本方针

以科学发展观为统领，坚持以人为本，努力满足广大人民群众日益增长的多元化、多层次的体育需求；坚持体育事业与体育产业协调发展，在加强体育公共服务、不断提高服务能力和水平的同时，不断增加体育市场供给，努力向人民群众提供健康丰富的体育产品；坚持深化改革、开拓创新，加快建立完善有利于体育产业健康发展的体制机制；坚持依法管理、科学管理，进一步规范体育市场秩序，切实维护消费者和经营者的合法权益。

（二）主要目标

到 2020 年，培育一批具有国际竞争力的体育骨干企业和企业集团，形成一批有中国特色和国际影响力的体育产品品牌；建立以体育服务业为重点，门类齐全、结构合理的体育产业体系和规范有序、繁荣发展的体育市场；形成多种所有制并存，各种经济成分竞相参与、共同兴办体育产业的格局；形成与国际接轨、管理规范、充满生机活力的体育社会组织体系；居民人均体育消费显著增加，体育服务贸易较快发展，体育产业从业人数占全社会就业人数比例明显提高，体育产业增加值在国内生产总值中所占比例明显提高；形成体育公共服务与市场服务相互结合、体育事业与体育产业协调发展的良好局面。

（三）重点任务

1. 大力发展体育健身市场

在不断加大投入，加强城乡居民基本体育服务的基础上，积极培育体育健身市场，培养群众体育健身意识，引导大众体育消费。广泛开展群众喜闻乐见的运动项目，加强群众体育俱乐部建设；积极稳妥开展新兴的户外运动、极限运动等项目的经营活动，因地制宜开发和培育具有地方特色的体育健身项目，加强对民族民间传统体育项目的市场开发、推广。

2. 努力开发体育竞赛和体育表演市场

积极引导规范各类体育竞赛和体育表演的市场化运作。借鉴吸收国内外体育赛事组织运作的有益经验，探索完善全国综合性运动会和单项赛事的市场开发和运作模式；支持地方根据当地自然人文资源特色举办体育竞赛活动，鼓励企业举办商业性体育比赛，积极引进国际知名的体育赛事，努力打造有影响、有特色的赛事品牌。

3. 积极培育体育中介市场

鼓励发展体育中介组织，大力开展体育技术、信息咨询、体育保险等中介服务。建立体育经纪人管理规范，加强行业自律，培养高素质的体育经纪人队伍，充分发挥体育经纪人在赛事推广和人才流动等方面的作用。

4. 做大做强体育用品业

进一步提升我国在世界体育用品业中的地位。积极推进标准化工作，制订完善国家标准和行业标准，加强涉及强制性标准体育用品质量监管，加强体育用品产品的认证工作，有效推动体育用品的品牌建设，增强我国体育用品的国际市场竞争力。打造国际一流的体育用品博览会。

5. 大力促进体育服务贸易

以体育劳务、赛事组织、场馆建设、信息咨询和技术培训等为重点，逐步扩大体育服务规模。积极开拓海外市场，提升我国体育服务行业在国际上的竞争力。鼓励各类运动项目，特别是我国的优势项目和民族特色项目走出去，积极参与国际竞争，培育和形成一批实力雄厚、专业性强的体育服务贸易企业，树立我国体育服务贸易品牌。

6. 协调推进体育产业与相关产业互动发展

发挥体育产业的综合效应和拉动作用，推动体育产业与文化、旅游、电子信息等相关产业的复合经营，促进体育旅游、体育出版、体育媒介、体育广告、体育会展和体育影视等相关业态的发展。

（四）加大投融资支持力度

拓宽体育产业发展资金来源渠道，政府可以通过安排补助资金等方式促进体育产业发展。支持有条件的体育企业进入资本市场融资，通过发行债券、股票，以及项目融资、资产重组和股权置换等方式筹措发展资金。

积极鼓励民间和境外资本投资体育产业，兴建体育设施。鼓励金融机构适应体育产业发展需要，开发新产品，开拓新业务。

研究探索体育彩票市场发展规律，不断丰富体育彩票新品种。完善体育彩票市场管理制度，健全发行销售监督机制。加强对彩票公益金使用的监管，提高使用效益。

鼓励社会力量捐资设立体育类基金会，鼓励境内外组织与个人向基金会提供捐赠和资助。

（五）完善税费优惠政策

符合条件的体育类非营利组织的收入，可按税法有关规定，享受企业所得税相关优惠政策。企业发生的符合条件的广告费支出，可以按照税法规定扣除。鼓励社会捐赠体育事业，对企业、个人和其他社会力量向公益性体育事业的捐赠，符合税法有关规定的部分，可在计算企业所得税应纳税所得额时扣除。

（六）加强公共体育设施建设和管理

各级政府要立足国情、面向社会、服务群众，合理规划和布局公共体育设施，切实加强城乡公共体育设施的建设和管理，提高设施综合利用率和运营能力，充分发挥公共体育设施在提供社会体育服务、满足群众体育需求方面的作用。认真做好政府投资建设的公共体育场馆及其配套设施的监管工作，防止闲置浪费或挪作他用。公共体育设施应当根据其功能、特点向公众开放，并在一定时间和范围内，对学生、老年人和残疾人优惠或者免费开放。对露天体育场，要创造条件免费开放；已经免费开放的，不得改为收费经营。有条件的学校体育场馆应当向社会开放，鼓励机关、企事业单位的体育设施创造条件向社会开放，实现体育资源社会共享。完善政策，健全机制，探索运营管理的新模式。

多渠道投资兴建体育设施，加强中小型体育场馆和体育服务设施建设，特别要大力加强农村基础体育设施建设。大幅度增加群众性体育场所的数量，改善体育设施和服务的供给结构、质量和效率，满足群众性体育运动和健身需求。

政府对用于群众健身的体育设施日常运行和维护给予经费补助，并根据其向群众开放的程度，在用水、用气、用电、用热等方面给予政策优惠。

（七）支持和规范职业体育发展

职业体育是体育发展的重要组织形式之一。积极探索有中国特色职业体育发展道路，对于拓宽体育发展渠道、扩大体育社会参与、发展大众体育具有积极意义。要从国情和项目特点出发，借鉴国际经验，鼓励引导、规范发展足球等职业体育赛事。完善职业体育的政策、制度和管理体系，严格职业体育俱乐部准入和运行监管，扶持职业体育俱乐部建设，健全职业联赛赛制，促进规范健康发展，不断提高职业体育水平。

（八）加强体育无形资产开发保护

加强对体育组织、体育赛事和活动名称、标志等无形资产的开发，依法保护知识产权。完善中国奥委会、中华全国体育总会、全国性单项体育协会等群众性体育组织的市场开发模式，理顺和明确各相关主体在市场开发活动中的身份及其相互关系。

强化知识产权对各类体育企业的导向作用，提升体育产业的知识产权创造、运用、保护和管理水平。在引进国外先进技术和管理经验的同时，加大自主研发和科研成果转化，开发科技含量高、拥有自主知识产权的产品。加强体育产品品牌建设，推动体育企业实施商标战略，增加体育产品商标内涵，提高产品附加值，提升体育产品的市场竞争力。

（九）加快体育市场法制化、规范化建设

建立、健全相关法规，完善监督管理机制，明确监管主体及其管理职能和各类市场主体的权利义务，规范体育市场主体行为，维护市场秩序，促进体育市场规范发展。

加强体育经营活动的安全监管，对于高危险性体育项目的经营活动，依法确定严格、规范、公开、透明的准入和开放条件、技术要求和服务规程，加强技术指导和安全保护，加强日常监督检查及产品质量检测，确保设施设备和管理服务符合要求，确保消费者人身安全。推行体育服务质量认证制度，建立和完善体育服务规范，提高体育服务水平。开展体育行业特有职业技能鉴定工作，提高体育服务从业人员的服务意识和专业水平。经营单位和活动组织者应当根据情况，提供相关的安全保险。

（十）加快体育产业管理人才培养

鼓励多方投入，开展各类体育教育培训，多渠道培养既懂经济又懂体育的复合型体育产业管理人才。有关高等院校要积极推进教育教学改革，优化专业和课程设置，培养适应体育产业发展需要的专门人才。

（十一）加强对体育产业发展的领导

各级政府要高度重视促进体育产业的发展，把体育产业发展纳入经济与社会发展规划，制订和组织实施体育产业发展规划。加强对体育产业发展的区域布局，根据不同地区的比较优势和经济社会发展的实际情况，合理规划，促进形成体育产业发展的聚集区、示范区和城市发展功能区。协调不同地区的体育产业发展。完善体育产业统计体系，建立体育产业信息发布制度，为宏观调控提供信息支持。

坚持政企分开、政事分开、政社分开、营利性与非营利性分开原则，充分发挥市场在体育资源配置中的基础性作用，消除和防止对体育市场资源的限制和垄断。

（十二）鼓励支持群众性体育组织发展

改革和创新体育社会团体管理模式，在加强业务指导和依法监管的同时，完善体育社团法人治理机制，充实体育社会团体业务职能，发挥体育社会团体服务功能。提高体育社团自我发展、自我管理、自我服务和自律规范的能力。鼓励支持社会力量兴办体育类民办非企业单位，促进体育事业健康发展。

各地区、各有关部门要根据本意见要求，按照各自职责，积极协调，抓紧制订促进体育产业发展的各项配套实施方案和具体政策措施，并在实践中不断加以完善。

案例二 “管办不分”的管理体制制约了体育产业发展

北京大学体育产业研究中心副院长陈少峰对《中国产经新闻》记者说，在众多问题中，管理体制问题可谓根深蒂固。长久以来，体育一直被看做事业来发展，并没有上升到产业层次。然而时至今日，发展体育运动不再是仅仅为了增强体质，更重要的目的是创造经济价值。事实上，我国体育产业的管理体制一直处于管办不分的尴尬局面，体育产业上的一切行为从投入到运营再到管理都是国家政府在一手操办，这样就大大降低了企业投入体育产业的积极性，对体育产业的市场化形成了阻碍。

“体育产业行政管理的比例太大。”陈少峰表示，以足球为例，中国足协应该与足球运动管理中心分开，足协应该成为民间组织，把现有的行政管理分为三个方面，一是政府的行政管理，二是民间资源的互相合作，三是商业管理。凡是商业活动，政府应该充当政策的制定者和监管者，不应该参与到活动当中，否则商业活动就变成了行政管理。

复旦大学企业研究所所长、上海市体制改革研究会副会长张晖明也表示，在中国，比赛的审批和管理都掌握在体育行政部门手中。如果不改革这种管理体制，体育竞技资源很难释放到市场上，社会资本也无法进入，资源优势也就不能转化为产业优势。

此前国家颁布的《中共中央、国务院关于进一步加强和改进新时期体育工作的意见》就曾专门指出：体育行政部门要把工作重点转移到贯彻国家方针、政策，研究制订体育行业政策和发展规划，依法加强行业管理和提供服务上来。

也有业内人士表示，应当顺应目前中国各项改革的基本精神，创造服务型政府。如果政府只参与政策层面和监管层面的工作，就更利于体育产业的发展。中国武术职业联赛（WMA）是由体育总局及其所属中心之外的单位主办的职业联赛,并且由中视体育娱乐有限公司来进行赛事的组织、运营和推广。这就是一个很好的尝试和突破，是值得仿效和推广的。

（改编自：刘晓凯，《中国产经新闻报》，2010 年 03 月 03 日。）

思考问题：

1. 根据案例一，分析我国政府体育产业管理的职能。

2. 通过案例二，分析当前我国体育产业管理体制存在的弊端。

3. 根据上述两个案例，分析我国体育产业管理体制改革的方向，并谈谈如何改革我国的体育产业管理体制。

参考文献：

[1] 齐书春，朱明才，郑卫东，等 . 从社会分化看我国体育管理体制的衍变与发展 [J]. 南京体育学院学报 .2003.（3）:40

[2] 苗治文，李勇勤，张大庆，等 . 论举国体制的改革与发展 [J]. 北京体育大学学报 .2006，29（6）：742.

[3] 国家体育总局 . 体育事业十二五规划 [Z].2011.

[4] 吕小黎 , 秦小平 . 我国群众体育管理体制及其改革 [J]. 湖南第一师范学报 .2008，8（3）:132

[5] 张瑞林，王先亮 . 我国体育产业管理体制研究 [J]. 体育学刊 .2010，17（10）:14~21.

[6] 张瑞林，秦椿林 . 体育管理学（第二版）[M]. 北京：高等教育出版社 .2008,6.

第二章

学校体育管理

学校体育的首要任务是育人，为人才培养和人才发展服务。学校体育管理就是要综合各管理要素的功能，以教育学生、服务学生发展。

随着我国改革开放的不断深入发展，我国学校体育在管理上取得了巨大进步，学校体育管理更为系统、科学，但是教学改革的相对滞后以及“教育”与“体育”两个系统在学校体育中并行的矛盾仍不容忽视。怎样处理好学校体育、社会体育与竞技体育三者之间的关系，建立起一个统一开放的、运行良好的系统是摆在我们面前的课题。另外，学生体质健康水平下降的趋势仍未根本性转变，“体教结合”仍流于形式，体育没有取得在学校教育中应有的地位，体育师资队伍不够健全，学生锻炼场所仍不充足，校园体育缺乏文化氛围，“阳光体育”的开展难以突破瓶颈等都是学校体育管理中所面临的难题。

第一节 学校体育管理概述

一、学校体育管理的目标

学校是教育的场所，教育的本质是培养人的活动。因此，学校管理的目标即有效率和有效果地开展人才培养。学校体育作为学校教育的重要组成部分，其管理目标为：在遵循教育规律和运动规律的基础上，运用管理职能整合各管理要素，更有效率和更有效果地育人。

二、学校体育管理的要素

（一）有形要素

组织管理的有形要素主要包括：人、财、物。具体到学校体育管理而言，其有形要素为：体育教师、学生、资金、体育场馆、体育器材和体育课程等。

（二）无形要素

管理的无形要素主要包括组织文化、技术、组织、信息、环境、时间和关系等。对于学校体育管理，其无形要素为学校体育管理体制、部门组织文化、校园体育文化、体育科研、体育组织、体育信息、内外环境、时间和各种关系等。

三、学校体育管理效果的评价

管理效果的评价是通过管理对象对诸管理要素的评估客观反映出来

的。需要明确的是，学校作为事业单位，对学校体育管理的评价除了以学校体育目标为衡量基准外，还应考虑其管理的社会效应。对管理要素的评估主要从以下几方面进行考察：

（1）体育教师：是否爱岗敬业，保质保量完成上课任务等。

（2）学生：是否乐业好学，通过体育课和课外体育活动，在身体、心理和社会适应能力方面是否得到一定程度的发展等。

（3）资金：体育资金预算是否合理，预算与实施状况是否一致，是否入不敷出等。

（4）场馆器材：维护维修是否及时到位，是否能圆满完成教学、训练任务，在目前大众体育锻炼场馆器材缺乏的情况下，是否承担了一定的社会体育职能等。

（5）体育课程：课程设置是否符合学科自身规律和社会对人才需求的实际，课程开设是否切实达到了人才培养的目的，学生对课程的反馈如何等。

（6）管理体制：管理机构设置是否合理，是否能够发挥其应有的作用，是否针对具体工作的开展制订了可靠的制度，制度的执行是否有考评机构的监督，体制与机构是否相辅相成，指向同一目标等。

（7）部门组织文化：是否已经建立了公平合理的竞争机制，奖罚是否分明，在部门分工明确和制度健全的情况下，是否能够做到物尽其用、人尽其责等。

（8）校园体育文化：校园体育氛围如何，体育部门是否能担负起校园体育发展的责任，体育社团是否定期组织活动，活动组织的纵向和横向通道是否顺畅，学生、教师及各部门领导对待体育的态度如何等。

（9）体育科研：教师在保质保量完成教学任务的前提下，是否积极进行教学研究，对当今科研领域的前沿问题是否有一定的了解，是否具备科研道德，发表高质量的文章和出版教材、专著的情况如何等。

（10）体育组织：是否已经建立了相关的组织部门和规章制度，部门之间的合作是否顺畅，制度的执行是否得力等。

（11）体育信息：信息渠道是否通畅，来源是否广泛，是否能及时进行传递和组织利用等。

（12）内外环境：如何针对外部环境（政治、经济、社会、文化）的变化及时对学校体育的发展进行调整以达到为我所用，内部环境是否有利于学校体育的改革和发展等。

（13）时间：能否按照预期计划完成相关目标，对时间的计划是否合理等。

（14）各种关系：部门与部门之间、人与人之间、教师与学生之间、体育教研部门与体育社团之间的各种关系是否理顺并能顺畅沟通，能否促进学校体育不断向前发展等。

四、学校体育管理的关键

以人为本和责权对等是任何管理要取得理想效果的关键。以人为本是柔性管理的重要指导思想，而柔性管理是相对于“刚性管理”而提出的。后者是以“规章制度为中心”，用制度来约束和管理人，把人当做没有个性的“机器”；而柔性管理的最大特点是“以人为中心，对人进行人格化管理”，通过激发人内在的潜力、主动性和创造精神来实现其组织目标，而不是依靠条条框框的规章制度和发号施令。对于教师和学生的知识分子而言，在以人为本指导思想下的管理往往会收到更好的效果。

责权对等是保障管理执行力的重要前提。有权利就要承担与权利相当的责任，欲将责任加之于人，必在同时赋予其相应的权利。对于一个管理者而言，重要的不是“没有完成任务”的后果谁承担，而是“如何更有效率和效果地保证任务的完成”。因此，权利和责任的对等就应成为每个管理者所遵循的法宝。这里的责权对等，不是绝对意义上的对等，有时候适当放权、分权会更有效地激发组织成员的积极性和创造性，从而更有建设性地完成相应的任务。但是，当责任大于权利时，往往出现责任人对大局难以掌控的局面。

第二节 青少年体质健康

一、青少年体质健康概述

“广大青少年身心健康、体魄强健、意志坚强、充满活力，是一个民族旺盛生命力的体现，是社会文明进步的标志，是国家综合实力的重要方面。”[①] 青少年体质健康不仅是教育事业、体育事业的重要内容，而且是关系国家未来发展的大事。

2002 年颁布并于 2007 年进行修订的《国家学生体质健康标准》全面实施，2007 年国务院颁发《关于加强青少年体育 增强青少年体质的意见》，同年“全国亿万学生阳光体育运动”启动等，这一系列的措施为促进青少年增强体质健康发挥了重要作用。

维护和提高青少年体质健康是一项长期而艰巨的任务。2005 年我国青少年体质健康监测结果显示：1995 年至 2005 年学生的柔韧性、爆发力、肌力、耐力和肺活量均呈下降趋势；肥胖率、近视率居高不下，2005 年学生肥胖率检出比 2000 年增长近 50%，小学生近视率为 31%，初中生为 58%，高中生为 76%，大学生为 83%。[②] 2010 年学生体质监测显示我国学生体质与健康状况总体有所改善，中小学生身体素质下滑趋势开始得到遏制，爆发力素质（立定跳远）、柔韧素质（坐位体前屈）有所好转，耐力素质力量素质（握力）得以提升。但是，视力不良检出率继续上升，肥胖检出率继续增加，龋齿患病率出现反弹，大学生身体素质继续呈现缓慢下降。[③]

分析学生体质下降的原因，主要在于体育锻炼过少、体育活动时间不足等。因此，深入贯彻教育方针，增进学生的体质健康，促进学生德、智、体全面发展刻不容缓。通过采取有效的学校体育管理举措，改进体

① 中共中央 国务院 . 关于加强青少年体育增强青少年体质的意见 [Z].2007.5.7

② 马北北 . 国民体质监测显示：我国青少年体能连续 10 年整体下降 [N]. 中国青年报 .2010.3.30

③ 国家体育总局 .2010 年全国学生体质与健康调研结果 [J]. 国家体育总局网站 www.sport.gov.cn.2011.1.

育课程、强化课外体育活动，切实促进学生体质健康，成为了学校体育管理的要务。

二、案例精选

案例一　北京奥运激情后的反思

2008 年，北京奥运以一流的场馆、宏大的开幕式、精彩的赛事向全世界人民展示了中国的风采。同时，中国健儿也以 51 枚金牌和 100 枚奖牌的成绩向国人递交了一份满意的答卷。采访和问卷调查结果显示：北京奥运的成功举办，使国人的民族自豪感和民族自信心激增，很多人认为曾经冠在中国人头上的“东亚病夫”的帽子从此被甩进了太平洋。

中国人被冠以“东亚病夫”的帽子是在 1840 年的鸦片战争前后，当时，封建文化的遗留使得整个社会仍处在重文轻武的状态之下。“万般皆下品，唯有读书高”曾一度风靡整个封建社会，它反映了封建社会的价值取向。除去价值观的影响，鸦片战争期间，中国实行的是闭关锁国的政策，无视西方先进科技的迅猛发展以及世界的彻底变革，加之大量鸦片的输入对中国社会各阶层的毒害，使一个本来充满创造力，本该积极参与国际竞争的国家和民族，陷入了鸦片的泥潭，最终沦落到被外国人冠以“东亚病夫”的鄙夷之称。中国人心中应该铭刻这段不堪的历史，这并不是自揭伤疤。今天，中国人能够屹立在世界奥林匹克的巅峰，已经与过往历史形成了鲜明的写照。

众所周知，现代奥运会产生于 1896 年，中国首次参加奥运会是在 1932 年。在 1984 洛杉矶奥运会上许海峰实现了中国奥运会零的突破；2008 年北京奥运会后，有人称“中国人实现了从‘东亚病夫’向‘东方雄狮’的飞跃”！然而，面对众多的赞扬，我们必须深思当前我国民众的体育和健康水平。竞技体育的发展和金牌数量并不能代表一个国家国人的体质健康水平高，甚至可以说，两者根本不存在必然的联系。随着我国经济的快速发展，中国人的整体健康水平呈现出逐年上涨的局面，然而增强人民体质、提高全民族身体素质和生活质量是摆在我们面前的永恒命题。

2008年北京奥运会已经渐行渐远，中国的竞技体育已经向着新的目标扬帆起航。对于如何提高全民族身体素质，国家体育总局局长刘鹏在他的工作报告中提出，中国体育将在新的更高的起点上进一步树立发展信心，努力从体育大国向体育强国迈进。显然，要实现这一目标，任重道远。

2008年末公布的《2007年中国城乡居民参加体育锻炼现状调查公报》表明：中国目前“绝非体育强国”。在2009年全国体育局长会议上，群众体育事业的发展被提到了前所未有的高度。在谈到体育发展过程中的矛盾和问题时，刘鹏局长首先说的就是发展群众体育、满足人民群众健身需求的问题。在谈到中国体育的奋斗目标时，他首先讲的还是群众体育，他说：“从体育大国向体育强国迈进，我们就要以人为本，更加注重群众体育事业的发展。”而来自地方的类似声音则更加强烈。

竞技体育和群众体育，是中国体育发展的两个重要方面。然而，由于历史、政治和经济条件等多方面的原因，很长一段时间以来逐渐形成了“一手硬、一手软”的局面。当竞技体育在2008年达到辉煌的顶峰时，群众体育发展的相对落后便与之形成了鲜明的反差。对此，刘鹏表示，要实现体育事业的新发展、新跨越，就要“高度重视、充分实现新时期中国体育的社会价值和综合作用”。他还指出，“目前，政府向人民群众提供体育公共服务的职能尚未充分发挥，体育场地设施不足与利用率不高的现象并存，经常参加体育锻炼的人数较少，其比例与发达国家相比还有较大的差距等，都是其中较为突出的问题。中国体育将坚持以增强人民体质、提高全民族身体素质和生活质量为目标，高度重视并充分发挥体育在促进人的全面发展、促进经济社会发展中的重要作用，实现竞技体育和群众体育协调发展。”

案例二 青少年身体素质下降——一个严峻的现实

一、体质监测结果令人担忧

1985年开始，我国进行了五次全国青少年体质健康调查。2005年的调查结果显示，最近20年，青少年的体质在持续下降，主要表现在肺活量、速度、力量等素质持续下降；近视率初中生近60%，高中生达76%，大学生达83%；2002年我国7 ~ 18岁城市男生的肥胖检出率达11.50%，女生达 7.74%，而 1994 年，上述的比率分别是男生 3.98%，女生 3.46%。[①]

2005 年，全国第二次国民体质监测报告显示：和 2000 年相比，国民身体形态综合指数降低了 0.86%；国民身体机能综合指数下降了 9.65%。成年男性肥胖率较高，比 2000 年有所增长；20 岁到 69 岁年龄段的乡村人群体质比同年龄层的城镇人群差；国民体质水平在我国呈“东高西低”状态。青少年肺活量水平继续下降，与 2000 年相比，7 ~ 18 岁和 19 ~ 22 岁两个年龄段的城市女生，肺活量分别下降 303 毫升和 238 毫升，成为下降最明显的人群。[②]

2010 年全国学生体质与健康调研表明，学生体质与健康状况总体有所改善，但是问题仍然不少。第一，学生形态发育水平继续提高，肺活量水平出现上升拐点，营养状况继续改善，乡村小学生蛔虫感染率持续降低，中小学生身体素质下滑趋势开始得到遏制。第二，大学生身体素质继续呈现缓慢下降，但下降幅度明显减小。调研结果显示，19 ~ 22 岁年龄组除坐位体前屈指标外，爆发力、力量、耐力等身体素质水平进一步下降，但与前一个五年相比（2000—2005 年），下降幅度明显减小。第三，一些共同的问题仍未有效解决。视力不良检出率继续上升，并出现低龄化倾向；肥胖检出率继续增加，其中 7 ~ 22 岁城市男生、城市女生、乡村男生、乡村女生肥胖检出率分别为 13.33%、5.64%、7.83%、3.78%，比 2005 年分别增加 1.94、0.63、2.76、1.15 个百分点；龋齿患病率出现反弹。[③]

二、中外对比值得反思

1993 年，一篇关于中日少年的《夏令营中的较量》，引发了中国素质教育大讨论。中国青少年不但在意志品质上弱于日本青少年，而且在体质上也明显弱于日本青少年。13 年后，教育部、国家体育总局和团中央联合举办的“天狮国际青少年体能训练营”安排了中、日、韩三国学生“定

① 新浪 . 调查显示青少年身体素质下降到 20 年来最低水平 [N/OL].news.sina.com.cn/c/h/2007-04-25 /090512861467.shtml，2007.4.25.

② 南方网 . 下降！下降！起跑线上的担忧 [N/OL]. http://www.southcn.com/sports/csmedia/chinasports /2006110，2006.

③ 国家体育总局 .2010 年全国学生体质与健康调研结果 [J]. 国家体育总局网站 www.sport.gov.cn.2011.1.

向挑战对抗赛”，日、韩学生中途不休息一口气就完成了比赛，结束后还不觉得累。而中国学生不仅中途需要休息，而且比赛后气喘吁吁，大汗淋漓。甚至比赛开始前已经有中国的参赛学生因中暑而退出。

体能训练营结束后，主办方对定向挑战对抗赛开始前、结束后、结束后1分半、2分半、3分半的各国中学生的心率检测结果进行对比分析，发现中国学生在运动中的耐力水平和运动后的恢复能力都远低于韩日学生。①

1995年北京市进行过一次调查结果显示：20岁的北京人与东京人背肌力相比，男子平均差16.2千克，女子平均差14.4千克；垂直跳男子差5.7厘米，女子差6.7厘米；手球掷远男子差3.6米，女子差2.7米；每分钟跑男子差5.6米，女子差6.3米。2005年同样的调查发现，我国青少年10年后在速度、耐力、柔韧性、爆发力等方面均继续全面下降，与日本青年差距越来越大。②

三、体质下降影响深远

一些省的调查也说明我国青少年近20年体质下降。2007年7月，辽宁省教育厅通过对全省青少年调查后公布一组数字：与1987年相比，青少年体重、身高、胸围都增加了，但立定跳远、50米跑，男子1000米和女子800米跑下降了，下降幅度最大的是肺活量和视力水平。有关专家如是说：“教育部对7岁～22岁城乡男女学生进行的体质健康监测显示，与几年前相比，我国学生除50米跑成绩略有提高外，其余各方面素质自2000年以来继续下降。天津市的调查显示，学生身体素质甚至降到了20年来的最低水平。”

除了身体素质下降，青少年运动技能也在降低。2007年兰州市17岁以下中小学生田径项目中，男女共6组114个项目的运动会记录中，有78项纪录保持10年以上无人打破，其中33个项目保持在15年以上，有

① 新华网.13年后再较量中国青少年体质仍不及韩日[N/OL].www.news.xinhuanet.com/edu，2006.8.30.

② 王锦思.中国人身体素质什么时候世界第一[N/OL]. http://vip.bokee.com/20081010614005.html，2008

6 项记录竟然保持了 30 年。[①] 青少年身体素质下降已经直接影响到国家安全。2007 年 11 月，北京征兵办公室负责人告诉记者，刚刚结束的北京征兵体检工作中，体检合格的青少年仅占受检者的 43.6%，不到人数一半。他介绍，虽然降低了大学生的视力要求，但因视力不合格而遭淘汰的大学生仍占报名者的 18.1%。[②] 还有一个资料显示，大学毕业生参军体检，合格率竟然不到 20%。在以技术兵种为主要力量的军队中，可选择对象中只有不到 20% 的人合格。

同时，像血压高、糖尿病这样的中老年疾病也在青少年中开始流行。2005 年北京市学生体质健康调研表明：北京中学生未老先衰，血压偏高的比例超过一半，高中生超过了 60%。[③]

严重的青少年身体素质下降问题是个不争的事实，引起了中央的重视。中共中央、国务院颁布的《关于加强青少年体育 增强青少年体质的意见》中承认了这个现实：“由于体育设施和条件不足，学生体育课和体育活动难以保证。体质健康监测表明，青少年耐力、力量、速度等体能指标持续下降，视力不良率居高不下，城市超重和肥胖青少年的比例明显增加，部分农村青少年营养状况亟待改善。这些问题如不切实加以解决，将严重影响青少年的健康成长，乃至影响国家和民族的未来。”

持续 20 年的青少年身体素质下降，说明我国体育事业出现了严重问题，这不仅表现在体制设计上，更主要的是表现在指导思想上。

很多专家认为，青少年体质下降的根本原因是：在高考指挥棒的高压下，学校和学生片面注重文化课，忽视体育活动。这个说法看起来有理，但既不能解决问题（高考起码短期没有希望取消），也没说到问题的实质。因为真的重视青少年身体素质，只要用硬性规定体育分数作为录取分数的一部分，并适当提高权重就可以了。问题的实质在于在很长时期并没有把提高青少年身体素质提升到应有的高度，没有意识到这个问题的严重性。

① 腾讯教育 . 运动会记录十年无人破 中小学生体质下降堪忧 [N/OL].www.edu.qq.com，2004.12.

② 网易 . 北京征兵体检淘汰一半 青少年体质逐年下降 [N/OL].www.163.com，2006.11.7.

③ 新华网 .13 年后再较量中国青少年体质仍不及韩日 [N/OL].www.news.xinhuanet.com，2006.8.30.

从 20 世纪 80 年代末到 2005 年，国家组织了 4 次青少年身体情况调查，调查一次比一次表明学生身体素质在下降，但开展青少年体育锻炼的决定迟迟才得以颁布。

中日韩青少年对抗赛，日韩学生身体素质好，根源并不是中国学生专注于考试，资料表明日本和韩国一样非常重视升学考试。差异的根源在于“大多数中国学生仅在体育课时间参加运动，而中国学校安排的每周体育课时间也少于韩日学校”。“日本大概有 2/3 的孩子很爱锻炼，活动形式也很随便”，“据 2005 年有关部门对全国 10 多万名中国学生的调查表明，2/3 的学生每天锻炼时间不足 1 小时，近 1/4 的学生每天基本不锻炼”。①

另外，除去学生群体状况不容乐观外，国人的总体现状也令人堪忧。搜狐新闻 2005 年报道：75% 中国人处于亚健康状态；东南数字快报 2010 年报道：七成以上的中国人处于亚健康状态；另据国家体育总局和教育部对国民体质监测的结果，近三四年，中国人身体的各项指标是“该低的高了，该高的低了”。全国政协委员、海军总医院副院长冯理达用几组数据说出了她对国民体质下降的担忧：中国人平均身高三年降低了 3 厘米，男女平均体重分别增加了 1 至 3 千克；中年男女血压分别升高了 9 至 13 毫米汞柱，肺活量下降了 600 至 900 毫升；糖尿病患者人数以平均每天 3 000 人的速度递增，心脏病的高发年龄下降了 15 岁。

思考问题：

1. 阅读完案例一，你对北京奥运会成功举办有哪些方面的理性思考？

2. 请根据案例分析学校体育在体育强国战略中的地位与作用。

3. 试归纳造成学生体质健康连续几年下滑的原因。

4. 试分析如何改变学校体育工作的现状（可以从宏观、中观和微观三个层面进行分析，也可以提出你自己的对策与建议）。

① 新华网 .13 年后再较量中国青少年体质仍不及韩日 [N/OL].www.news.xinhuanet.com，2006.8.30

第三节 高校体育课程及改革

一、高校体育课程概述

改革开放以来，高校体育课程教学走过了30多年的风雨历程。1979年，教育部、国家体委、卫生部、共青团中央联合颁布了《高等学校体育工作暂行规定》，在“调整、改革、整顿、提高”方针的指引下，高校体育课程改革全面启动。1990年2月开始实施的《学校体育工作条例》规定：“普通高等学校的一、二年级必须开设体育课。普通高等学校对三年级以上的学生开设体育选修课”。同年10月，国家教委颁发了《大学生体育合格标准》和《大学生体育合格标准实施办法》。1991年国家教委开展了对全国高校体育课程的评估。1992年国家教委颁布了《全国普通高等学校体育课程教学指导纲要》，将体育课程的教学目标确定为“通过科学的体育教学过程和体育锻炼过程，使学生增强体育意识，具有体育能力，养成体育锻炼的习惯，受到良好的思想教育，成为体魄强健的社会主义事业的建设者和接班人”。

1995年6月28日国务院颁布了《全民健身计划纲要》。同年颁布的《中华人民共和国体育法》第十七条规定：“教育行政部门和学校应当将体育作为学校教育的组成部分，培养德、智、体全面发展的人才”。随即国家体委又推出了《全民健身121工程》，要求学校“保证学生每天参加1次健身活动；每年组织学生开展2次远足野营活动；学生每年进行1次身体检查”。伴随着“121工程”的推进，各种健身、娱乐体育内容走进了学校体育课堂。

1999年6月中共中央、国务院颁发了《关于深化教育改革　全面推进素质教育的决定》要求“学校教育要树立健康第一的指导思想”。同年10月，教育部在江苏无锡召开了全国学校体育卫生工作经验交流会，要求认真落实“学校教育要树立健康第一的指导思想，切实加强体育工作”。随后出现的“俱乐部模式”、“运动处方模式”、“三自主模式”，开启了教学模式多样化发展的格局。

2002 年 8 月教育部颁布了《全国普通高等学校体育课程教学指导纲要》。新《纲要》指出体育课程的性质是大学生以身体练习为主要手段，通过合理的体育教育和科学的体育锻炼过程，达到增强体质、增进健康和提高体育素养为主要目标的公共必修课程；是学校课程体系的重要组成部分；是高等学校体育工作的中心环节；是寓促进身心健康和谐发展、思想品德教育、文化科学教育、生活与体育技能教育于身体活动并有机结合的教育过程；是实施素质教育和培养全面发展人才的重要途径；并从五个领域分别划分了基本目标和发展目标。新《纲要》还对课程设置、课程结构、课程内容与教学方法、课程建设与课程资源开发以及课程评价等做出了指导，并在课程结构和课程评价中明确提出了“在教师的指导下，学生应具有自主选择课程内容、自主选择任课教师、自主选择上课时间的自由度”，“学生的学习评价应是对学习效果和过程的评价，主要包括体能与运动技能、认知、学习态度与行为、交往与合作精神、情意表现等，通过学生自评、互评和教师评定等方式进行。评价中应淡化甄别、选拔功能，强化激励、发展功能，把学生的进步幅度纳入评价内容。”

2006 年 12 月，教育部、国家体育总局在北京召开了全国学校体育工作会议。颁发了《关于进一步加强学校体育工作，切实提高学生健康素质的意见》。同期，教育部、国家体育总局、共青团中央联合下发了《关于开展全国“亿万学生阳光体育运动”的通知》，力争用 3 ~ 5 年的时间，使 85% 以上的学校能全面实施《学生体质健康标准》，85% 以上的学生能做到每天锻炼 1 小时，达到《学生体质健康标准》及格等级以上，掌握至少两项日常锻炼的体育技能，形成良好的体育锻炼习惯，体质健康水平切实得到提高。

二、案例精选

案例一 我国高校体育的探索与进步①

随着我国社会长期稳定，经济持续增长，教育改革不断深化，素质教育全面推进，高等学校体育工作取得了令人瞩目的成绩。学校体育管理工作更加科学、规范，体育场馆、设施建设速度加快，体育课程改革全面推进，群众性体育活动日益活跃，运动训练水平大幅度提高，体育师资队伍建设得到加强，科研水平不断提高。

为了促进我国高校体育的发展，国家颁布了一系列的法规文件规范高校体育，收到了良好的效果，同时高校课程的探索也从未停止。国家教委曾于 1992 年颁布《高等学校普通体育课教学指导纲要》，规范了基础体育课、选项体育课、选修体育课和保健体育课。一般情况是，大学一年级上基础体育课；大学二年级上选项体育课；选修体育课是在前两年体育教学的基础上，为进一步提高学生体育理论水平和体育实践能力，根据学校教学条件和学生的个性爱好分班组织教学。保健体育课是为个别身体有异常和病、弱学生开设的必修或选修课程，有针对性地进行康复、保健的体育教学。

20 世纪 90 年代后期，我国高等学校进行了多种体育课程模式的探索，出现了多种新型课程模式：

第一种“三基型”：传播体育基础知识、技术、技能，增强学生体质，以原班级教学为主；第二种“三段型”：一年级开设基础课，二年级开设专项选修课，三、四年级开设选修课；第三种“一体化型”：使课内与课外相结合，即要求开设普通体育课、选项体育课、专项体育课和保健体育课，同时，有的学校课外广泛地开展俱乐部的活动；第四种“分层次型”：一、二年级都开设专项选修课，其中有基础班和提高班；第五种“俱乐部”模式：主要是模仿国外高校那种松散的、非学科性质的俱乐部形式，但仍以课程性质出现。通过对全国普通高校的随机调查，发现高等学校体育课

---

① 童丽平. 全国普通高等学校体育课程教学指导纲要实现现状与对策[J]. 体育与科学.2006，27（2）：94.

程设置模式较为均匀，除俱乐部和三基型偏低外，其他几种模式分布相近。说明我国普通高校体育课程设置模式较多样化。

案例二　普通高校体育不“高”

长期以来我国普通高校体育在教学内容和课程设置上，与中小学相比没有明显区别，没有体现出高校体育“高”字的内涵。对所有学生传授同样的运动技术，忽视了学生的个体差异，压抑了学生的体育兴趣和特长，导致学生喜欢“体育”而不喜欢“体育课”。体育教学的任务过于局限于增强学生体质，忽略了体育知识和健身方法的传授，忽视了体育能力、体育习惯和终身体育意识的培养，使得体育这一从小学到大学都设置的长线学科，连起码的习惯问题都没解决。各高校开展的多种多样的体育课程类型，除按俱乐部形式开展的课程以外，大部分课程仍是原高等学校体育教学指导纲要规定的课程，虽然在时间与空间排列上已经有了大胆的重新组合，但从严格意义上来看，还谈不上对课程的重新定位与设计。

此外，令人担忧的是，2010 年学生体质与健康检测显示大学生身体素质继续呈现缓慢下降。19 ~ 22 岁年龄组除坐位体前屈指标外，爆发力、力量、耐力等身体素质水平进一步下降了，但与前一个五年相比（2000—2005 年），下降幅度明显减小。与 2005 年相比，19 ~ 22 岁城市男生、乡村男生立定跳远成绩分别平均下降 1.29、0.23 厘米，引体向上成绩分别平均下降 1.44、1.45 次，1000 米跑成绩分别平均下降 3.37、3.09 秒；城市女生、乡村女生立定跳远成绩分别平均下降 2.72、0.92 厘米，仰卧起坐成绩分别平均下降 3.02、2.48 次 / 分，800 米跑成绩分别平均下降 3.17、1.87 秒。另外，城市男生、城市女生握力分别平均下降 0.18、0.35 千克；城市男生、城市女生、乡村女生 50 米跑成绩分别平均下降 0.06、0.10、0.05 秒。

（改编自：国家体育总局，《2010 年全国学生体质与健康调研结果》，见国家体育总局网站。）

案例三　体育课程的“三自主”

2002 年 8 月 6 日，教育部颁布实施了《全国普通高等学校体育课程教学指导纲要》（以下简称《纲要》），指出：“普通高等学校的一、二年级必须开设体育课程（四个学期共计144学时）。修满规定学分、达到基本要求是学生毕业、获得学位的必要条件之一。普通高等学校对三年级以上学生（包括研究生）开设体育选修课。”

调查显示，目前所有的高等学校一、二年级都已开设体育课程，但还有部分普通高校尚未完全贯彻执行《纲要》的相关指示，如对三年级以上学生（包括研究生）开设体育选修课；安排理论教学内容；把课外体育锻炼纳入体育课程；对身体病、残、弱等特殊群体开设保健课程等，尤其是在体育课程评价中，课堂出勤率、技能掌握程度和身体素质（体能）依然是体育课程成绩评价的主要依据，鲜有教师将学生的进步幅度、合作精神、情意表现等纳入最后的评价体系之中。

《纲要》还提出了“三自主”的课程组织形式——根据学校教育的总体要求和体育课程的自身规律，应面向全体学生开设多种类型的体育课程，可以打破原有的系别、班级建制，重新组合上课，以满足不同层次、不同水平、不同兴趣学生的需要。在教师的指导下，学生应具有自主选择上课内容、自主选择任课教师、自主选择上课时间的自由度，营造生动、活泼、主动的学习氛围。但是在实际中同样暴露出了一些问题，对此，有关学者针对普通高校体育课程“三自主”的实施现状进行了研究调查，并分析了导致现状的原因：[①]

1. 普通高校体育课程“三自主”实施现状

（1）学校规定项目内的自主选择上课内容

调查显示，目前我国普通高校体育课程内容的选择，是基于学校设定项目范围内的学生自主选择，而非学生完全自主的选择自己所喜欢的学习项目，但各学校所设定项目均未少于10项。

（2）适度调控下的“自主”选择任课教师

由于受我国普通高校人事分配制度的影响，学生任意选择体育教师一般还停留在某一单元学生总人数和教师设定人数以及班级可接受人数等条件控制基础之上。调查反馈的67所高校中有29所高校采取了学生自主选

① 张哲敏，孙麒麟．普通高校体育课程实施“三自主”教学模式分析[J]．北京体育大学学报，2010（01）：85.

择任课教师，也基本上是在此控制条件下的反映，而非完全意义上的体育教师“挂牌”上课。

（3）学校限定时间区间的“自主”选择学习时间

调查数据显示，目前我国普通高校体育课程实施自主选择学习时间者，67所高校中仅有2所，占调查学校的3%。并且，也附带着一些限制条件，即学校限定时间单元的“自主”选择，而并非“自助餐式”。

2. 导致现状的原因

（1）学校体育教学资源不能完全满足学生需要

学校体育教学资源所包括的场馆设施、器材条件、教师、配套教材等主要内容，由于受学校体育设施规划建设和资金限制，还难于为学生提供竞技项目类、民族项目类、体育康复类等丰富多彩的活动需求；有限的体育师资数量，还不能满足为各种活动兴趣的学生提供全面的专项教学与指导；体育教材建设所面临的现实困难和学生教材管理规定的制约，还难于与体育教学内容紧密配套，导致某些项目学生有教材、某些项目学生无教材等。这些都是影响学校难于满足学生对体育教学内容任意选择的关键。

（2）学校现行人事管理制度和分配制度是制约学生任意选择教师的瓶颈

体育教师作为学校师资队伍的组成部分，必然要适应学校人事分配制度的大环境，而真正意义上的学生任意选择任课教师，势必将导致个别教师的下岗或失业，尽管某些学校设置了人才交流中心或再培训上岗制度，但是，健全的优胜劣汰人事管理运作机制几乎还没有具备应有的环境。学校体育管理者想成为“第一个吃螃蟹的人”，需要克服传统观念的束缚，争取相关配套政策的支持。因此，目前基本上执行的是体育教师教学课时量相对均衡的原则，在课的安排上采取学生选择和单位调剂的“双轨”排课模式，学生自主选择任课教师并非某种认识上的以质取胜、论功行赏。

（3）学校现行教学管理制度是限制学生任意选择学习时间的巨大障碍

目前，普通高校一般所实行的学年学分制和富有弹性的学制管理规定，仍与完全学分制的学籍管理方式存在实质性差距。基于这一管理体系下的体育课程，难于具备完全的自由时间、空间可供学生任意选择，这不是学校体育工作者可以操控或自主决定的。即便是被调查的高校中有两所实施了学生“任意”选择学习时间，也是在体育课程已限定设置的单元时间内。学生根据自己的兴趣需要，结合学生自己的空余时间而进行的学习自主时间选择目前还无法达到。

思考问题：

1. 你认为普通高校体育课程与中小学体育课程相比较应体现哪些特点？

2. 在案例一的多种体育课程模式中，你认为哪种更适合我国高校？为什么？

3. 你认为学校体育的目的是什么？学校体育希望通过体育课堂向学生传递什么？

4. “终身体育”、“快乐体育”曾经都在我国引起过大的争论和探讨，你是如何看待这两者的呢？

5. 体育课程“三自主”模式在实施过程中应注意哪些问题？

6. 你认为体育课程的“三自主”模式能够在现有实施基础上有所突破吗？为什么？

7. 采用小组合作的形式，讨论如何评价体育课成绩更为合理？请设计出你们小组的评价指标。

8. 试在调查研究的基础上，总结目前我国普通高校体育课程中存在的问题，并撰写调查报告。

第四节 阳光体育运动

一、阳光体育运动概述

1995 年至 2005 年，几次全国学生体质检测结果显示，我国青少年体质呈下降趋势，肥胖率和近视率增加，而部分身体素质下降明显，这引起了党中央的极大重视，胡锦涛总书记对此进行了专门的批示。2006 年 12 月 20 日，教育部、国家体育总局和共青团中央发布《关于开展全国亿万学生阳光体育运动的通知》，在全国各级各类学校深入开展“亿万学生阳光体育运动”。

2006 年 12 月 23 日，教育部、国家体育总局召开新中国成立以来的第一次全国学校体育工作会议，会议提出提高学校体育工作水平和增强青少年体质的工作任务，并且号召深入开展阳光体育运动。2007 年 4 月 23 日，中共中央政治局会议专题研究青少年体育工作。2007 年 4 月 26 日，教育部、国家体育总局、共青团中央发布了《关于全面启动全国亿万学生阳光体育运动的通知》，并于 29 日在全国范围内启动“全国亿万学生阳光体育运动”。2007 年 5 月 7 日，中共中央国务院发布了《关于加强青少年体育增强青少年体质的意见》，在充分认识青少年健康成长对国家和民族重要意义的基础上，提出要“全面实施《国家体质健康标准》，把健康素质作为学生全面发展的重要指标”和“广泛开展‘全国亿万学生阳光体育运动’”，鼓励学生走向操场、走进大自然、走到阳光下，形成青少年体育锻炼的热潮。至此，学生阳光体育运动在我国各级各类学校全面展开。

阳光体育运动的主要内容包括：第一，阳光体育以《国家学生体质健康标准》为基础，实施阳光体育评估、监督制度。第二，阳光体育运动坚持学生每天锻炼一小时制度。第三，阳光体育的对象是在校学生，选择适合于青少年身体发育阶段的运动项目开展体育活动，强调运动项目与运动年龄的科学配制。第四，阳光体育强调引导学生走出教室，走向操场，走进大自然，走到阳光下，身体力行开展体育活动。第五，阳光体育倡导全体学生的广泛参与，要求校校有特色、班班有活动、人人有项目，强调群众性，淡化竞争性，项目内容贴近学生生活，贴近地方实际，生动有趣，简便易行，便于推广。第六，阳光体育的近期要求是：通过开展阳光体育运动，力争用 3 至 5 年的时间，使 85% 以上的学校能全面实施《国家学生体质健康标准》，85% 以上的学生达到《国家学生体质健康标准》及格等级以上，掌握至少两项日常锻炼的体育技能，形成良好的体育锻炼习惯，体质健康水平切实得到提高。长期目标是：在大中小学校推行“阳光体育证章、奖章制度”，使“健康第一”的理念深入人心。在阳光体育奖励机制的推动下，使一代青少年体质状况得到根本转变。第七，阳光体育是落实“健康第一”指导思想的具体行动。通过丰富多彩的体育课外活动，借助舆论大张旗鼓地宣传阳光体育在青少年素质教育中的作用，在社会上树立“健康第一”的价值理念。①

在阳光体育运动的组织管理方面，国家设置阳光体育运动领导小组，由教育部部长、体育总局局长和共青团中央书记处书记担任组长，并且设立领导小组办公室（设在团中央新时代青少年体质健康促进中心），由教育部体卫艺司司长任办公室主任。

二、案例精选

案例一　体质测试中的“肌无力”

“《国家学生体质健康标准》实施办法”中明确指出：“《标准》的实施工作在校长的领导下，由学校体育教研部门、教务部门、校医院（医务室）、学工部门、辅导员（班主任）协同配合共同组织实施。”“《标准》的实施工作计入教师的教学工作量。”“各地、各学校在实施《标准》时要树立‘安全第一’的指导思想，健全各项安全保障制度，落实安全责任，加强对场地、器材、设备的安全检查。”“各地教育、体育行政部门对本地各级各类学校实施《标准》的情况，要认真检查监督。要将《标准》的实施情况纳入各级政府教育督导内容和评估指标体系，并作为对各级各类学校进行评优、表彰的基本依据。对弄虚作假、徇私舞弊者，给予通报批评，情节严重者，给予行政处分。”

其实，“肌无力”是基层体质测试体育教师一种戏谑的称呼，众多体育教师，包括部分体育院（系）的领导，都表示对体质测试“很无奈”。对于体育部门的领导们来说，“没有无缘无故的无奈”。虽然《实施办法》明确指出了体质测试是一项众多部门协调配合的工作，可真正落实下来，

① 阳光体育运动官方网站.中央重视青少年体质培养，三方发起阳光体育运动[N/OL].2009.7.1，http://sunnysports.sohu.com/

往往成了体育部门自家的事情。这就好比是一个鼎，为了保障其稳固性，设计的时候是三个脚，但到了执行者手里就成了一个脚，不稳当是一定的，对体质测试来说，体育部门的力量有限，要做好，很难。

首先，是经费问题，具体而言，也就是《实施办法》中所提到的计入教师工作量的问题。计不计是问题的第一个层次；如何计是问题的第二个层次。实际上，很多学校在“计不计”这个问题上都采取了武断的态度，“不计”也就省去了思考“如何计”的麻烦和由此带来的诸多问题。争取也没有用，学校的经费也有限。于是，“八仙过海，各显神通”。有的学校将体质测试安排在学生的课余时间，指定负责人培训高年级学生来组织测试，作为回报尽量将评优秀、发奖金的机会留给体质测试负责人。尽管如此，仍然没有人愿意耗费一个月的时间在这项费时费力而且报酬还未定的工作上，而且很多人也对这样完成的体质测试结果的真实性提出了质疑（因为具体的实施者是学生）。另外有些学校做法是不计教师工作量，结果教师工作没有积极性，就选择在体育课上进行这项工作，因为体育课是有课时费的，这也就变相给计了工作量。但是，这样做问题又产生了，体育课的课时是一定的,体质测试耽误了时间,体育课教学任务如何完成呢?

其次，是各部门协调的问题。《实施办法》明确指出了“《标准》的实施工作在校长的领导下，由学校体育教研部门、教务部门、校医院（医务室）、学工部门、辅导员（班主任）协同配合共同组织实施。”但实践中，很多学校的教务部门、校医院（医务室）、学工部、辅导员都选择了消极态度。通过实地观察和访问调查，部分体质测试的现场，除了测试的老师和学生在，根本不见辅导员和医务人员的身影；从确定测试时间、通知学生、组织学生进行测试完全是体育部门在规划、组织；校医院（医务室）在测试中所起的作用退化为仅为身体有不能参加测试症状的同学提供相关证明，而且证明只是需要学生出具相关病例，而不做任何检查和监督工作；教务处往往除了要求上交计入学生体育成绩（含体质测试成绩）的数据以外，对于数据的统计到数据的上报并不关心，也是由体育部门独自完成。

“其实我们多做点工作倒不是太大的问题，但是最令人担忧的是学生体质测试中的医务监督问题，自从在体质测试过程中学生发生过死亡和晕厥事故之后，现在都不敢鼓励学生去拼命完成测试。都说现在体质测试的数据表明学生的体质下降，其实教师不敢让学生尽全力去测试也有一定关联。”某学校的领导如是说。

“在测试中，学生问的最多得一句话是：‘老师，及格线是多少？’但即便这已经是最低限度的及格线，我们也不敢轻易跟学生说，只能告诉学生‘尽力去做就可以了。’因为我们都怕出事故，一旦事故发生，就晚了。”某学校的具体负责体质测试的教师说道。

再次，是事故问题的处理。武汉某高校一名大学生在参加国家体质健康测试 1000 米跑时，临近终点突然昏厥，后抢救无效死亡。这则消息对体育教师而言，无疑是重磅炸弹。正如上文所言，缺少了医务监督的体质测试，死亡、晕厥事件的出现，很多人以为是偶然，其实里面蕴含了必然。作为体育教师都知道，运动前进行必要的体检，运动中进行医务监督，运动后积极恢复才是正确的做法。对当今大学生，危险便存在于其对自身健康状况的错误判断和体育能力的下降以及成绩标准的设定之中。医务监督的存在能有效地预防和避免相关悲剧的产生。但是，从校内管理体制（如图 2-1）图中我们可以看到，体育部门与医务部门两者是平行关系，也就是谁也没有对对方的领导权，领导权存在于学校分管体育的领导手中。领导对体育工作的不重视、不了解都会造成问题的严重性。

“如果在体质测试时期，领导能够加强重视，兄弟部门能够加强合作，我们的体质测试工作才能真正放手去做。现在尽管我们实实在在地工作，但总有点畏首畏尾，要考虑的太多了。”某校领导如是感叹。

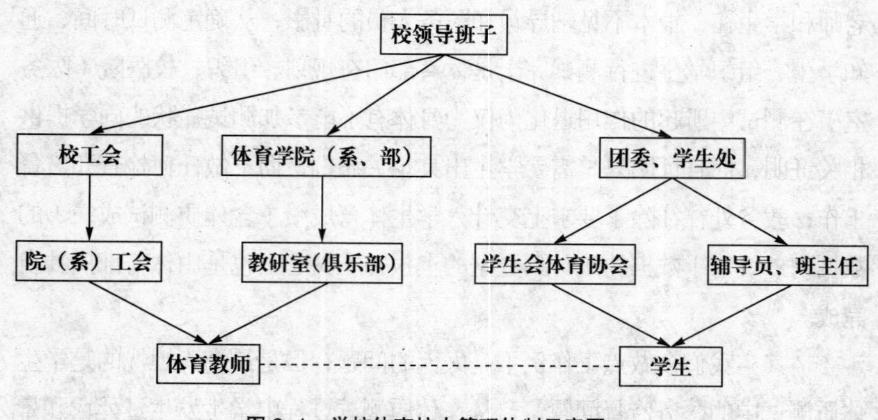

图 2-1 学校体育校内管理体制示意图

案例二 画饼充饥?

虽然我国学校体育教育事业取得了较大发展，但是由于长期以来对学校体育事业的重视不够，经费投入不足、师资缺乏成为制约学校体育工作和青少年体育进一步发展的瓶颈。

学校体育经费投入不足直接影响到运动场馆设施的建设和学校体育活动的开展，尤其是中西部欠发达地区，有的学校甚至连运动场都没有，器材设施严重不足，远未达到《国家学校体育卫生条件试行基本标准》的要求。虽然国家财政预算明确注释了体育经费，但在各地市、县、学校的具体执行中情况不容乐观，因运动训练所带来的竞技体育效果显著，而群体活动的开展则处在了一个相对次要的位置，因此，学校体育经费在实际操作中，更多倾向于竞技体育，最后能够落实到学生健康发展上的数目相对而言则少得可怜。通过调查显示：各学校对体育经费的拨付比例没有严格的要求，只有“体育经费从教育经费中统筹安排解决”的不明确解释。据有关部门最近的调查显示，西部某省中小学学生人均体育经费仅 1 ~ 3 元；北部某省 15 个贫困县的 401 所初中，平均年体育经费为 5 109 元，其中 4 000 余元用于学校运动会，大部分学校不能用现有的器材上完一节完整体育课。针对某经济发达省份的初中的调查显示，有 98.7 % 的学校不能按最低要求配备体育器材。另外城市学校生均活动面积普遍偏小，农村学校体育器材配备率普遍偏低，不能满足体育教学、开展课外体育活动的需要，严重影响了学校体育工作的正常开展。①

经费缺位只是其一，而师资力量的不足，尤其是农村体育师资的严重不足，更应引起有关部门的重视。据有关部门了解：山西省大同市南郊中小学专项体育教师配备率为 42.4%，广灵县专职体育教师配备率为 30%。福建省小学体育教师缺口为 6 547 名，中学体育教师缺口为 4 922 名。重庆市农村中小学体育教师配备率为 73%。广东省农村学校 80% 以上为兼职体育教师，按国家要求，实际缺额专职体育教师 1.2 万人。②

① 茅卫东，朱永新．关于加强中小学学校体育教育经费投入和师资建设的建议 [N]. 中国教师报 .2009.3.11

② 茅卫东，朱永新．关于加强中小学学校体育教育经费投入和师资建设的建议 [N]. 中国教师报 .2009.3.11

由经费和师资而引发的学生体育伤害事故屡屡见诸报端，法律制度的缺位也使得事故的处理无章可依。许多学校为了避免体育教学中的运动伤害，多采取了削减危险项目的措施，体育课教学形式单一，“学生喜欢体育运动，但不喜欢上体育课”的情绪普遍存在于各级各类学校当中，直接影响了学生参加体育锻炼的兴趣和热情，体育课的意义和价值也遭到学生的质疑。

现代教育观念提倡“以人为本”、“健康第一”，这绝对不仅是一种理念，更应是一种行动，没有了经费和师资保障的学校体育，距离这样的目标路还相当遥远。

案例三　某高校阳光体育运动的考核办法——成功的案例

某高校经过几年的探索，形成了一个以“体育文化节”、春秋运动会为主线，以校级体育协会（社团）为辅线的校内群众体育活动体系。并专门针对阳光体育运动的开展实施，成立了“阳光体育考核办公室”和“学生阳光体育运动技术指导委员会”，发布了《××大学关于开展学生阳光体育运动考评工作的意见》，制订了《××大学学生阳光体育运动考评评分实施细则》，从而为阳光体育运动的顺利开展和监督考评提供了组织和制度上的保障。

阳光体育运动的考核办法如下：

学生阳光体育运动的考核工作在学校阳光体育运动考核领导小组领导下，由体育学院、学工部、研工部和团委等单位负责人组成考核小组。对各学院开展学生阳光体育运动情况进行考核，对各校级体育协会（社团）开展阳光体育运动情况进行评比。

在考核的程序上，该校的做法是：第一，考核办公室根据每年年初各学院、各校级体育协会（社团）上报的开展阳光体育运动计划，建立档案；第二，每次活动开展前，各学院、各校级体育协会（社团）负责人主动与考核办公室联系，由考核办公室负责协调场地器材、提供指导服务；第三，考核办公室负责对各学院、各校级体育协会（社团）的活动开展情况进行不定期检查监督，具体方式包括走访、调查了解、召开座谈会等；第四，每年年终，各校级体育协会（社团）应将本年度学生阳光体育运动开展情况的相关材料（图片、影像、秩序册、成绩册等）及总结报考核办公室，由考核办公室负责组织交流评比。

在考核成绩的计算上面，一所学院的考核成绩，由五个成绩赋予不同的权重相加得到，具体计算方法是：

学院成绩＝A×20%＋B×20%＋C×30%＋D×10%＋E×20%

A：各学院参加体育文化节、校级运动会、校级体育协会（社团）等组织的竞赛类项目所获竞赛成绩

B：各学院参加体育文化节、校级运动会、体育文化活动、校级体育协会（社团）等组织的非竞赛类活动的参与项目和学生的参与比例

C：各学院组织开展阳光体育运动的集体活动次数与学生的参与比例

D：各学院学生加入各体育协会（社团）组织的情况（比例）

E：各学院参加《国家体质健康标准》的测试结果

根据考核成绩，结合交流总结情况由阳光体育运动考核领导小组分别评选出阳光体育运动优秀单位，并授予“××大学阳光体育运动奖杯”。其中，优秀单位分为三个等级，颁发奖杯和奖励经费。奖励经费自动流入受奖单位下一期活动开展经费。奖励经费从体育学院体育维持费中支付，用于获奖学院开展体育活动的支出。对活动开展不力的学院通报批评。对组织开展体育活动积极、效果突出的校级体育协会（社团）给予表彰奖励。

思考问题：

1. 通过案例中提供的材料，你认为目前我国学校体育管理体制存在哪些问题，应该如何应对这些问题？提出你的对策与建议。

2. 从自身经历和所学知识出发，试举一例来证明权责不对等对体育工作开展的危害。

3. 针对体质测试开展所面临的种种困难，从一个管理者的角度出发，思考如何解决这些问题。

4. 案例三中，该校阳光体育运动的考核方法有哪些值得借鉴的地方？针对阳光体育运动开展，你有什么更好的意见或建议？

5. 请在考察本校阳光体育运动开展的基础上，分析本校的经验与问题并撰写案例分析报告。

第五节 体教结合

一、体教结合概述

从20世纪50年代起，我国逐步建立起“业余体校——省市专业队——国家队”的“一条龙”运动员培养模式，独立运作、教体分离、自成体系。这套高度整合资源的训练管理模式在我国“奥运争光计划”中取得了显著的成效，培养和造就了一大批世界冠军，促进了我国竞技体育的飞速发展。但是，随着社会的发展进步，这套体系逐渐暴露出了与生俱来的缺陷——成才率低、人才技能单一、就业形势严峻等问题。1987年，原国家教委和国家体委在高校试办高水平运动队，开始了“体教结合”的尝试。“体教结合”本意是建立起一套从小学、中学到大学的体育人才培养体系，希望建立一个除体育系统的培养渠道之外的、以教育系统为主的体育人才培养体系，从而改变传统培养模式淘汰率过大、文化教育缺失、再就业困难等弊病，显然，“体教结合”之路充满着艰辛。

二、案例精选

案例一　探究“体教结合”的发展路径

中国的“体教结合”在20多年的实践中主要形成了以下几种模式：一是高校直接引进退役运动员；二是高校与体工队联合办队；三是高校直接招收现役运动员；四是高校跟中、小学直接挂钩，形成教育系统内部独立的培养体系。对于前三者而言，“体育明星读大学”只是管中窥豹。事实上不仅是对于体育明星而言，大学文化学习的效果难以保证，对于体工队和现役运动员而言，也难以达到高校培养人才的标准。研究显示，体工队和现役运动员平日以训练和比赛为主，极少或根本没有时间走进课堂中进行学习，学校对待他们的态度大多也是宽容的。所以，对于前三者而言，所谓的“体教结合”，是一种曲解。目前，第四种是更符合“体教结合”的本质精神的。但是，在实践和摸索的过程中，却是困难重重。

“体教结合”本意是建立起一套从小学、中学到大学的体育人才培养体系，建立一个除体育系统培养运动员渠道之外的、以教育系统为主的体育人才培养体系，从而改变传统培养模式淘汰率过大、文化教育缺失、再就业困难等弊病。在这个体系之下，应如北京体育大学副校长钟秉枢所言“中小学打下体育基础，大学进行项目分流，毕业后与职业队对接，这才是一套比较科学的系统，可惜至今尚未建立。”

一、“三高”足球训练基地的启示

“三高”足球训练基地隶属于北京人大附中，前身是人大附中足球校队，是由在人大附中干了35年体育教育工作的李连江老师花了25年所打造的。“三高”是指道德素质高、文化素质高、技术水平高。这里所培养出来的孩子10%走进了职业队，其余90%通过体育招生顺利进入了北京大学、清华大学、中国人民大学、北京理工大学等名校深造。

“三高”的理念是让孩子踢球好，又做到学习合格。很多人说“鱼与熊掌不可兼得”，要一个人在各个方面出类拔萃是很难做到的，但是培养一个有文化的运动员或有运动特长的学生是可以做到的。正如李连江所言“让孩子踢球好，又考状元，我做不到；但学习合格，做得到。”孩子们每天除了下午一个半小时用于训练，其余时间就跟普通学生一样学习。即使去比赛，随队也要带文化课教师，利用训练和比赛的空余时间给学生上课、考试。因为“三高”奉行的理念有两个层面：训练的效果不在于训练时间的长短，而在于训练的质量；当不成球星不要紧，但人的高素质一定要培养。

在这样理念的指导下，孩子们的第一身份是学生，两门成绩不及格，运动成绩再优秀也不允许出国参加比赛。“三高”每天下午在封住学校操场进行训练，但在接到家长和学生控诉其“剥夺学生锻炼权利”之后，就开始了筹建训练基地的工作。筹建一个像样的训练基地，需要大笔的经费，学校没有这样的专款专用的经费。经过多方筹措，最终“三高”在原来一片满是坟头的荒地上终于建成了如今 180 亩的颇具规模的足球学校。

除去建设基地以外，运动设施、器材的购置、比赛的装备及路、宿消费等，都需要大笔资金。“三高”的资金来源是学生交纳三分之一，人大附中投入三分之一，社会赞助三分之一。一面节省开支，一面向社会筹集资金，期间赞助商一直没有停止过更替，俱乐部的名称从最早的国兴、BTV、华兴，到如今的亿城。尽管如此，对于学生该花的钱，李连江却从不含糊。“按照竞技体育规律，培养一个优秀运动员每年要打 80 场比赛，这个钱必须花。”

尽管如此，学校的反应是“每年把一大笔经费用在了‘三高’上，已经成了一个巨大的包袱,如果按现有方式生存下去,将来很难说不被裁撤。”中国大学生体育协会常务副主席杨立国认为：“如果只靠教育部下拨的有限经费，而没有专款保证，‘体教结合’很难支撑下来，许多学校是想拿钱也拿不起。”

国家体育总局刘鹏局长针对“三高”发表的意见是：“现在需要真正形成一种意识，这就是搞青少年足球的培养实际上是一个公益事业，不要指望从中谋利。”“中国体育后备人才培养体系是孤立在社会主流的教育体系之外的。”“这些年来，竞技体育一直存在着文化教育与训练结合打不开的死结。我们要打开体校封闭的城墙，积极与教育结合。”

二、一支学生军的探索与坚守

成立于 2000 年 9 月、前身为人大附中三高足球俱乐部一队的北京理工大学足球队，1997 年远赴墨西哥进行为期两年的足球训练，1999 年回国后，首次参加全国足球乙级联赛，与职业队开始正式的对话。这样一支学生出身的职业足球队，却也取得了赫赫战绩：

2000—2004 年 4 届飞利浦全国大学生足球联赛，荣膺 3 次冠军和 1 次亚军；

2006 年以第一名的身份由乙级联赛晋级甲级联赛；

2007 年中甲联赛第十名；

2008 年中甲联赛第七名；

2009 年中甲联赛第八名。

一支“学生军”横空出世，不只是中国足球甲级联赛的花名册上第一次写上了“北京理工大学足球队”这么简单。媒体和公众投来的目光中，有赞叹，有质疑，但更多的是担忧：高校足球在职业联赛中这个唯一的代表，到底能走多远？看起来，这支“特殊”的球队，除了名帅金志扬和一举冲进甲级联赛的传奇，似乎并无其他傲人的资本。

4 年后，昔日的喧嚣已归于平淡，在中国足球日益恶化的大环境下，原本就少人关注的中甲联赛越发无人问津。当初球队冲甲的主力很多已经毕业，补充进来的孩子们依然在校园里演绎着球员与学生的双重角色。或许，连金志扬自已都没想到，他的“学生军”能在中甲一直走到今天。

7 月 21 日，北京理工大学体育场内，66 岁的金志扬背着手在球场上逡巡，时而停下步伐，细心地用小铲把场内的坑填平。似火骄阳之下，他的队员们正在挥汗训练，备战下一场比赛。

“我们还活着，就证明‘体教结合’这种模式有生命力，坚持下去，体育回归教育才有希望。”金志扬的话一如 4 年前的铿锵。金志扬的手表很准时，下午 3 点半到 5 点半，雷打不动的训练时间。北京的夏天日头毒辣，这些 20 多岁的小伙子，一会儿就大汗淋漓，可金志扬的哨子不响，就得跑下去。“他们每天这么辛苦训练完，累都累死了，还要兼顾学习，真太不容易了。”北京理工大学党委宣传部部长助理张巍甚为感慨。

当初这支高校球队亮相职业联赛时，许多人对他们的“学生”成色充满怀疑。毕竟，“挂名大学生”、“奖牌换文凭”在中国体育圈屡见不鲜，“体教结合”很多是走形式而已。有电视台曾专程到北京理工大学“蹲点”，验证的结果是，这些队员原来是真在念书。

在金志扬看来，这是必须的，从扎根校园足球的那一天起，他已不仅把自己定义为一个足球教练，教球、更要教人。这些队员即使冲进中甲，最应该看重的依然是修满学分，因为知识才是他们的未来。

球队的队员们都有个习惯，无论在哪里看见金志扬，都是尊敬地鞠躬，叫一声“金指”。在他们看来，金志扬是球队的灵魂，他倡导的这种“体教结合”模式让踢球的孩子们吃到了“甜头”。

铁打的校园，流水的学生，在球队征战中甲的 4 年里，很多人离开了。“队员们出路都不错，有文凭，又有体育特长，大企业特别愿意要，有人留校工作两年就升职了，比一些光念书的学生能力更全面。”至于培养出职业球员，金志扬并不指望，“像我这样的队伍多了，自然就出来了。”

更让金志扬骄傲的是，球队中2/3的人提出入党，现在有党员10几个。“我没有钱，我有精神。这些孩子一月就有几百元助学金，后来资金紧张也取消了。能在中甲站住脚，靠的是党员模范带头作用，这绝不是空话。”他说，这就是球队的“亮剑”精神，没有降级，已经创造了奇迹。

北京理工大学足球队出了名，很多人称其为“北理工模式”。中国足协当年“放行”这支高校球队参加职业联赛，也是希望他们闯一闯，探探这条路是否可行。如今4年已过，算是一个周期，“北理工模式”也走到了是否推广的十字路口。

相比于很多人轻言“推广”，当局者金志扬倒显得异常冷静。“这个模式不是唯一的，也不是完美的，我做的工作就是在尝试和摸索。不一定非得完全按照这个模式来，但体育回归教育的理念没错，不足的地方可以修正，只要方向对，有困难也得走下去。”

“北理工模式”正在努力改变着人们的“成见”，用队员们的话说，踢不进职业队，可我有专业和文凭，靠能力和素质一样能找到出路。这也是金志扬的追求，他想证明一件事：练体育能成材，有希望。“如果有100所大学跟北京理工大学一样，再辐射到中学和小学，有了升学和就业保障，何愁没人踢球！”至于其他学校是否有能力复制“北理工模式”，金志扬反复强调“模式不唯一，关键得去做。”

有人说“北理工模式”只是个案，金志扬的畅想太过理想化，在现有国情下难以实现。对此，他付之一笑：“有理想总比没理想好。体教结合是个长期工程，不是一蹴而就的事，谁也别着急，水到自然渠成。”

三、“体制”的围墙

“体教结合”应是体育系统与教育系统的交集，共享资源，形成合力。但我国目前两套系统仍是并行，体育部门和教育部门分别守住“围城”，各有想法，各行其是。用国家体育总局局长刘鹏的话说，教育的事，体育口办不好；体育的事，教育负担不起，体教之间存在着无形的壁垒，如图2-2所示。

现行体制下，体育部门掌控着国内的运动竞赛举办权、国际赛事的参与权、优秀选手的选拔权等，这使得学校培养的高水平运动人才很难进入国家竞赛体系。“两个系统的比赛既无交叉，也无对接”，从某种角度看是对高校践行“体教结合”的一种不认可。

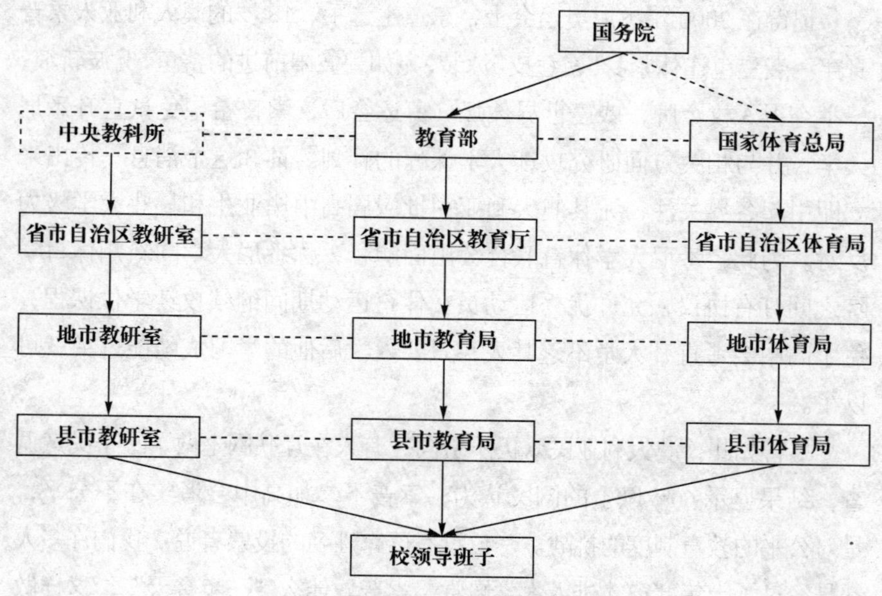

图 2-2 校外体育管理体制示意图

即使两个部门有心合作，一旦涉及部门利益和权利重叠，很多“看上去很美”的目标往往难以实现。钟秉枢认为，这主要在于缺乏顶层的制度设计和保障，“为什么不能把地方体育训练基地纳入学校，由它来代表地方参赛呢？归根结底还是体制的问题，就看有没有决心改革。”

有业内人士不无忧虑地表示，体、教两个部门都要学会放权，人为设置的许多壁垒，极大阻碍了“体教结合”的发展。

“说到底，这个事得体、教两个部门真正坐下来谈，政府出面从中协调，否则，一个字——难。”李连江说。

（改编自：郑轶、李长云，《求解“体教结合”：“三高”模式“高”在何处》，人民日报，2010 年 7 月 28 日。）

案例二 国外的体育明星与大学

欧美国家学校体育发展有很多我们可以借鉴的，但前提是他们整体水平达到了一定的高度，从小学到初中、高中、大学，都有一套完善的选拔机制和培养模式，运动员从小就是边训练边接受文化教育，两者缺一不可。

记得在2000年悉尼奥运会上，东道主选手、18岁的澳大利亚人索普身穿一袭黑色连体紧身“鲨鱼皮”泳装，宛如碧波中前进的鲨鱼，劈波斩浪，一举夺得3枚金牌，威震世界体坛。奥运会后，索普希望免试直升悉尼大学，并与相关方面研究攻读大学课程的计划。谁知这个消息一传出来立即引起各界关注，尤其澳大利亚一批应届高中毕业生和一些大学极力反对。为此，悉尼大学体育联合会出面解释，称悉尼大学同新州体育学院之间订有协议，允许优秀运动员在体育运动期间继续攻读学位课程，免予高中会考直升大学不乏其人，只要入学后他的学习成绩能过关就可以了。

尽管如此，澳大利亚民众仍不赞同，有人在互联网上做了一个民意调查，结果显示60%以上的网民认为，索普不参加高中会考实在不公平，是对公平的教育制度的挑战。一位没有透露姓名的投票者说：我们许多人都是经过了十年寒窗才进入大学殿堂，索普凭什么“一步登天”，这样做将会大大打击其他学生的积极性。面对这些沸沸扬扬的议论，迫于压力索普只好作出回应：上大学要靠自己的成绩，一定会参加会考。

几年前，记者在采访加拿大游泳队教练安德鲁·科尔时曾了解到，他们国家游泳队的运动员竟然是全职大学生，他们都是通过正规的考试进入大学的。考试通不过，无论游泳成绩多么出色，大学是不会招收的。而且在加拿大游泳运动十分普及，有40所大学拥有自己的游泳队，共有2 000多名专业游泳运动员。这些大学都是学术成就较高的，对学生的要求也很严格，因此不存在不通过入学考试或降低标准去招收学生的情况。科尔透露：“即使是学生运动员，因为参加世界性比赛而耽误了课程，每个学期仍必须修满一定的学时。在参加考试上，他们与普通学生的标准一样，不会受到特殊照顾，即便他是奥运冠军或世界冠军也不行。”

据了解，同加拿大一样，美国大学生的学习和训练都做到了“两手抓”，他们的就业同其他同学没什么两样，美国游泳队教练曾经介绍说，美国大学生体育协会规定，一个运动员每周的训练时间不能超过20小时，执行得非常严格，超过了不行。另外，一个学生一个赛季的上场场次也有限制，场次到了，即便是到了最关键的比赛，他也不能上场。这一规定的目的就是为了保证学生运动员的学习时间。

再以美国本土的NBA队员为例，我们知道NBA的储备人才主要来自于美国大学篮球联盟，美国高中学校里的篮球运动员要想加入梦寐以求大学篮球联盟，不仅在入学之时的SAT与ACT测验（高中学生学业能力的测试）分数都有最低限制，而且学业平均成绩必须保持在2.0（及格线）以上，只要有一门不及格，就不得出赛。这些规定向全社会宣告：大学以教育为目的，因此运动员仍应以受教育为主要目标，而体育仅仅是教育的一个方面。

与此同时，美国大学学业对“体育特招生”来说并不轻松。例如：高尔夫球手伍兹曾经在19岁时成功申请入读斯坦福大学，而且伍兹在斯坦福学习很努力，第一年他就学了很多课程，包括历史、计算机、高尔夫，还有葡萄牙语。二年级时，伍兹又在课程表上加上了经济学、非洲文学和种族研究等课程。不过他为了参加高尔夫职业联赛，在大学二年级时主动放弃了学业。尽管他现在已经成为了世界最知名、最富有的运动员之一，可是斯坦福大学至今也没有给他“奖励”一个文凭。这正是一所大学坚持原则的结果，更是“体教结合”最严格最成功的一面。

案例三　优化体教结合形态 探索体校教学模式[①]

徐汇位育体校成立于2004年2月，前身是上海市徐汇区少年儿童业余体育学校。2005年至今，共输送运动员180名，曾培养出吴敏霞、姚明、崔晓东、谢晖等优秀运动员。

学校采用“两块牌子，一套班子”的紧密型体教结合管理模式：区体育局、区教育局联合办学办训，校长、教练、行政后勤保障人员由区体育局委派，文化教学副校长和文化教师由区教育局委派，经费由区体育局和区教育局按照隶属关系和职责分别拨付，并在相关政策上有所倾斜。

结合学生运动员共性问题，学校摸索出四个运行机制。德育领先的双

① 卢苇．上海徐汇位育体校—优化体教结合形态 探索体校教学模式[N/OL]. 国家体育总局网站 .2012-1-10. http://www.sport.gov.cn/n16/n1107/n2069698/2637838.html

育机制：课堂育人，操场育人，教学育人，训练育人。有效地缓解了学生运动员自控能力弱、行为规范差的问题。紧密联动的“双跟机制”：教师跟训、教练跟课。既促进了双方的换位思考和工作认同，又能对学生进行全方位的了解和指导。双向激励机制：学生竞技成绩优异，奖励带课文化教师；文化成绩优异，奖励带训教练员。责任共担机制：教练员和文化教师共同承担对学生运动员的管理和教育任务。

此外，学校还出台了《位育体校学生双优奖》、《位育体校优秀班主任奖》等四项奖励机制，为体教结合的纵深推进提供了发展导向和资金保障。

在确立保障机制的同时，学校还打破常规，探索出教育管理的三种模式。按照学生层次，实行小班化教学，有效提高教师对每个学生的关注度，充分调动学生学习的积极性，促进每一个学生的个性发展；同时，根据学生日常学习时间少，赛前缺课多，差异较大等问题，规定了集体补课和个性化补课方案。并通过与位育中学共建共享，获得软硬件上的互惠。

学校还在教育教学上强调三个坚持。一是坚持德育领先，育人为本。一方面通过主体性德育，以出征仪式、签名仪式、表彰仪式帮助学生从小树立远大志向；同时以良好行为习惯的养成来促进学生的学习习惯规范。二坚持学生为主体，教师为主导的教学理念。在学校积极引导下，教师通过深层次的分析和寻找，改变一言堂的教学模式，增加对话、增加训练、增加鼓励，共同帮助学生找到学习的成就感。语文组率先帮助学生出版《位育体校作文选刊一》，大大激发了学生的写作兴趣；高中部以数学学科为试点，尝试教学内容作减法，切实改变了高中生因听不懂而不听的状况。三是坚持修炼教学能力，稳步提升教学成绩。

通过不断的努力，近几年，学校的教学质量稳步提升，不断刷新历史纪录。在体教结合模式的运作下，位育体校学生的教育教学问题已初步形成了 1 加 1 大于 2 的喜人局面。学生的管理更是形成了处处有人关心、事事有人关心、时时有人关心的立体管理网络。

思考问题：

1. 你认为“三高”模式的尝试成功吗？如何解决其存在的困难？

2. 北理工足球队作为一支学生军打入了中国的职业联赛，是否可以看做是“体教结合”模式的成功？为什么？

3. 面对“体教结合”，中国与国外发达国家相比，还存在哪些困难和问题？应如何解决？

4. 针对“体教结合”，发表你个人的意见和建议，设计一条你认为可行的路径。

第六节　体育师资队伍管理

一、体育师资队伍管理概述

21 世纪，教育被推到了担负民族腾飞重任的关键位置，成为了人力资源强国建设的核心战略之一。同时，以高科技为核心的知识经济时代到来，现代科学技术在教育中广泛应用，导致教育系统必将发生深刻的变化，终身教育成为时代发展和社会进步的必然要求。学校体育作为学校教育的重要组成部分，深处教育改革的大潮之中，其功能也在不断扩大和发展。

众所周知，要充分发挥学校体育的教育功能，挖掘体育教师潜力、提高其能力和素质是关键。1995 年颁布的《中华人民共和国体育法》第三章第二十一条指出，“学校应当按照国家有关规定，配备合格的体育教师，保障体育教师享受与其工作特点有关的待遇。”1999 年，教育部在制订的《面向 21 世纪教育振兴行动计划》中也明确指出要“保证学校体育和艺术教师的数量和质量，提高教学水平”。伴随着《全民健身纲要》（1995 年发布）、《全民健身条例》（2009 年颁布）和《全民健身计划（2011—2015 年）》的实施，“快乐体育”、“终身体育”、“成功体育”、“素质教育”等各种体育教育思想和模式相继出现，给体育教学带来了新的要求和挑战，同时也对体育教师能力与素质以及管理部门提出了更高的要求。

体育教师被称为“人类健美的工程师”，这个职业赞誉不仅要求体育教师掌握出色的技能，还要具备传授健康理念和技能的智慧。因此，体育教师的职业道德和职业素质对于人才培养而言，是至关重要的。据相关调查，目前我国体育教师队伍中传统的技能传授型教师较多，具备先进教学理念、积极研究教法的较少，也有少数人由于自身对职业认识不够深刻和受市场经济大潮的冲击而出现不同程度地与学校体育可持续发展的脱节之处。

二、案例精选

案例一　体育教师应该得到应有的尊重

一名做了 12 年体育教师工作的老师不无感触地说：“体育教师是个既劳心又劳力的艰苦职业。从事这个职业最大的困难在于我们承受了巨大的心理压力，这源于社会、学校、学生对体育教师的偏见。”体育课在一般中小学校是属于“小三门”学科，体育教师上课被认为是“一个哨子两个球，老师学生都自由”，顶多带领学生跑跑步、打打球、搞搞训练。

造成这种现象最主要的原因就是体育课不受重视。其实，体育老师和其他学科的教师一样辛苦，无论春夏秋冬，体育教师每天都要对教学、训练、两操、课外体育活动等教学活动丝毫不能怠慢，另外，为了严防学生发生意外伤害事故，还要密切留意学生的一举一动。但是，他们的辛勤劳动却往往得不到尊重。

很多学校将升学率与教师的奖金津贴、晋级评优等挂钩，结果是为了升学率体育课被抢了课时。长此以往，体育课越来越受到排挤，很多人认为体育课可上可不上，体育教师谁都可以当，体育老师甚至成了学校的“二等公民”。

其实，在中国要想成为一名合格的体育教师并非轻而易举的。每年全国各地进行大规模的体育专业招生入学考试，对考生身体素质和专项运动技能两项进行考核，只有达到录取线，并通过全国文化课统考，最后才由录取院校按考试综合成绩由高到低择优录取。

我国体育教育专业课程设置分为基础课和专业课。基础课侧重培养学生的政治理论观念和外语水平。专业理论课主要包括解剖学、生理学、体育保健、学校体育学、体育史、体育概论、体育心理学、体育测量评价、体育统计和体育科研方法等。术科包括田径、篮球、足球、排球、体操、游泳和武术等领域。除此以外，学生在修完两年课程之后还必须选择术科中的其中之一作为自己的专项继续进行学习，从而达到培养"一专多能"人才的目的。然而，对自然科学、人文、管理、社会等知识的轻视和对术科的过度重视，是导致中国体育教师长期以来重视技能传授而忽视理念培养的重要原因之一。

体育教育专业学生的修业年限为四年，只有在学期间修满相应的学分并通过教学实习和论文答辩即可被授予教育学学士学位，此外，要进入学校任教，还需要具有相应的资格证书。

案例二 "缺额 30 万"与"找不到工作"

首都体育学院副教授、硕士生导师刘海元主持的国家社科基金项目《我国学校体育现状调查及发展对策的研究》显示，我国大中小学体育教师总量约有 50 多万，相对其他学科教师数量较少，根据测算，我国体育教师总体数量缺额约 30 万人，并且有四分之三在小学。2008 年国家教育督导团调查的结果也充分证明了中小学体育教师缺额的现象，缺额现象最严重的是县镇和农村。

而与体育教师缺额现象形成反差的是，众多的体育专业学生抱怨"找不到工作"。针对此问题，中国体育报业总社记者针对北京市的体育专业本科毕业生是否想成为体育教师进行了抽样调查①，结果有 12.24% 的毕业生表示"坚决不当"，29.59% 的毕业生表示"非常想当体育老师，任何学校我都能接受"，23.47% 的毕业生表示"可以接受，但最好是高校体育教师，当中小学老师就算了"，其余的毕业生表示"可以接受，当中小学老师也可以"。在回答"你不想做体育老师的原因"这一问题时，几大原因分别是：不利于自我长远的发展（31.63%），薪水较低（22.45%），

① 窦雨佳．体育教师岗位渴望更多高校生 [N]. 中国体育报 .2009.3.27.

和语数外等科目相比，体育教师的地位较低（18.37%），社会对体育抱有一定的偏见（14.29%），不喜欢教书育人（7.14%），其他（9.18%）。

思考问题：

1. 你如何看待我国的体育师资培养体系？

2. 试分析中小学体育教师面临尴尬地位的原因何在？

3. 你如何看待“体育教师缺额30万”和“体育专业学生难找工作”的现象？

4. 体育教师在学校体育教学中扮演什么样的角色？为什么说充分挖掘和发挥体育教师的潜力、素质和能力是推动学校体育发展的关键？

5. 调查你所在学校体育教师的工作情况，结合案例分析如何最大限度地调动体育教师工作的积极性，从而形成学校体育蓬勃发展的局面。

第七节　体育专业与学科建设

“学科是指在整个科学体系中学术相对独立、理论相对完整的科学分支，它既是学术分类的名称，又是教学科目设置的基础。”[①] 在本科教育中学科被称为“专业类”，主要是指学科门类与一级学科。专业是高等学校或中等专业学校根据社会分工需要而划分的学业门类。“专业”体现为学科目录中的“二级学科”。经过100多年的发展，目前我国逐渐形成了较为稳定的体育学科与专业，教育学门类下设体育学一级学科，本科体育专业包括体育教育、运动训练、社会体育、运动人体科学与民族传统体育。

专业与学科是人才培养、科学研究、教育统计、科学预测等教育事业

① 教育管理辞典[M]，海南：海南人民出版社，1989.

运行的基础，体育专业与学科是开展体育人才培养、科学研究和社会服务的重要依据。体育专业与学科建设是高校体育专业教育工作的基础保障，是学校体育管理的基本组成部分，属于体育管理学的重要研究领域之一。

一、体育专业与学科的发展历程

近代我国最早的学校体育课程起源于清朝末年“洋务运动”，“洋务派”创办的军事学堂引入了西方的兵式体操和游戏，形成了体育课程的雏形。随着维新变法运动、《奏定学堂章程》颁布、辛亥革命后的教育革新、“五四”新文化运动等一系列的教育改革运动，体育课程成为了学校教育的一门重要课程，1923 年，《新学制课程标准》颁布，正式命名了“体育课”。

（一）体育院（校）系的发展历程

体育课程在近乎空白的基础上逐渐建立，体育师资的不足成为了学校体育必然面临的问题之一。根据《奏定学堂章程》规定：“小学体操课程每周 3 小时，中学堂每周 2 小时，高等学堂依不同学科设置课时。”并且，学生数量在此时期大幅度增长，小学生人数从 1902 年的 859 人增加到 1909 年的 1 469 412 人，1912 年全国学校共达 87 272 所（初等学校 86 318 所、中等学校 832 所、高等学校 122 所），学生总数共计 2 933 387 人。[①] 体育课程课时量大，学校与学生数量剧增，所以，体育师资极度匮乏，当时大部分体育教师来源于国外、退役士兵等群体。体育师资的巨大需求推动了体育专业教育的诞生，清政府在 1905 年至 1908 年期间创办了 10 多所体育师资培训学堂，如中国体操学校、中国女子体操学校、奉天师范学堂体操专修科等。以此为起点，辛亥革命时期、国民党执政时期，我国先后设置了几十所培养体育人才的学校，较为著名的有南京师范学校体育科、北京高等师范学校体育科、延安大学体育系等。新中国成立以后，我国高校体育经历了初建、探索、破坏、恢复和改革创

① 苏竞存．中国近代学校体育史 [M]. 北京：人民体育出版社，1994：30~31。

新的发展历程，体育院、校、系的设置初见端倪，体育专业与学科集中分布到体育院校、高等师范院校和综合性大学体育学院（系）中。“1989 年，全国共有普通高校体育教育本科专业点 63 个，其中体育院校 14 所，师范类体育系 49 所；1995 年，全国体育院校、系约有 67 个本科点；2000 年体育院校、系 138 个，2003 年约达到 178 个，到 2004 年全国约有 205 个体育院（校）系。”①

（二）体育专业的发展历程

体育专业的发展可以分为七个阶段：第一阶段，新中国成立前，因体育师资的需求而产生，早期高校体育专业的培养目标即为体育教师；第二阶段，1952 年，统称为体育专业，培养目标是体育师资、体育干部等；第三阶段，1963 前，设置体育、体育与运动两个专业，体育专业分布在体育学院和师范院校中，体育与运动专业分布在北京、上海、武汉体育学院；第四阶段，1963 年，按照运动项目设置体育专业，包括体育、田径运动、体操、球类运动、游泳、水上运动、武术和运动保健（试办）8 个专业；第五阶段，1988 年，高校体育专业增加至 9 个，并且综合性大学中设置了体育的相关专业，体育专业的布局从体育院校、师范院校扩展到综合性大学，体育专业包括体育教育、运动训练、体育管理、体育生物科学、武术、体育新闻、体育保健康复、运动心理和警察体育，其中体育新闻、体育保健康复、运动心理和警察体育为试办专业；第六阶段，1993 年，设置了体育教育、运动训练、警察体育、运动人体科学、民族传统体育和体育保健康复 6 个体育专业，此外，增设文学门类新闻学类的体育新闻和理学门类心理学类的运动心理两个方向；第七阶段，1998 年，按照学科划分专业，体育专业划分逐渐稳定，形成了体育教育、运动训练、社会体育、运动人体科学和民族传统体育 5 个专业，增设 3 个方向，即心理学专业应用心理学方向、新闻学专业的体育新闻方向、公共事业管理专业体育管理方向。② 体育专业分布也形成了较为稳定的三足鼎立格

---

① 李鸿江 . 我国高等体育院（校）系改革与发展的战略研究 [D]. 福建师范大学 2003 级博士论文 .2006（6）.

② 李鸿江 . 我国高等体育院（校）系改革与发展的战略研究 [D]. 福建师范大学 2003 级博士论文 .2006（6）.

局，集中布局在单科体育院校、师范院校体育学院（系）、综合性大学体育学院（系、部）中。

（三）体育学科的发展历程

我国体育学科的发展经历了由体育课程到二级学科、由二级学科到一级学科的历程，逐渐形成了较为系统的学科体系。我国体育学科的发展历程分为三个阶段：第一，初步探索阶段，时间为20世纪70年代末到80年代初，对体育学科的概念认识不清，存在体育学、体育学科和体育科学等同的现象；第二，体育学科群形成阶段，80年代中期以后，体育学科体系的研究更加系统、深入，课程意义上的“体育理论”深化为一门学科，形成了体育学科群，但对体育学科的性质、范围、分类的研究尚存在较大分歧；第三，体育学科框架形成阶段，1996年9月，体育社会科学被列为国家统一规划、管理的哲学社会科学一级学科，到1998年，教育部颁布《全国普通高等学校本科专业目录》，体育学正式上升为一级学科，下设5个专业，由此，对体育学科的整体认识逐渐强化，体育学科框架形成，各二级学科研究的整体观念不断增强，突出了体育学科自身的特点，建立了归纳与演绎相结合的学科体系。①

二、体育专业建设

体育专业建设是完善体育专业结构、提高体育专业培养质量的活动过程，其主要内容包括专业结构的完善、专业质量的提升两大方面，专业结构是指纵向上的专业目标、课程体系、专业条件，专业质量是指横向上体育教育、社会体育、运动训练、民族传统体育和运动人体科学五个专业的培养质量。

（一）体育专业结构

体育专业的结构要素包括专业目标、课程体系与专业条件三个方面。

① 鲁长芬．中国体育学科体系研究述评[J]．体育学刊．2007，14（6）：1~6.

1. 专业目标

专业目标是培养学生、建构课程体系、配备专业条件、组织教学和评价专业的基本依据。1955年以来，我国颁布了一系列的体育专业课程方案，其中设立了不同的培养目标，并且伴随着经济社会发展不断调整、改进培养目标，但是“纵观新中国成立以来历次课程方案对于培养目标的确定只是一个宏观的指向，尚缺乏培养目标与规格的具体研究。”[①] 培养目标与培养质量、学生就业、学生成长关系密切，体育专业建设必须科学确定培养目标，而确定培养目标需要依据社会现在与未来的需求、学校现有的培养条件等。

现实中，高校专业目标的设置却往往忽略社会需求与培养条件，基于扩大招生范围、增加学生数量的考虑，主观设定培养目标，出现了目标定位不准、培养质量较低、适应能力不强的问题，造成了培养目标与社会需求、培养条件之间的矛盾。

2. 课程体系

课程体系是实现专业培养目标的保障，是专业教育的主干内容。根据2003年教育部印发的《全国普通高等学校体育教育本科专业课程方案》等相关文件规定，我国高校体育专业课程体系主要由三部分构成，即必修课程、选修课程与实践环节，其中，必修课程包括主干课程与一般必修课程，选修课程包括分方向选修课程与任意选修课程。在高等教育深化改革的历史背景下，我国体育专业课程体系也一直处于变革中，课时数量、课程比例等基本要素出现了一系列的变化，课时总数量逐渐减少，必修课与选修课程之间的比例降低，学科课程相对术科课程有所增加。综观国外体育院（系）专业课程体系的设置，呈现出8个特点和5个趋势，其特点为[②]：普通教育与专业教育并重，科学教育与人文教育并存，强调文、理课程的相互渗透，加强基础理论课程，注重专业课程设置的适应性，加强实践性课程，大量增设选修课，课程设置基础性、综合性、

① 曹海信．近代中国体育专业课程设置体系的历史变革及启示 [D]. 陕西师范大学硕士学位论文 .2007（4）.

② 黄汉升，季克异．我国普通高校体育教育本科专业课程体系改革的研究 [J]. 体育科学 .2004，24（3）:52

多样性。其发展趋势为[③]：第一，课程设置基础化，比较强调通才教育，课程体系文、理结合，涵盖自然科学、社会科学、技术科学等知识领域，并注意优化组合；第二，课程设置选修化，即减少必修课，增加选修课；第三，课程设置国际化、个性化；第四，课程设置小型化，增加课程的门数，拓宽、加深学生的知识基础，以适应社会对体育人才的需要；第五，体育教师资格认证制度比较完善、规范，培养模式、制度、体制趋于多元化。

3. 专业条件

专业条件是高校开展人才培养、实施专业教育工作的基本保障，开设专业要依据学校的专业条件，建设专业要不断优化专业条件供给。体育专业的基本条件为：师资队伍、专业教材、图书资料、实验设备、场地器材、实践基地和专业经费。

（1）师资队伍

师资队伍是开展体育专业教育的核心人力资源，是专业建设优先保障的条件，但是我国高校体育专业师资队伍存在较大的问题。当前高校体育师资队伍存在"边穷问题"，第一，体育师资的"边缘现象"主要是由于学历偏低、成果偏少而造成的，随着所在学校办学目标对师资水平要求的不断提高，体育教师已越来越滑向了学校整个师资队伍的边缘，缺少了竞争力，并且这种现象将会随着时间的推移越来越明显；第二，师资队伍的"穷"主要表现在学校没有能够及时针对体育教师的特点，提供具有专业区别的学术评价标准和职称晋升政策，管理体制相对落后。[①]

在《普通高等学校基本办学条件指标（试行）》中规定："体育院校生师比为11，具有研究生学位教师占专任教师的比例为30%"。但是根据有关学者2003年的研究[②]：所调查的14所体育学院和40所高师体育院（系）中，生师比方面，体育院校生师比为6.3，高等师范院校为7；学历

③ 黄汉升，林顺英．体育院系课程设置：国际比较[J]. 中国体育科技，2002，38(12):5~13.

① 张瑞林．新时期综合性大学体育发展面临的十大基本问题[J]. 北京体育大学学报 .2011.6.

② 曹莉，孙晋海，韩春利．中国高等体育院（系）师资结构的比较研究[J]. 体育科学 .2004，24 (3)：58~60.

结构方面，体育学院具有研究生学位教师占专任教师的比例为2.6%，高师体育院（系）为9.6%；职称结构方面，体育学院教授、副教授、讲师、助教的职称结构比为1 ∶ 3.9 ∶ 5.9 ∶ 2.6；高师体育院（系）的职称结构比为1 ∶ 5.7 ∶ 7.2 ∶ 2.9，可距“教授、副教授、讲师、助教的合理比例为1 ∶ 3 ∶ 4 ∶ 2”的国家要求还有一定的差距，并且高级职称特别是教授这一层次人数也明显偏少；年龄结构方面，教授年龄偏高，缺乏优秀中青年教师。

（2）其他条件

伴随高校扩招，学生数量大幅度增加，体育专业设置点扩大，体育专业学生数量逐渐增长，但是图书资料、实验设备、场地器材、实践基地和专业经费等专业条件并未得到有力的保障。以体育专业所必需的体育场地、器材为例可以窥见专业条件的捉襟见肘，对设置体育专业的50所院校调查显示，只有6%的单位达到国家规定的运动场地、器材、设备等配备的标准。①

（二）体育专业质量

当前，我国体育专业发展形势趋于稳定，按照学科划分为体育教育、运动训练、社会体育、运动人体科学和民族传统体育5个本科专业，3个专业方向即心理学专业应用的心理学方向、新闻学专业的体育新闻方向、公共事业管理专业的体育管理方向。开展体育专业教育的院校主要包括三个类型，即单科体育院校、师范院校体育院（系）、综合性大学体育院(系)。

1. 体育教育

体育教育专业一直是体育学科的基础性专业。根据2003年颁布的《全国普通高等学校体育教育专业本科专业课程方案》，体育教育专业的培养目标为：“培养面向现代化、面向世界、面向未来，适应我国社会主义现代化建设和基础教育改革与发展的实际需要，德、智、体、美全面发展，专业基础宽厚，具有现代教育观念、良好的科学素养和职业道德以及具有创新精神和实践能力，能从事学校体育与健康的教学、训练、竞赛工作，

① 戴文.我国普通高校体育教育专业的现状与分析[J].北京体育大学学报，2004，27(1):97~98.

并能从事学校体育科学研究工作、学校体育管理工作及社会体育指导等工作的多能一专体育教育专业复合型人才。”

2. 社会体育

我国早在1994年创办社会体育专业，到2004年已经发展到了106个专业点，开设专业的高校也有体育院校扩展为综合性大学、师范类院校、理工类、财经类、医学类和农业类院校等。根据1998年教育部颁布的《普通高等学校本科专业目录》，社会体育专业的培养目标为：“能在社会体育领域内从事群众体育活动的组织管理、咨询指导、经营开发以及教学科研等方面的高级专门人才”。综观各个高校，社会体育专业以培养“管理型”和“经营开发型”人才为主要培养目标，以此培养目标定位设计的课程大都以管理学、经济学、社会学、体育学和公共关系学等理论学科为主，以术科为辅。①

伴随经济社会的发展，城镇化进一步深入，全民健身全面推开，运动休闲成为了第三产业发展的热点领域，这为社会体育人才提供了广阔的空间。但是目前来看，我国高校社会体育专业却不尽如人意，尚存在四大问题②：

第一，专业特色缺乏，培养方向不明，难以满足对多元化社会体育人才的需求。社会体育专业没有形成如体育教育培养体育教师、运动训练培养教练员与运动员的鲜明特色，早期社会体育专业的学生大多从事了体育教师的行业，导致了社会体育专业处境的尴尬。

第二，课程体系不合理，社会体育专业培养目标的全面性决定了课程体系的系统、完整、多元，但是很多高校社会体育专业课程相对落后，范围较窄，内容陈旧，结构不完善，术科课程缺乏，甚至有的高校没有开设术科课程，难以培养学生的实践能力、创新能力。

第三，师资队伍等保障条件不足。社会体育专业起步相对较晚，而涉及学科又非常广泛，因此，社会体育专业的师资队伍相对薄弱，知识结构不能满足专业培养的要求，无奈之下，很多学校根据教师的专长开设课程。

---

① 马维平，许晓音．社会体育专业培养目标定位与社会需求[J].体育学刊.2005,12(4):71~73.

② 王树宏，李金龙．社会体育专业发展速度、布局与规模态势及其存在问题的研究[J].北京体育大学学报.2006，29（10）：1310~1312.

此外，社会体育专业需要更为广泛的教材、实践基地等教学条件，但是这方面的工作还存在很大的不足。

第四，就业情况不理想。社会体育专业存在就业率偏低、专业不对口的问题。根据相关调查，山西省2003、2004届127名社会体育专业毕业生中，只有20人从事与社会体育相关的工作；根据郭亦农的调查，沈阳体育学院社会体育专业毕业生一次性就业率只有53.5%；体育院系领导及教师调查问卷中，72.7%的被调查者选择“就业市场没有充分培育起来”是制约社会体育专业发展的首位因素。

3. 运动训练

运动训练专业设立于1957年，一直以来运动训练专业招生的目的非常明确：培养教练员和高水平运动员，解决退役运动员入学难，消除在役运动员的后顾之忧。运动训练专业从1986年单招开始发展到现在经历了三个阶段：创办阶段，发展阶段和规模扩大阶段，生源从以运动队为主逐渐放宽到普通中学，至2004年有资格招收运动训练专业学生的学校发展到63所。① 2008年颁布的《全国普通高等学校运动训练本科指导性专业规范》中明确规定：运动训练专业的培养目标为“培养德智体美全面发展，具备竞技体育的基本理论、基本知识和较强的实践能力与创新精神，能胜任专项运动的训练、科研、竞赛和管理工作，并能从事学校体育教育、教学及社会体育指导等工作的应用型、复合型人才”。

4. 民族传统体育

民族传统体育专业起源于武术专业。1963年，教育部颁布的《高等学校通用专业目录》中，正式将武术专业列为体育类本科的8个专业之一。1998年公布的《普通高等学校本科专业目录》将武术专业正式更名为民族传统体育专业，下设三个领域，即武术、中国传统体育养生、民族民间体育，其培养目标为：“培养具备民族传统体育教学、训练、科研基本知识与技能的，能从事武术、传统体育养生及民族民间体育工作的高级专门人才”。到2008年，我国已经有40所高校开设民族传统体育专业。

① 郑振国.我国运动训练专业人才培养现状及存在问题[D].北京体育大学学位论文.2005.6.

5. 运动人体科学

运动人体科学专业起源于1989年增设的保健康复专业和体育生物科学专业，1998年《全国普通高校本科专业目录》正式将其确定为运动人体科学专业，根据《普通高等学校本科专业目录和专业介绍》，该专业的培养目标为："培养具有运动人体科学理论和实践研究能力，能在中等学校、体育科研机构、运动训练基地和保健康复等部门，从事运动人体科学方面的教学、科研、竞技运动和康复指导的高级专门人才。"

三、体育学科建设

学科由三要素组成："一是主体要素，就是从事学科建设的师资队伍；二是客体要素，就是一定要有创新性、创造性的科研成果。三是主体与客体结合的过程中的教育要素，就是培养高层次的人才。三者结合起来就是学科建设。"[①] 体育学科建设也离不开这三大要素。主体要素方面，重点引进高层次人才、打造学术科研团队，其中高层次人才包括长江学者、千人计划、教育部新世纪优秀人才计划等国家和省部级人才项目入选者。客体要素方面，形成创造性的体育科研成果，建立学科发展的平台，提供优质的学科建设条件；其中，科研成果包括国家社科基金项目、教育部科研项目、各种横向课题、发表论文、出版学术著作、教育部高校优秀教学成果奖和其他省部级奖励等科研情况；学科平台建设包括一级学科国家重点学科、二级学科国家重点学科、教育部重点培育学科、教育部以及国家体育总局重点研究基地等。教育要素方面，着重是体育学博士、硕士研究生的培养工作。

体育学科建设的状况可以基本判断为从事学科建设的师资没有形成固定专业方向的团队，即便存在个别出类拔萃者，也基本上处于单打独斗的状态；围绕学科建设方向应该具有的科研成果，基本没有形成体系，甚至

① 徐显明．高等教育发展中的十大主流意识[N]. 中国教育报 .2009.4.13.

极少或空白；至于在此基础上的人才培养更是可想而知了。[②]

四、案例精选

案例一　社会体育专业停招所引起的警示

某高校是“211工程”院校，其社会体育专业已经有多年的发展历史，一度取得了辉煌的成绩，但是，2010年该校却被停止招生一年，原因何在？

该校社会体育专业的培养目标为：“适应现代体育运动的发展趋势，根据国内全民健身和体育产业大发展的要求，以社会主义市场经济和社会发展为导向，突出实践教育，培养德智体美全面发展，具备社会体育的基本理论知识和技能，能在社会体育领域中从事群众性体育活动的组织管理、咨询指导、经营开发以及教学科研工作的经营和管理人才、技术人才、推广人才等专门人才，促进国内体育事业的发展。”

该校对外宣传的社会体育专业介绍为：“本专业培养德智体美全面发展，具备社会体育的基本理论知识和技能，能在社会体育领域中从事群众性体育活动的组织管理、咨询指导、经营开发以及教学科研工作的经营和管理人才、技术人才、推广人才等专门人才。本专业以《社会体育指导员国家职业标准》为指导，学生主要学习和掌握体育理论、运动人体科学和体育经营、管理的基础知识，通过体育技能训练和咨询、技术指导、健身指导、组织管理等社会体育实践工作基本技能的训练，使学生具备社会体育的组织管理、体育产业的经营开发、全民健身活动的咨询指导及教学、科研等方面的能力，达到中级社会体育指导员的基本要求。学生毕业后，能在政府部门、企业、事业单位等部门以及社区从事群众体育组织管理、咨询指导、体育产业的经营开发，以及教学、科研等工作。”

2003年4月，教育部颁布《促进高校毕业生就业工作的若干意见》（以下简称《意见》），《意见》指出：“2003年开始，对于毕业生就业率

② 张瑞林．综合性大学发展面临的十大基本问题[J]．北京体育大学学报．2011.

低于本地区平均就业率的高校，控制其专业总数，每增设一个新专业的同时，撤销一个旧专业，引导学校进行专业结构调整。此外，高校评估中也将引入毕业生就业状况。”该高校据此也提出了本校专业的就业率目标，就业率过低的专业将停止招生一年，以观后效。

2009年，该高校社会体育专业就业率低于了当地平均就业率，2010年，其社会体育专业因此停止招生一年。该校专业目标提出了适应社会需求、体育发展趋势的要求，并且培养人才的范围较广，却为何造成了就业率偏低的问题呢？这不禁引起了人们的深思！

思考问题：

1. 从目标管理的角度来看，专业目标在专业建设中的作用是什么？本案例中，该校的社会体育专业停招的原因是什么？
2. 体育专业目标确立的依据是什么？
3. 你认为如何制订体育专业目标更科学？

案例二 美国、日本、英国、德国体育专业条件保障的对比

美国优越的硬件条件

美国大学的资源条件十分优裕，就教学硬件设施来说比较先进，如宾夕法尼亚大学所有教室都配有光学投影仪、实物摄影仪、数码投影仪、录像和多媒体教学设施，无论是200人的大教室、50人的马蹄形小教室、讨论课、专用教室，还是供学生小组学习讨论的教室，都接通了宽带高速计算机网络。另外就图书馆来说，宾夕法尼亚大学有15个图书馆，藏书量达520万册，除了专门为本科生服务的主图书馆之外，其他都是学科专业图书馆，且图书馆管理人员的专业化程度很高，不仅具有图书馆管理学位，而且具有相关学科研究领域的硕士或博士学位。美国各大学的图书馆一般是开放式的，允许其他学校的学生进入。至于大学的实验室等装备也很先进，普遍不重视实验室等的内外装饰，而是强调其功能和实用。

日本重视提高专业教师素质

提高教师素质为提高教学质量，发挥教师的作用，提高教师的教学水平至关重要。教师要热爱学生，时刻注意提高专业知识水平和实际教学指导能力。

日本为使学校教育发挥更大的作用，要进一步提高教师从事教育事业的自觉性。为此，审议会对提高师资的方针、措施、培养、任用、研究、进修以及评价等方面要进行综合探讨。采用多样化的教师选拔方法；将新教师试用考核期由 6 个月延至 1 年；实行系统的在职进修制，使每位教师在一定年限内必须进修一次；由国家、都道府县等分担教师进修的责任，完善教师进修的教育体系。

1986 年，临时教育审议会通过了“提高教师质量”的基本方针，即进一步改革大学的师资培养课程，培养师范生具有作为未来教师应具备的素质。还要提高新任教师和在职教师的进修内容，改进教师录用办法，考虑提高整个师资队伍的质量问题。

英国师资队伍的改革

英国颁布的《1988 年教育改革法》的产物之一就是废除大学教师的终身聘任制。这措施使各校能在一定情况下解聘教师及研究人员，大学教师的终身聘任制由普通劳动法框架下的合同制所取代。这样，大学教师的合同制有长期、定期、短期以及小时付费等形式，但部分教师不稳定的工作不可避免地给教学带来了质量问题。而且，随着高等教育大众化的不断发展，生师比例有所上升，20 世纪 70 年代末大致是 12 ∶ 1，今天确切的统计是 16 ∶ 1，在一些地方是 20 ∶ 1 以上。尽管如此，为了保障、提高教学质量，英国高校十分重视师资队伍的建设，主要表现在两个方面：① 高校教师采用招聘制。在教师聘任方面反对学术上的近亲繁殖，刚获得博士学位的教师受聘后，需要经过 3 ~ 4 年的实习期，期满合格方能提升为讲师，教师的职称晋升有一套严格的标准和手续。聘任以合同的形式进行，合同期为 3 ~ 5 年，期满须另签合同。② 重视对教师的培养和提高。不同的高校有不同的方式和措施，如有的大学规定教师必须开展科学研究，教师开某门课最多 3 ~ 5 年，5 年后必须开新课。对在职教师进行教学法和教育心理学的培训，鼓励和资助教师参加国内外各种学术会议等。

德国重视教师整体素质

德国十分重视师资队伍的建设，目的是为了不断提高教学质量。德国高等教育机构除了教会设置的以外，基本上是州立的，州立大学教师可谓是州的公务员。德国高等学校教师职称的种类和级别较多，根据西德政府1985年修订完成的《高等教育总纲法》中规定，大学教师的构成包括：教授、学术助手·艺术助手、上级助手·上级技师、大学讲师、学术协力者和艺术协力者、特别任务教师。

大学教授没有任期规定，经过一定的试用期，通常是作为终身官吏被任用。高等学校教师要提升为教授，需具备的条件和程序为：必须具有博士学位，参加教授备选资格考试，在大学工作5年，提交一定数量的学术论文或专著，经同行教授审议并同意，方能取得教授备选资格，然后有了教授职位空缺，经系、院推荐，州政府任命才能被聘为教授。教授通常是从校外招聘的，原则上不把本校毕业生直接任用为教授，有利于确保教师人才在大学之间的流动。

除了教授享有终身职位以外，一般大学规定讲师要有6年、高级助教4年（医学6年）、高级技师6年、学术助教和艺术助教3年的任期。另外，各高等学校还特别重视教师队伍的专业及其结构、年龄、培训等方面的建设和调整。如有的州在录用大学教师时，不仅要考察其科研业绩，同时也认真考虑其在教学方面的业绩。由于“洪堡精神”的影响，人们都形成一种共识，大学教师要进行教学工作，必须具备独立进行科学研究的能力，并且有较高的学术水平。要保障教学质量，教师质量是关键，提高师资水平和教学工作能力比改进校舍设备和各种教学手段现代化更为重要。因此，各高校都严格挑选、录用、培训教师，使教师队伍的整体质量始终保持在一定的水平上，这样，教学质量才能得以保障。

（改编自：林顺英，《论普通高校体育教育本科专业教学质量保障》，福建师范大学博士学位论文.2008年第4期。）

思考问题：

1. 你认为专业建设中最重要的保障条件是什么？

2. 你认为理想的体育专业条件是怎样的？

3. 国外专业条件对我国专业建设有什么启示？

4. 从激励的角度上分析，日本、英国、德国师资队伍建设措施的优缺点是什么？

案例三　我国体育教育专业学生培养的挑战与问题

体育教育专业面临的挑战

任何专业的发展都必须适应社会要求，体育教育专业也不例外，随着新课程改革的深入开展，我国体育教育专业也面临着新的挑战：

第一，新课程改革对师资素质提出了更高要求。体育新课程改革要求培养宽口径、厚基础的体育师资，体育新课程以"健康第一"为指导思想，以促进学生身体、心理和社会适应能力整体健康水平的提高为目标，包括运动参与、运动技能、身体健康、心理健康和社会适应五个学习领域，由两条主线组成，一条是身体运动主线，另一条是健康主线，构建了技能、认知、情感、行为等领域并行推进的课程结构，融合了体育、生理、心理、卫生、保健、环境、社会、安全和营养等诸多学科领域的有关知识。而原先的体育课程是一种竞技运动的教学体系，缺乏心理健康和社会适应这两个健康维度的教学。由对比可以看出，体育新课程对体育师资应具备的知识要求更加宽泛了，基础要求更加扎实了。

第二，新课程改革对师资队伍更强的能力要求。体育新课程要求体育教育专业学生具有更强的综合能力，尤其是创新能力。新课程要求不仅使学生获得体育与健康的知识与技能，还要形成现代社会所必需的合作与竞争意识，学会尊重和关心他人；在经历挫折和克服困难的过程中，提高抗挫折能力和情绪调节能力，培养坚强的意志品质；在不断体验进步或成功的过程中，增强自尊心和自信心，形成积极向上、乐观开朗的生活态度。由此看出，作为一名合格的体育教师，仅仅具有体育知识和体育技能是远远不够的，还要求具有人文、社会、教育、心理等众多学科的综合知识和综合能力。

此外，《体育与健康课程标准》主要构建了课程学习的目标体系和评价原则，对完成课程目标所必需的内容和方法只是提出了一个大体范围。各地区、学校和教师选择什么样的教学内容，采取什么样的教学方法，运用什么样的组织教学形式都有相当大的选择余地。还有，新课程提出了积极利用课程资源，因地制宜开发各种课程资源，充分发挥课程资源应有的教育优势，体现课程的弹性和地方特色的要求。这一方面为教师提供了一个创造性发挥教育智慧的空间，另一方面也对习惯于按部就班、照本宣科的体育教师提出了新的挑战——必须增强创新能力。

第三，体育新课程要求师资队伍具有较高的人文素质。新课程改变了过去注重知识传授的倾向，强调形成积极主动的学习态度，使获得知识与基本技能的过程同时成为学会学习和形成正确价值观的过程，并将人文教育融于课程之中[①]。

体育教育专业存在的主要问题

虽然体育教育专业经历了百年的发展历程，但是通过对山东、浙江、广西、北京、陕西、辽宁、河南和上海8省、自治区、直辖市高校体育院、系的调研显示，我国体育教育专业学生培养工作还存在许多问题。

第一，运动技术教学思想严重，人文素质教育欠缺。

当前，在我国体育教育专业学生培养中，运动技术教学思想依然占主导地位。其突出表现为：在体育教育专业学生培养中过分注重学生运动技术与运动技能的养成，而对学生社会的、历史的、文化的、艺术的教育明显不足；在体育教育专业学生培养模式上，所遵循的是运动员、教练员专才培养模式，而对学生的人文精神教育关注相当不够；以“运动技术打天下”的指导思想来教育学生，使天真的学生热衷于专业技术的学习和训练，而对学生现实人生、处世交友、社会生存等人文教育缺乏；以运动成绩来衡量学生的一切，使学生全身心投入到专项训练和比赛中，而对学生的社会适应能力、应变能力、灵活性、再塑性等教育不够；过分注重专业教育，而对学生的人生观、价值观、世界观教育缺乏或形式化，从而使学生人生目标短浅、功利主义严重、思想道德滑坡、价值取向扭曲。

作为一名合格的体育教师，其不仅要有过硬的运动技术，更要有高超的教育教学能力、高尚的思想道德品质、正确的价值观、人生观、世界观。因此，在体育教育专业学生培养中，运动技术不是人才培养的全部，人文教育也应成为其重要组成部分。事实上，在当今世界各国体育教育中，人文教育已引起相当重视，部分学校已经把人文教育列入中小学体育师资培养的重要内容。在韩国，已将加强个性修养、提高学生人文素质作为教育改革的首要任务。其专业课学分只占总学分的四分之一到六分之一，而人

① 李瑾瑜，柳德玉，牛震乾.课程改革与教师角色转换[M].北京：中国人事出版社，2003，（12）：119~127.

文和基础课一般不得少于总学分的30%。在美国，其人文和基础课占到了课程的40%。而我国高校体育专业人文方面的课程开设太少。一些即使开设了人文课程，但在内容上其人文性也较差[①]。

第二，教育课程少、知识陈旧，学生教育教学能力低。

从实质上看，我国的师范教育包括两个专业，一个是学科专业，一个是教育专业。对于即将走上教学工作岗位的体育教育专业学生来讲，这两个专业是从教的“两条腿”，两者缺一不可。然而在我国却出现了“一手硬、一手软”现象，即重视学科专业的学习，忽视教育专业的学习。从世界各国教育专业课程设置的情况来看，其教育课程学时数一般占总学时数的16.9%，而在我国，体育教育专业教育课程学时数占总学时数的5%～6%，两者相比，我国体育教育专业教育课程明显偏少。除了学时上的差距以外，我国体育教育专业课程设置中的教育课程存在着门类较少，知识陈旧现象，我国体育教育专业课程中的教育课程只有3门，与世界其他国家相比，明显偏少。然而就在这为数不多的教育课程门类中，其又表现出知识陈旧、内容重复、理论与实践脱节的现象。其中，作为公共必修课的教育学和心理学，其讲授也过多地关注一般抽象理论的描述，学生对此不感兴趣，教学效果不好。此外，教育学和心理学内容又过多地局限于国外一些理论的介绍，与我国教育实践缺乏联系，对我国体育教育实践指导意义不大。

第三，体育教育实践不足、效果差。

学生教育教学能力养成难，我国体育教育专业学生的教育实践有两种形式，一种是教育见习，即到附近中小学去听课；一种是教育实习，即到中小学去上课。目前，我国体育教育专业学生的教育实践中存在的一个突出问题是教育实践时间短，达不到其应有的效果。而世界发达国家教育实践时间一般占总学时的10.4%，而我国体育教育专业学生教育实践时间仅占总学时的3%～4%，约为6周。如果除去教育实习开始和结束所占时间，真正运用到教育实践的时间大约仅为4周，约占总学时的2.8%。与世界各国比较起来，教育实践时间明显偏少。

① 汪海涛．高等师范体育专业现状与体育师资培养改革的思考[J]．四川体育科学，2001，24(2):74~76.

除了教育实践时间上的差距以外，我国体育教育实践在其组织与形式上也与世界各国存在明显差异。在美国，其教育见习从大学一年级就开始，并贯穿于二、三学年，其教育实习安排在第四学年。在英国，每年至少有一次教育见习或实习。在日本，定向培养中小学师资的教育大学，则在整个学习期间开展教育实践。在我国，教育见习在实习前一段时间安排，通常为几个学时，教育实习多在第七学期进行[①]。

第四，体育教育专业学生培养模式改革严重滞后，学生创新能力和社会适应能力差。

创新教育已成为世界各国共同追求的重要目标，然而，我国体育教育专业学生培养却严重滞后于这一时代发展的主题：① 统一型培养模式。使用统一教材、统一进度、统一要求，缺乏因材施教。② 学生主体地位难体现。在体育教学中，学生应该是主体，教师起主导作用。然而在实际的体育教学中，以“教师为中心”的现象依然十分严重。学生的主体地位根本得不到体现。③ 教师的教法和学生的学法僵化。虽然“填鸭式”或“满堂灌”教学已经遭到众人的责难，但仍然有许多体育教师我行我素，对其情有独钟。此外，许多体育教师对一些新的教学方法、手段，如研讨式、案例式与多媒体等不敢尝试。学生理论课的学法也只是“上课记笔记、下课看笔记、考前背笔记、考后全忘记”。其实践课的学法也只不过是机械地模拟与效仿。④ 实施专才教育，学生视野狭窄，社会适应能力差。在体育教育专业学生培养中过分重视专业教育，忽视通识教育，缺乏文理渗透与融合。必修课太多，选修课太少；限选课太多，任选课太少。20 世纪从 50—70 年代我国高校体育课程基本上都是必修课。80 年代后，我国高校在体育教育专业课程设置上增加了选修课的比例，但必修课仍然占到 80% ~ 90%，而选修课仅占到 10% ~ 20%。而在选修课中，我国又规定了限选课和任选课的比例，其中，任选课是选修课的三分之一，由此推断，我国高校体育教育专业任选课的比例只有 10%，甚至还要低。而在国外，其选修课基本上都是任选课，一般都在 30% ~ 40%，并且其公共课、基础课、

① 张维仪. 教师教育—改革与发展热点问题透视 [M]. 南京：南京师范大学出版社，2000：271~272.

专业课中都有选修课。在此过窄的专业教育中，体育教学缺乏灵活性，难以实施个性化教育。

（改编自：韩春利，《我国高等体育教育专业学生培养现状及改革对策》，武汉体育学院学报，2005，39。）

思考问题：

1. 体育教育是体育专业中发展较为成熟的专业，你认为形成体育教育专业挑战的原因何在？

2. 结合体育教育专业面临的挑战，你认为应该如何解决体育教育专业存在的问题？

案例四　中、美运动训练专业比较

材料一：我国运动训练专业的现状[①]

1. 专业培养目标的方向过窄，培养目标混淆

20世纪50年代设立运动训练专业，其培养目标一直是专项教练员，进入90年代后，培养目标有了不同程度的扩展。教育部将运动训练专业的培养目标定位为：培养具有竞技体育方面的基本理论和基本知识，掌握从事专项运动训练的基本能力、从事运动训练教学、训练等方面的高级人才。目前，我国运动训练专业在培养目标的提法上是多样的，目标混淆现象仍很突出。

此外，运动训练专业目标与社会现实存在矛盾。目前，运动训练专业毕业生直接从事教练工作的为2% ~ 3%，以教练员为培养目标的就业率和社会适应性差。而复合目标将学生培养成复合型人才也存在困难：一方面生源质量不理想（专项技术突出，文化基础雄厚者不多，普通高中生占60%），另一方面各校现有的教育资源不平衡，多目标的分流培养（对少数在运动训练方面确有培养前途的学生，重点实施教练能力的强化训练）可以集中资源优势，培养专业精品，但最大的难题是除去少数专业上有培养前途的学生外（专业运动员）其他学生应该如何合理设置流向。

① 改编自：王丽娜．我国体育院系运动训练专业毕业生就业与课程设置的优化研究[J].首都体育学院学报.2004，16（4）:71~73.

2. 课程设置与体育教育专业没有显著差别

经调查大多数高校运动训练与体育教育课程知识结构、学时总数、学科门类、课程管理几乎没有区别，很难看出各自课程设置的特点，有的只是增加几门辅修或选修课。调查发现：北京体育大学、武汉体育学院运动系与体育系在课程门类设置上是基本一致的，运动系学生除了少上几门普修技术课外，在知识结构上与体育系没有区别。三所院校在课程类别门数上和学科课程时数比例上，两个专业不存在根本的区别，该现象不仅存在与上述三所体育院校，而且普遍存在于国内的高校之中。

3. 人才培养模式与体育教育专业相似

运动训练专业的特点突出表现在运动训练的理论和实践的教学时数大大地高于其他体育专业。而我国目前的表现形式是：运动训练专业在明确培养目标后，长期在一个封闭的校园体系内，按照与体育教育专业基本相同的教学计划，独自培养着与体育教师类似的教练员，与外界的交流、沟通不多，遵循灌输知识的教育方式和以学科为中心的教学体系，忽视实践环节对运动训练专业人才培养的重要作用。

4. 课程设置不合理

我国运动训练专业课程设置存在一定的问题，主要表现在：第一，设置的课程与市场需求脱节；第二，课程内的系统性差；第三，实践环节不足；第四，公共基础课涉及的范围狭窄，主要包括政治思想教育和工具类、教育类，而自然学科和应用学科的课程少。而这与人才培养的要求存在较大的差距，高校培养人才的规格应该既要有“知识”又要有“能力”，更要有使知识和能力得到充分发挥的“素质”。

材料二：美国体育院系课程改革的特征①

1. 专业设置的多样化与课程目标的多元化

美国体育专业教育以满足社会需要为根本宗旨，具有较强的功利性和市场化特征。而体育、娱乐和运动业的发展，以及老龄化和信息化社会的到来，许多新型的体育职业开始出现，如体育行政人员、教练员、体育保

① 改编自：鲁长芬，王健．从美国体育院系课程改革看我国运动训练专业课程体系的改革[J]. 西安体育学院学报 .2003，20（1）:96~100.

健员、舞蹈表演、体育新闻、运动医生、体育经纪人、体育推销与管理员等。社会对体育人才种类的多方面需求，要求多种专业及课程实体与之相适应，因而导致专业设置的多样化与课程目标的多元化发展。

2. 课程数量和课程分类

美国各院系的课程数量繁多，且理论课占有相当大的比例。各院系课程分类由于划分标准的不同以及实际情况的差异而表现出明显的不同。尽管美国缺乏全国统一的课程标准，各体育院系课程的数量和分类不同，但由于美国高等教育实行鉴定制度，形成了一定的鉴定标准，这使得各院系课程设置也具有相对的一致性，并具有类似的知识结构。按课程的性质和功能，可以把美国的体育专业课程分为公共基础课、体育专业课、自由选修课；按课程内容，可以分为理论课与技术课；按修学的要求，又可以分为选修课与必修课。①

3. 课程结构

美国体育专业课程结构表现出以下特征：① 重视公共基础课程教育，公共基础课程学分平均为 48−49 学分，占 37.8% ~ 38.6%，这不仅是美国体育专业教育的特点，而且也是整个美国高等教育的特点。② 课程结构多元化，课程涉及自然科学、社会人文科学、应用科学等，反映了美国体育专业知识结构的全面性和完整性。③ 人文科学受到重视，纽约州州立大学轲兰特分院、宾州州立大学和印第安纳大学等都设置了人文科学课程。④ 重视理论课，美国体育理论课平均 103 学分，占 80%；技术课平均 11 学分，占 8.5%。其中春田学院强调理论课不得少于 121 个学分，占总学分的 89%。美国对理论课的重视，主要是为了提高体育专业的学术形象，增强专业的社会适应能力。即使在技术课上，也着重强调技能形成和发展的理论知识，而不是运动技术本身。⑤ 选修课种类多，美国大多数的体育专业都采用主辅修制，除本专业的必修课之外，通常设置一些与本专业无关的其他科学领域的课程供学生选修，且选修技术课种类多，项目齐全，分类细致（表 2−1~ 表 2−4）。

① 赵澄宇. 美国体育院系课程设置 [J]. 北京体育学院学报，1983，6(1)：80~86.

表 2-1 五所体育院系的课程数量

学校名称	体育专业课数量	理论课数量
春田学院	176	理论课 67 种
印第安纳大学	209	不详
宾州州立大学	85	理论课 63 种
纽约州州立大学	150	理论课 58 种
加州大学洛杉矶分校	35	均为理论课

表 2-2 五所体育院系的课程分类

学校名称	课程分类
春田学院	专业课、选修课、相关课、实习课、运动课教育课
印第安纳大学（体育科学专业）	专业课、人文科学课程、社会科学课程、生命和物理科学课程、运动科学选修课
宾州州立大学	学位必修课、体育专业必修课、专选课、选修课
纽约州州立大学轲兰特分院	公共基础教育课、教育课、体育教育课、体育理论课、运动技术课、选修课
马里兰大学	公共基础课、专业课

表 2-3 公共基础课的构成

学校名称	公共必修课
印第安纳大学	生命与物理科学，人文科学，社会与行为科学等
宾州州立大学	语言表达基础课，数学基础课，自然科学，艺术与人文科学，社会与行为科学
纽约州立大学轲兰特分院	作文，讲演基础，生物学原理，解剖与生理Ⅰ、Ⅱ，个人与公共卫生，普通心理学，数学自然科学，社会行为科学，艺术与人文科学

表 2-4 理论课与技能课学分比例表（不含选修课）

学校名称	理论课学分	比例 /%	技能课学分	比例 /%
春田学院	132	89	7	5.3
印第安纳大学	124	67	16	13
纽约州立大学轲兰特分院	128	80.6	13	10.1
尤他州立大学	133	78.9	8	6
平 均	129.25	80	11	8.5

思考问题：

借鉴美国体育院系课程改革的特征，你认为我国运动训练专业的培养目标、课程体系应该如何改革？

案例五 全国代表探讨民族传统体育专业的现状与发展

观点一：生源的文化素质水平差及其解决思路

与会代表反映，目前民族传统体育专业的生源主要是退役的专业队员和民间武术馆校的学生，这些学生从小接受的只是较为专业的武术技术训练，很少经过全日制初中、高中的学校教育，有些甚至都未完成全日制小学教育。在这种状况下，生源的文化素质水平可想而知，难怪有代表直言，有的学生几十字的请假条错别字占了 2/3。

针对这种状况，一些学校也在积极寻找应对措施，如河南大学代表提出民族传统体育专业的招生应采取“单招”与“普招”相结合的改革思路，这可以在一定程度上改善生源质量。河北体育学院代表也持类似观点，并且率先进行了改革，即每年以“普招”的形式从体育教育专业招收有武术专长的高中毕业生 50 名，放在民族传统体育专业培养，这些学生虽然技术水平略逊一筹，但是毕竟经过了正规的全日制学校教育，文化课成绩相对要好得多，这在很大程度上改善了民族传统体育专业生源的质量。“单招”与“普招”相结合的招生方式能提高生源质量，但要想从整体上提高学生文化素质，课程设计必须根据学生的实际水平进行改革。在原来的课程基础上，提出增设武术语文课及师范类课程，改革外语课的思路。

观点二：技术培养模式落后及其解决思路

在会议分组讨论的过程中，不少与会代表提出目前该专业的技术课教学基本上还是采用以竞技武术技术体系为主,套用近乎培养运动员的模式。生源原本大部分是运动员，如果仍采用类似的教学模式只能导致4年以后培养出来的还是运动员。

只有运用高等教育的培养模式，才能真正开阔学生的视野，改变学生知识结构。运动员的特点是专精，即在某项技术方面水平很高，而作为一名民族传统体育的传播者则要求广泛摄取各方面的知识，即在专精的基础上求广博，广泛了解民族传统体育各方面知识，对中国武术形成整体认识。

武术是包含许多内容的庞大技术体系，需要广大学生逐步了解，至少掌握代表性拳种或独具地方特色的武术内容，而绝非经过4年大学学习，仍然只懂得艺术表现性的竞赛套路或技术面比较窄的散打一类内容。河北体育学院代表反映：本着继承武术瑰宝，以行政指令规定，体院各专业的每位学生必修72学时的八极、劈挂、苗刀等河北特色武术，聘请民间著名武术家进行教授。这种高屋建瓴的举措既继承了独具特色的传统武术，同时又开阔了学生的武术视野，很值得借鉴。

民族传统体育包括竞技武术套路类、传统拳种类、格斗运动类、传统体育养生类和民族民间体育类5项内容，广大学生从中必选两项这对培养学生全面发展具有极大的裨益。与此同时，建议除参加校队训练的极顶尖人才外，其他大部分学生应该在原来具有的二级运动员水平的项目之外的选项中进行选择。正如有代表提出：根据今后的就业需要，学生应该接受大众化的武术内容，而非精英化的武术内容。在论证武术普修课套路改革时，曾提出“首先精选一些流传较广、有一定影响的武术拳种，然后从每一拳种中选取几个最能反映该拳种精华，又简单实用的组合，以此为素材组建一个新的武术套路”的改革思路。要改变目前以培养运动员为主的模式，应该对现有的课程体系进行彻底改革，从使学生对武术乃至民族传统体育的内容形成较为完整的整体概念的角度出发，来重新设计4年的教学内容，努力将我们的学生培养成“通才”。

观点三：就业率极低及其解决思路

据广大与会代表反映，目前民族传统体育专业毕业生就业率极低，这是制约该专业进一步发展的最主要问题，该问题能否妥善解决，直接关系到民族传统体育专业的生死存亡，必须引起足够的重视。为此一方面应加强如上所述的内部建设，另一方面更应积极争取国家教育部门、文化部门为其发展提供宽松的环境。

第一，作为武术教育师资进入中小学

近现代以来，面对西方文化的巨大冲击，东方几乎所有的国家都面临着怎样对内继承传统和对外借鉴外来文化的问题。日本、韩国对传统的东方文化的继承发展问题处理得都比较恰当，而近现代的中国呢？自鸦片战争以来，西方体育在中国已遍地开花，奥运会——一个包含极少数东方体育项目的体育盛会，一直左右着中国体育的发展。具体到体育课，各级各类学校几乎都以西方的体育项目为主，武术仅占很小一部分，也基本上是竞技武术的技术模式，甚至在大部分学校可有可无。

进入 21 世纪后，“民族文化的传承，民族精神的培育”成为了时代的使命，这一使命无疑要靠教育事业来完成，特别是人人都要经历的中小学教育，这几乎涉及每门课，具体到体育课，武术首当其冲。2004 年 4 月，中宣部、教育部联合出台的文件也提出“体育课适当增加武术的内容”，但是这只能解决形式问题，难以解决实质问题，因为目前中小学武术专业的教师凤毛麟角，在中小学严重缺乏武术师资的情况下，利用武术培育民族精神只是一句空话。

目前民族传统体育专业的大批毕业生不能就业，而中小学又严重缺乏武术师资。这种看似顺理成章就能够妥善解决的问题之所以不能得到解决，就是因为各级各类学校并没有把“培育民族精神”的时代使命放到应有的位置，因为“体育课适当增加武术的内容”是弹性很强的软指标，软到了“可增可不增”的程度，其效果可想而知。韩国的跆拳道课、日本的柔道课在各类学校不仅是必修课，而且是独立于一般体育课之外，与之平行并列开设的课程。我们只有将武术课作为必修课单列，才能切实担当起“传承民族文化，弘扬民族精神”的重任，同时也解决了大批民族传统体育专业毕业生的就业问题。

第二，作为中国传统文化的传播者面向国际

当今世界，除了经济竞争，更重要的是文化竞争，面对风起云涌的文化竞争，面对世界人民对中国传统文化的厚爱，确立中华民族文化在世界上的地位，并向世界广泛传播，已经是中华民族文化发展的当务之急，党的十六大、十七大报告提出了增加文化竞争力、增强国家软实力的战略国策，应引起我们高度重视。目前，我们在全世界已经建立了200多所孔子学院，这为中国文化的世界性传播搭建了良好的平台，何不以此开设一门武术课呢？

自20世纪30年代中国武术队员在柏林奥运会上的精湛表演，使中国武术已经在世界崭露头角；70年代，李小龙以其精湛的武术技艺战胜了西方各大搏击高手的事实以及他在功夫影片中精湛的表演，已经掀起了一股波及西方世界的中国功夫浪潮，以致西方词典收录了“kungfu”一词；自80年代始，武术管理部门成功的武术推广策略，也使武术通过世界锦标赛、亚运会武术比赛等赛事产生了深远的国际影响。

因此，我们应该积极争取，首先促使武术成为孔子学院的课程，这既为孔子学院的文化传播提供了具特色的文化载体，同时也为武术的世界性推广提供了良好的平台，其积极意义是显而易见的；其次拓展武术的高层传播面，促使武术进入西方高等院校，使其成为东方文化课程的传播载体之一，使国外朋友通过武术更直接地了解东方文化；再次，加强对在国外传播武术的社团及个人的扶持力度，坚定传播武术文化的信心和信念。武术进入孔子学院、高等学府，以及在西方社会广泛传播，正是民族传统体育专业发展着眼于国际视野的具体落实，这将需要大批武术师资，将为民族传统体育专业毕业生的就业拓宽渠道。

（改编自：邱丕相、杨建营，《民族传统体育专业存在的主要问题及解决对策》，体育学刊，2008年第15期。）

思考问题：

对以上三种观点，你是如何看待的？文中给出的解决方案，你认为是否合理，并说明理由。

案例六 清华大学体育学科建设

一、体育学科发展的形势

21世纪，体育实践成为最具影响力的社会性复杂系统，体育与社会生活的方方面面发生着千丝万缕的联系，以体育为研究对象的体育学科面临着巨大的挑战。体育学科与多学科的交融越来越多，体育学科建设的重心逐渐转向多学科聚集的大学。大学多学科的交叉能弥补学科分化主导的种种弊端，有机整合高校内部学科资源，从而提升学科发展的速度和能量。但是，体育学科是一个年轻的学科，它和与之发生交叉的学科在一体化水平上存在很大差距，加之体育实践的复杂多变，也导致体育学科与其他学科交叉建设的过程中产生了很多具体问题。

1. 体育发展和体育学科建设实践对体育学科的建设提出了新要求

体育学科的全部活动都是围绕体育实践展开的。体育学科的发展最重要的推动力就是体育实践的现实需求。研究体育学科的建设，首先要考虑的是体育实践的现状。由于现代体育实践不断向社会生活渗透，体育功能不断拓展，体育问题越来越具有全局性的、复杂性的和非线性的特征。体育实践的这种发展和变化对体育学科提出了新的要求：改变体育学科建设的传统思维方式，用复杂性思维去认识和把握具有复杂性特征的体育现象，在学科交叉的视野下，整合多学科的力量研究复杂的体育问题。

在体育学科建设实践中，长期以来受到一些问题的困扰。例如：学科结构的划分混乱。目前我国体育学科属于教育门下的一级学科。学科交叉视野下我国大学体育学学科建设研究分为体育人文社会学、运动人体科学、体育教育训练学、民族传统体育学四个二级学科。在学科的所属和分类标准中均存在着问题。体育学与教育学、社会学、生物学等学科在门类上形成纵横交叉。将体育学置于教育门下，不能正确反映体育学科的地位和学科性质。在二级学科分类上。体育人文社会是由人文社会学科与体育学科交叉的学科群构成，运动人体科学是生物学、医学等自然科学与体育学科交叉的学科群构成，体育教育训练学、民族传统体育学则以不同维度的应用领域为核心构建的学科群。这样的学科结构作为我国体育专业硕士、博士培养的专业基础，导致了体育专业对高层次人才培养的职业指向不准确，课程体系关系不清晰。知识体系交叉整合的研究不足。体育学科体系内部的许多学科都是在上位母学科或者多学科横向交叉中形成的，大多是其他学科的知识迁移和在体育实践中的应用，从而总结经验形成的理论。而在交叉点上知识的培育未能成为体育学科知识体系建设和创新研究的重点问题。例如：运动解剖学、运动生理学、体育管理学、体育经济学等学科的知识体系基本都是按照上位母学科的学科逻辑移植的。因此，体育学科知识体系普遍存在着理论与实践脱节，解决实际问题的针对性不强。

体育领域的多学科研究缺乏实质性的多学科交叉融合。第一，现代体育实践中的许多问题依靠体育内部的学者很难解决，体育学科作为新兴学科在我国科学发展中相对滞后的客观现实也需要一些成熟学科的支持和帮助。但是，在现实的体育科学研究中，体育的课题研究主要还是依靠体育人，其他学科学者介入的领域，很难与体育工作者形成对等的合作。很多课题虽然有一些其他学科的合作者，但在课题实施过程中互惠、互动的合作关系还是很难形成。第二，课题资助对学科交叉研究激励不足。导致体育学科交叉研究水平提升较慢，成果质量不高。第三，复合型体育人才培养体制的建设思路不明确。对体育实践领域的职业—体育专业—体育课程—学科知识的关系认识缺乏学科交叉的认识。体育教育训练专业和民族传统体育专业以运动项目为核心建立人才培养体系，体育人文社会学专业和运动专业以学科知识体系为核心建立人才培养体系。而不是以体育社会需求的职业为导向来建立专业，整合相关学科知识建设课程，设置课程体系，支撑专业人才培养。这些体育学科建设中的问题，究其根源在于对体育学科交叉性这一学科的基本属性认识问题，在于对体育学科这样一门交叉学科与其他学科交叉发展的特殊规律的研究把握不足。

体育学科建设中，由于对体育学科交叉性缺乏深入系统的理论研究，导致在体育知识体系建构中，对交叉点关注不足，未能把体育交叉学科的知识交叉问题放在体育知识体系创新的重要位置上来进行研究。在学科结构的建构与划分中，未能按照体育实践的应用领域的需求，以多学科的交叉融合来构建体育学科知识体系，集合体育学科群，组成体育学科门类。

由于对学科主体、学科客体、研究方法、学科文化等要素的交叉规律认识不足，使得体育学科合作研究中对多学科共同关注的问题揭示不够，对共同的研究域开发不足，合作中存在的组织结构的冲突、文化的冲突缺乏有效的缓冲。导致缺乏实质性的交叉合作。研究方法、科研合作的动力开发不足。缺乏交叉学科视野，对课程与专业、学科之间、学科与学科之间、课程与课程之间的关系的交叉认识不足。导致体育复合型人才培养体制在职业需求与专业、课程、知识体系的一致性上体现不充分。

2. 体育学科发展需要多学科交叉

面对复杂研究对象，体育学科既要揭示人体运动规律以帮助人们谋求更好的竞技或锻炼效果，探讨体育运动对每一个社会成员会产生怎样的生物学、社会学、心理学、教育学以及伦理学意义上的效应；又要研究作为社会活动的体育所产生的社会效应、经济效益和文化影响。这就使得体育科学研究工作必须借助多学科力量进行综合性的研究，才能获得成效。开展综合性的研究工作就不是体育单一学科研究者的知识面和知识深度所能胜任的，必须由多学科的专家相互合作，共同研究。随着体育科学研究工作的不断深入，这种多学科交叉发展趋势将会越来越明显，体育学科走向了与多学科交叉的综合性学科。

3. 体育知识产生方式的转变对体育学科的发展带来了新的矛盾和冲突

最早的体育知识的产生，主要依靠体育教学和运动训练过程中体育教师和教练经验的积累。体育学科的建设主要是简单的笼统的。然而进入21世纪后，体育学科知识的产生是从研究对象本身的具体丰富性和复杂性出发，立足于问题，采用一切有利于问题解决的策略，并根据解决问题的需要，将分散于其他各学科的方法、技术和手段组织成有机的方法体系来解决体育学科的问题。在解决问题的同时创新体育学科知识。跨学科进行知识创新就是将承载着不同学科知识、运用不同思维模式、具有不同价值观的人聚拢在一起，实现异质性知识（包含文化知识、组织知识在内的广义知识）的组合创新。这种知识的创新方式必然导致学科建设和发展中不同质的组织、文化、思想的冲突，实践中要合理对待。

4. 体育学科建设需要现代大学提供多学科交叉发展平台

体育学科与多学科的交叉，需要在一定的空间和平台上进行。现代大学为体育学科与多学科的交叉共生提供了良好的发展平台。现代大学多学科交叉发展是时代的要求，也是大学自身发展的逻辑。现代大学既是学科的集聚地，又是学科产生的策源地，体育学科依托大学而繁荣，大学倚仗体育学科和其他学科的兴旺而发展。但是在现实中，大学中的体育学科与多学科的交叉跨学科研究并不像我们所期望的那样有着良好的发展环境，体育学科与多学科的交叉是面临着单一学科基础上的各种文化、组织、资源配置与评价方面的冲突与困境。我国大学传统的组织结构和运行机制对多学科交叉还存在一些结构性障碍。当前最为重要的是获取对体育学科在大学中与多学科建立交叉发展的学科组织的本质和发展规律的认识，理清建设多学科交叉组织的思路，排除多学科组织发展的障碍，在大学学科建设的实际操作层面推进体育学科与多学科交叉组织的发展。

二、清华大学体育学科建设

清华大学具有悠久的体育传统。著名体育教育家马约翰先生在清华大学工作 52 年，被誉为“我国体育界的一面旗帜”。清华大学以重视体育和积极参与体育事业的发展而闻名，在长达一个世纪的办学实践中形成了健全人格与健康体魄并重的体育教育观和体学兼优、追求卓越的高水平竞技体育发展理念，不但为国家培养了大批体学兼优的科学家，而且培养了一批德智体全面发展的高水平竞技体育人才，为我国的体育事业做出了贡献。20 世纪 90 年代以来，清华大学将大学体育纳入学校学科建设的轨道，发挥综合性大学多学科的优势加入到体育学科建设的队伍中来。采取了“跨学科、高起点”的策略，“跨学科”主要体现在学科方向的凝练上注重与其他学科融和；“高要求”主要包括高层次的人才培养，高水平的科学研究，高质量的学科队伍。[①] 1998 年获得体育教育训练学硕士点，2002 年获得体育教育训练学博士点和运动人体科学、体育人文社会学硕士点，2009 年获得体育学博士后流动站。实现了体育学科高速度，跨越式的发展，在体育学科建设和发展中探索出一条与传统体育专业院校不同的体育学科交叉发展的路径，创新了我国大学体育学科建设的模式，成为大学体育学交叉发展的新势力，形成了特色化的体育学科结构（图 2–3）。

① 彭庆文 . 新时期中国大学体育角色定位研究 [D]. 清华大学博士论文 .2008.

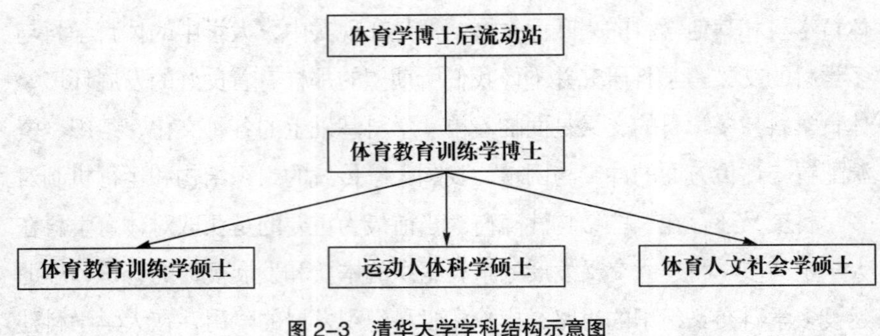

图 2–3 清华大学学科结构示意图

清华大学的大学体育在纳入学科建设以前主要以公共体育课程为核心，体育科研也主要限于体育教学的探索，基本上没有以制度化的专门人才培养和高水平的科学研究为标志的体育学科建设任务。[①]“体育学科纳入学科建设轨道以后，由于没有适应社会发展调整专业结构和规模的负担和体育学科发展势力的惯性负荷，清华大学发挥后发优势和自主决策优势，以体育学科内部因素变化为依据，与体育实践发展需求为导向，借鉴传统体育院校体育学科建设的经验，发挥综合性大学多学科资源优势，在高层次上培养体育学科交叉型人才，开展与多学科合作的科学研究。清华大学体育学科发展的基本思路为：在体育学科的发展上，要合理布局、突出特色，以文科研究基地、理科重点实验室和健康研究中心为依托，紧扣当前国内外体育科研的发展脉络，结合中国体育发展面临的重大问题，从国家竞技体育和大学体育的发展研究、全民健身促进工程和社区体育建设等全局性、前沿性、开拓性的研究领域着手，以我国竞技体育发展中出现的重大问题为突破口，将“先进性”和“应用性”作为科研工作的两条主线，努力在研究方向和选题上寻找两者的结合点，充分发挥多学科交叉和高科技的优势，在体育理论与实践两个方面进行探索，使部分研究领域进入国际先进水平。

清华大学体育学科在发展中形成了高等教育管理与大学体育发展、大学体育教育的理论与实践、大学高水平运动队训练的理论与实践、大学体

① 彭庆文．新时期中国大学体育角色定位研究 [D]. 清华大学博士论文 .2008.

育教学训练的评价与监控等 4 个具有大学体育特色的研究方向。

高等教育管理与大学体育发展：该方向从高等教育学、组织管理学、控制理论与控制工程等学科视角，在宏观上对影响大学体育发展的基本理论、学科结构、运作模式、组织管理、发展趋势进行研究。

大学体育教育的理论与实践：该方向的研究以大学体育教育教学实践问题为核心研究对象，聚合高等教育学科、教学论、课程论、大学文化、现代教育技术学和体质测量与评价等学科，研究大学体育教育的基本理论问题；大学体育教材建设和教法创新；研制基于 Internet、WEB 的系列体育多媒体网络课件；学生体质与健康；高校学生体质信息管理系统开发等。

大学高水平运动训练的理论与实践：该方向包括三个方面，一是大学高水平运动训练中学训结合研究，二是高水平运动训练的理论研究，三是高水平运动训练实践。

大学体育教学训练的评价与监控：该研究方向利用清华大学多学科综合交叉的优势，与体育相关的学科，如力学、自动控制、生物工程、电子技术等学科的研究人员组成研究团队，以跳水、田径、赛艇等项目为突破口，从生理生化和生物力学的角度，对体育教学和高水平运动训练进行评价、监控，增加了体育教学和运动训练的科技含量，取得了一批研究成果，并参与备战 2008 年奥运会的训练和科技服务，承担并完成了多项备战 2008 年奥运会课题的研究。

清华大学在研究领域的确立和研究方向的凝练上，重点选择了与学校优势学科能够形成“共域”的体育现实问题，避免了传统体育大学、体育学院多而全的学科领域。研究方向显示出清华大学在社会学科、人文学科、力学、自动控制、生物工程和电子技术等领域的集合优势。近年来与多学科的交叉合作中，清华大学的科学研究取得了长足进步。申报完成了一系列的高级别的科研课题，这些课题从研究对象和领域的选择，针对我国体育实践发展的需要，在体育学科前沿和与其他学科的交叉地带中拓展研究领域。同时还突出了清华大学的优势。研究方法采用和借鉴了多学科的先进方法。在课题的申报和完成过程中，依托基地和实验室，通过学校相关学科学者形成的研究组织，发挥综合大学多学科的优势开展科学研究。

为了更好地发挥综合大学优势，清华大学在师资队伍建设和研究生的招生中特别注意学科背景的交叉。清华大学体育学术梯队中，具有跨学科教育背景的教师占 50%，专业涉及体育教育训练学、运动人体科学、体育人文、体育管理、生物医学工程、经济管理、自动化系、机械设计及理论和工商管理专业等学科。

研究生培养中也注重增加非体育专业背景的研究生比例，在 30 名在读研究生中，博士研究生 10 名，硕士研究生 20 名。他们来自全国 20 个不同高校，21 个不同专业，为体育学科队伍带来新的学术活力。

清华大学的体育学科研究生培养的课程计划，充分体现出综合性培养体育学科交叉型人才的教育思想和理念。反映出清华大学体育学科对学校优势课程资源的利用。在基本结构上与传统体育学院的课程体系相同，但是在课程门类和开设方式上有比较大差别。例如清华大学体育人文社会学硕士研究生课程体系由公共必修课和实践环节（8 学分）、基础课（4 学分以上）、专业基础课（8 学分以上）和专业课（8 学分）四个部分构成。课程体系中提供给学生选择的课程除专业课程提供的 10 门、基础课 5 门体育类课程外。其他 26 门课程都是外专业的课程，与其他专业硕士共同开设，从课程体系中我们看到，清华大学体育人才培养是在课程层面与多学科进行交叉。

这种课程的交叉学习使学生知识更加广博、不仅在本学科领域里有较深的造诣，而且对其他学科领域的知识体系、基本理论、基本方法也有着较深的了解和研究，充分发挥了不同知识之间相互启发、相互促进的作用。在体育实践中对体育学科与其他学科的交叉、融合特别敏锐，一经发现就能快速整合知识学科交叉视野下我国大学体育学学科建设研究储备，并能根据实际需要迅速补充完善知识结构，开拓新的发展领域，能够有效推动体育学科与其他学科一体化发展。但是，不同学科课程都是相互独立、自成体系的，课程与课程之间缺乏有机联系，有的甚至相互矛盾，这种对学科之间知识的整合、综合、融合完全要靠学习者自身来完成，对学习者的学习能力、知识的整合能力要求非常高，对课程方案设计的要求也很高，对其他学科授课老师的要求也比较高。在课程层面对知识体系、理论体系、课程体系的交叉整合，交叉学科课程建设是综合性大学进行学科交叉人才培养的重要课题。

作为我国体育学科交叉发展的一种新的组织形式，清华大学体育学科在组织结构和组织文化中都面临许多新的理论和实践问题。清华大学体育学科是在过去的公共体育部的组织机构上开始发展，学术组织和行政组织是一体的，体育学科交叉发展一方面要协调校——院（部）的直线型组织结构，体育学科建设与大学体育融为一个有机整体。另一方面要构建能与多学科交叉的组织平台。例如清华大学借助学校的985一期工程平台获得人力物力的支持,体育社会科学重点研究基地搭建了与多学科交叉的平台，如图2-4所示。

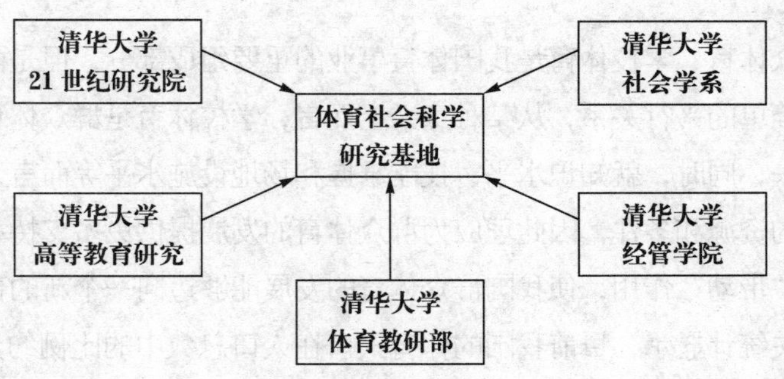

图2-4 清华大学学科交叉建设平台示意图

作为体育学科发展的创新组织形式，在建设和发展过程中，在与多学科的交叉中，不可避免地会出现一些组织结构上和组织文化上的障碍。如何进一步地改革组织结构，实现与多学科在组织结构、组织文化方面的交叉也是清华大学和我国综合性大学发挥多学科优势实现交叉发展的新的重要课题。

（改编自：杨雪芹，《学科交叉视野下我国大学体育学学科建设研究》，北京体育大学博士学位论文，2010年第6期。）

思考问题：

1. 你认为清华大学体育学科建设的优势与特色是什么？

2. 你认为清华大学体育学科建设的做法有哪些是值得在全国设有体育专业的高校中推广？

3. 在建设组织文化、设立组织机构方面，高校应该如何促进体育学科的多学科交叉融合?

第八节 学校体育场馆管理

一、学校体育场馆管理概述

群众体育、学校体育是我国体育事业的重要组成部分，但是两者之间并不是简单的平行关系，从某种意义上而言，学校体育是群众体育的组成部分之一，同时，就知识水平、技能掌握和场地设施水平等而言，学校拥有更好的资源和条件，因此理应为群众体育的发展提供更多支持和帮助，发挥其“带动”作用，使我国群众体育的发展能够迈向一个新的台阶。

相关统计显示，目前我国的体育人口在人口总数中的比例约为 28%，与发达国家相比差距很大。造成这种现象的原因很多，但群众体育意识不强和缺乏体育锻炼的场馆、设施是重要因素之一。

2009 年 8 月 19 日国务院第 77 次常务会议通过了《全民健身条例》，自 2009 年 10 月 1 日起施行。《全民健身条例》中提出了学校体育场馆设施开放的相关条款：“公办学校应当积极创造条件向公众开放体育设施；国家鼓励民办学校向公众开放体育设施。”“县级人民政府对向公众开放体育设施的学校给予支持，为向公众开放体育设施的学校办理有关责任保险。”“学校可以根据维持设备运营的需要向使用体育设施的公众收取必要的费用。”

实际上，全民健身条例颁布之前，在人大代表的呼吁和部分地方政府的积极鼓励之下，许多学校早已悄悄开始了试点，但几年过去了，由体育场馆开放而引发的一系列问题依然没有从根本上得以解决，学校体育场馆开放依然困难重重。

二、案例精选

案例一 人大代表“喊”了5年 学校体育设施或强制开放

据深圳新闻网讯（2008年），作为政府社会公共服务品的一部分，学校体育设施在节假日对社会开放，不仅可使“休假”浪费的体育设施得到更好的利用，也将满足群众体育文化活动需求。但因为安全、管理、维修等现实问题，即使教育局有明文要求，即使人大代表“喊”了5年，一些学校抱着“多一事不如少一事”的态度，在节假日到来之时，还是将学校的体育场馆和设施一锁了之，市民也只有“眼馋”的份。8月6日，在深圳市人大常委会副主任庄礼祥接访的“直通车”上，深圳市教育局负责人首次表示：将制订规则对深圳学校体育设施开放问题加以规范，对“开放”的管理、收费等问题进行明确，不遵守规则的学校将被问责。深圳各学校体育设施或被强制对社会开放。

人大代表：学校为何有规定不见执行？

“到了节假日，部分中小学的体育场所就被封闭，甚至把足球门搬走，将篮球框用铁皮、铁丝捆住，不给市民锻炼！”为了这一问题已经走访了40多所学校的人大代表杨剑昌气愤地表示，虽然早在2002年12月，深圳市教育局就曾经出台了《深圳市学校体育设施对外开放管理规定》，明确要求“各类学校在不影响正常教学秩序、保证学校教学与训练活动需要的前提下，应将学校体育设施对社区居民实行开放，有偿使用”。然而，几年过去了，开放学校操场的措施并没有完全落到实处。

人大代表吴立民则对已经“开放”学校的乱收费问题提出质疑。“凭什么打一场球要千把块？玩一小时乒乓收几十元？这些设施不都是用纳税人的钱建起来的吗？”

教育局：“开放”不尽如人意原因于管理难

在接访现场，深圳市教育局副局长唐海海表示，管理难度大和学校自身的“安全考量”是“开放”不尽如人意的主要原因。

据唐海海介绍，到目前为止，深圳6个区和光明新区及市局直属学校体育场馆都不同程度地向社会开放。南山区70所学校的体育场馆均免费向社会开放。但因为配套政策尚未出台，“开放”学校的管理难度很大。

“体育设施给学生使用必须保证完好安全，一旦在开放时间损坏未及时发现导致安全事故，学校责任重大；市民在使用学校体育设施过程中如果出现运动受伤或者人身意外发生责任纠纷，将给学校带来额外麻烦；由于学校对进入校内的市民群众准入资格无法确认，不良社会分子可能借机混入校园破坏教育教学设施或盗取学校财物，对学校治安形成威胁。”此外，临聘管理人员成本问题、收费管理问题都是学校“畏难”的原因所在。

但他也表示，教育局也曾有为难情绪，工作“做得不尽人意”，应改变消极状态，积极解决问题。

庄礼祥责成教育局制订“开放”实施细则

在接访中，唐海海还带来了广东省教育厅、体育局、物价局等8厅局于6月18日下发的《广东省学校体育场馆向社会开放实施办法》，对“开放条件”和“管理形式”都作出了明确规定。

《办法》要求，具备一定体育场馆设施条件，体育设施完好并符合国家规定约束指标和标准的学校，如所在区域内缺乏公共体育场馆设施，应在保障正常教学和课外活动的前提下，向社会开放。开放学校可根据实际情况采用自行管理、与街道社区联合管理、青少年体育俱乐部管理、社会中介组织管理等方式实施开放工作。学校可适当收取费用，收费项目和标准由县级以上价格主管部门依法管理，并向社会公示。

《办法》还强调，开放学校应积极参加公众责任保险，保险费用由学校在向社会收取的体育场馆收入中安排解决。参加活动的人员必须自行购买个人人身意外保险。

深圳市人大常委会副主任庄礼祥在仔细阅读了这一《办法》后，要求深圳市、区政府认真重视此事，“能落实的不要等。”要求街道、社区工作站、居委会参与到“开放”学校的管理中来，大力宣传《广东省学校体育场馆向社会开放实施办法》，并认真贯彻、落实。

他责成深圳市教育局以此为基础，“借这一东风”，牵头调查研究，根据深圳实际，进一步制订完善深圳学校体育设施向社会开放的实施细则，报送政府，再以政府名义下发各有关部门，保障学校体育设施“科学、有序、有条件地”向社会开放。

（改编自：深圳新闻网．人大代表“喊”了5年　学校体育设施或强制开放[N/OL].

http://news.sznews.com/content/2008-08/06/content_3165227.htm，2008.8.6.）

案例二　无锡学校对外开放场馆遭遇难题

2010年江苏省政府曾召开新闻发布会，责成学校体育场馆对外开放，为人民群众开展锻炼提供方便。无锡市先后分两批公布115所学校场馆对外开放，实施以来，情况并不尽如人意。

调查现状　115所学校50%坚持对外开放场馆

近年来，随着无锡市体育人口不断增多，现有体育场馆设施明显跟不上市民的健身需求。统计表明，市体管中心直属场馆、社区公共健身区域的场馆资源，仅占全市体育场馆资源的30%，70%的体育场馆资源分布在全市各级、各类学校。2008年，在市委、市政府力推下，无锡市面向社会公布首批名单：56所学校通过媒体对公众作出承诺：全面开放学校体育场馆。2009年，无锡市又公布了第二批名单：59所学校的场馆承诺向社会锻炼人群打开大门。

但两年过去了，实际的情况是115所学校中，50%的学校能坚持常态化开放，为群众开展体育活动提供保障。可以说，这一举措盘活了社会体育场馆资源、为普通居民提供了就近健身的便利。但是，想要将这样的局面长久、深入地贯彻落实，单凭政府的强力推动，恐怕很难收到理想的效果。

开放瓶颈　安全隐患和管理成本是亟待解决的问题

“教育部门在学校体育场馆对外开放一事上，态度是积极的。”无锡教育局体卫艺处负责人杨柳告诉记者。首批推出56所对外开放的学校体育场馆后，收到了社会积极的反响，但是也带来了学校管理者、学生家长的埋怨，看来好事并不好做。

自学校场馆之门向外打开后，增加了潜在的安全隐患和管理上的成本，让很多学校的校长很苦恼。首先面临的问题就是难以甄别前来锻炼的人群。向社会开放后，各种类型的社会人士都进入学校，这对学生的人身安全和财产安全都是极大的挑战；有些锻炼的市民甚至带着宠物狗进入校园，吐痰、乱扔垃圾、说脏话等一些不文明现象也随之带入了校园，这给学校的管理带来了新的难题；此外，体育设施的开放使用，增加了管理和维修的成本，设施坏了，不清楚维修费到底应该从哪里出。这些问题让学校很头疼。

值得担心的还有：健身活动会有一定风险，如果有人在锻炼中发生意外，后果由谁来承担？

他山之石　财政保障和第三方托管

尽管学校体育场馆对外开放受经费、安全等种种因素制约，举步维艰，但放眼国内，不乏成功的案例，无锡市首批开放的学校就有成功的典范。采访杨柳时，他表示，为规范学校场馆对外开放工作，无锡市教育部门学习其他城市，起草了《学校体育场馆对外开放管理办法》，明确了责任的主体——由学校所在街道、社区进行属地管理，在盘活社会公共场馆资源的同时，行使管理国家公共财物的职责；与此同时，《管理办法》提出加强经费保障，学校器材维护、管理人员等费用由公共财政埋单。

据了解，江阴、崇安区等地学校场馆履行了承诺。江阴虽然公布名单中只有10多所学校，但该市近百所学校大部分都自觉向社会敞开了大门，原因在于：江阴区政府向每所学校提供2万元的开放补贴，为学校解决了后顾之忧；崇安区连元街实验小学、广益中心小学，在区政府提供2万元补贴的情况下，也坚持做到常态化开放。

而上海等城市除采取地方财政补贴等办法外，还通过委托第三方管理的方式，将学校场馆社会化服务“外包”，解决管理、安保等问题。在安全问题上，我市一些学校采取办卡的方式，提高锻炼者进校的门槛，收取适当的费用，由所属街道、社区为健身者办理锻炼卡，凭卡进入校门。

从省新闻发布会上获悉：国家已在宜兴市、南京市鼓楼区各挑出10所学校进行试点，向这些开放社会场馆的学校提供2万元补贴。这一举措如能推广，将是开启学校场馆之门的钥匙。

（改编自：无锡学校对外开放场馆遭遇难题，http://www.anhuinews.com/zhuyeguanli/system/2010/10/27/003405927.shtml，2010年10月27日。）

思考问题：

1. 总结学校体育场馆设施对外开放面临的困难，并提出解决以上问题的对策与建议。

2. 学校体育场馆对外开放收费的目的是什么？这与其公益性相冲突吗？

3. 结合教育的目的，谈谈你对学校体育场馆对外开放的看法。

4. 调查自己所在学校场馆设施对外开放情况，撰写本校体育场馆设施对外开放的调查分析报告。

参考文献：

[1] 童丽平 . 全国普通高等学校体育课程教学指导纲要 . 实现现状与对策 [J]. 体育与科学，2006，27（2）：94.

[2]张哲敏,孙麒麟 . 普通高校体育课程实施“三自主”教学模式分析 [J]. 北京体育大学学报，2010（01）：85.

[3] 校史编委会编. 北京体育大学校史（1993−2003）[M]. 北京：北京体育大学出版社，2003. 4.

[4] 瞿葆奎 . 中国教育改革 [M]. 北京：人民教育出版社，1991：57.

[5] 北京体育学院校志编写组. 北京体育学院院志 [M].1994：76 ~ 77.

[6] 鲁长芬 . 中国体育学科体系研究述评 [J]. 体育学刊 .2007,14（6）：1 ~ 6.

[7] 程文广 . 近代以来中国体育思想及体育教育发展研究 [D]. 北京体育大学 2006 届博士研究生毕业（学位）论文 .2006,（5）.

[8] 李鸿江 . 我国高等体育院（校）系改革与发展的成略研究 [D]. 福建师范大学 2003 级博士论文 .2006,（6）.

[9] 周登嵩 . 学校体育学 [M]. 北京：人民体育出版社，2004,（4）.

[10] 苏竞存 . 中国近代学校体育史 [M]. 北京：人民体育出版社，1994.

[11] 曹海信 . 近代中国体育专业课程设置体系的历史变革及启示 [D]. 陕西师范大学硕士学位论文 .2007（4）.

[12] 黄汉升，季克异 . 我国普通高校体育教育本科专业课程体系改革的研究 [J]. 体育科学 .2004,24（3）:52

[13] 黄汉升，林顺英 . 体育院系课程设置: 国际比较 [J]. 中国体育科技，2002, 38（12）:5~13.

[14] 肖威 . 全国普通高等学校体育教育本科专业新旧两种课程方案比较及实施要点研究 [J]. 北京体育大学学报 . 2005，28（5）：666~668.

[15] 胥英明 . 全国普通高校体育教育本科专业课程方案 [J]. 体育学刊 . 2004，11（5）:10~12.

[16] 张瑞林 . 新时期综合性大学体育发展面临的十大基本问题 [J]. 北京体育大学学报 .2011.

[17] 曹莉，孙晋海，韩春利 . 中国高等体育院（系）师资结构的比较研究 [J]. 体育科学 .2004，24 （3）：58~60.

[18] 戴文 . 我国普通高校体育教育专业的现状与分析 [J]. 北京体育大学学报，2004，27（1）:97~98.

[19] 林顺英 . 论普通高校体育教育本科专业教学质量保障 [D]. 福建师范大学博士学位论文 .2008（4）.

[20] 国家教育发展研究中心 .2004 年中国教育绿皮书 : 中国教育政策年度分析报告 [M]：北京 : 教育科学出版社 .2004.

[21] 吕达，周满生 . 当代外国教育改革若名文献（日本、澳大利亚卷）[M]. 北京 : 人民教育出版社，2004.

[22]（荷兰）范富格特 . 国际高等教育政策比较研究 [M]. 王承绪译 . 杭州 : 浙江教育出版社，2001.

[23] 陈永明 . 德国大学教师聘任制的现状与特征 [J]. 集美大学学报，2007，8 (1) :32~36.

[24] 韩春利 . 我国高等体育教育专业学生培养现状及改革对策 [J]. 武汉体育学院学报 .2005，39（7）:92~95.

[25] 李瑾瑜，柳德玉，牛震乾 . 课程改革与教师角色转换 [M]. 北京 : 中国人事出版社，2003，（12）.

[26] 汪海涛 . 高等师范体育专业现状与体育师资培养改革的思考 [J]. 四川体育科学，2001，24（2）:74~76.

[27] 马维平，许晓音 . 社会体育专业培养目标定位与社会需求 [J]. 体育学刊 .2005，12（4）:71~73.

[28] 王树宏，李金龙 . 社会体育专业发展速度、布局与规模态势及其存在问题的研究 [J]. 北京体育大学学报 .2006，29（10）：1310~1312.

[29] 郑振国 . 我国运动训练专业人才培养现状及存在问题 [D]. 北京体育大学学位论文 .2005（6）.

[30] 王丽娜 . 我国体育院系运动训练专业毕业生就业与课程设置的优化研究 [J]. 首都体育学院学报 .2004，16（4）:71~73.

[31] 鲁长芬，王健 . 从美国体育院系课程改革看我国运动训练专业课程体系的改革 [J]. 西安体育学院学报 .2003，20（1）:96~100.

[32] 国家体育总局科教司 . 国外体育院校概况 [M]. 人民体育出版社，1999.

[33] 赵澄宇 . 美国体育院系课程设置 [J]. 北京体育学院学报， 1983，6（1）:80~86.

[34] 邱丕相，杨建营 . 民族传统体育专业存在的主要问题及解决对策 [J]. 体育学刊 .2008，15（12）：1~5.

[35] 张蕴琨，阎守扶 . 普通高等学校运动人体科学专业课程建设的调查研究 [J]. 南京体育学院学报 .2009，23（2:）：26~30.

[36] 李铁 . 运动人体科学专业本科人才培养模式理性选择研究 [D]. 华东师范大学博士论文 .2010，（4）.

[37] 杨雪芹 . 学科交叉视野下我国大学体育学学科建设研究 [J]. 北京体育大学博士学位论文 .2010（6）.

[38] 彭庆文 . 新时期中国大学体育角色定位研究 [D]. 清华大学博士论文 .2008.

第三章

运动训练管理

运动训练是竞技体育的基础，是实现竞技体育目标的有效途径，科学的运动训练能够提高运动员的能力，使他们在竞技运动中创造出优异的成绩。运动训练管理是指通过管理整合运动训练的系统要素，发挥运动训练系统的功能，达成培养运动员竞技能力、创造优异成绩的目标。近百年来，运动训练发生了巨大的变化，从断续训练发展为系统训练，从闲暇娱乐式训练发展到专门职业化训练，从着力单因素竞技能力训练发展到全面竞技能力训练，从仅由少数教练员和运动员构成的封闭性训练发展到有多种社会角色全面介入的开放性训练，从仅仅围绕训练场所组织实施的单一性训练发展到众多科学学科提供有力支持的全方位科学训练。[①] 运动训练体系日益复杂，运动训练管理也逐渐向高级化、复杂化、科学化的方向发展。

① 田麦久 . 运动训练学 [M]. 北京：人民体育出版社 .2009，（6）：5.

第一节 运动训练管理概述

运动员是运动训练的主体，运动训练管理的最终目标需要通过运动员来实现。因此，运动员管理是运动训练管理系统中的核心环节。我国现行的运动训练体系是“三级训练体系”（图 3-1）。这种三级训练体系，在纵向与横向上形成了相互交叉的网络。在纵向上划分为三级：以国家集训队和各省市、自治区、解放军与各行业的优秀运动队为代表的高级训练形式，以省（自治区、直辖市）体育运动学校、体育院校附属竞技体校和各类青少年业余体校等为代表的中级训练形式，以遍布全国城乡的体育传统项目学校（简称体育传统校）和中小学运动队为代表的初级训练形式。在横向上，又可划分为专业训练体系和业余训练体系，其中，专业训练体系包括国家集训队和各省市、自治区、解放军与各行业的优秀运动队两个部分；业余训练体系包括我国三级训练网中的中级和初级两种，这是我国运动训练管理体系中极为重要的基础环节。

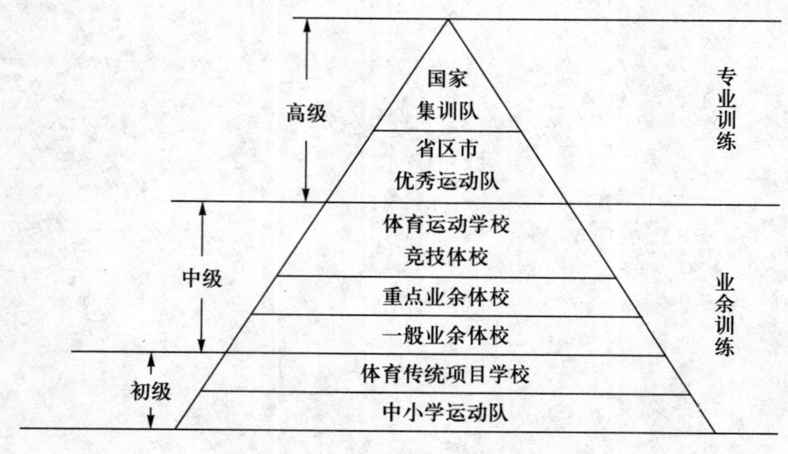

图 3-1 我国运动训练管理三级训练体制模型

（引自：孙汉超，秦椿林．体育管理学 [M]．北京：人民体育出版社，1999.6.）

一、初级训练形式管理

初级训练形式以中小学运动队和体育传统校为代表，其中以体育传统校的运动队为主。体育传统校是指是在开展课余体育训练活动中，某些体育项目形成传统、具有广泛群众基础、运动技术水平相对较高、不断培养出体育后备人才且经过教育部门和体育部门共同批准并命名的中小学校（含中等专科学校）[①]。我国体育传统校自 1983 年创办以来，在推动我国青少年体育活动、培养竞技体育后备人才、开展课余体育训练方面做出了突出贡献。

体育传统校分为国家、省（区、市）、普通三级，实行审定命名制度，其中，国家体育、教育行政部门对全国体育传统校进行管理，县级以上（含县级）地方各级人民政府体育、教育行政部门负责对本行政区域内体育传统校进行管理。体育行政部门负责体育业务指导工作，教育行政部门负责日常管理工作。截止 2004 年底，我国体育传统校共计 11 477 所，其中，国家级 200 所，占 1.74%；省（自治区、直辖市）级 4 133 所，占 36.01%；地（市）级 7 144 所，占 62.25% [②]。

20 世纪 90 年代，根据社会发展和学校体育工作的实际，部分体育传统校开始探索体育和教育的结合道路，即“体教结合”，受到国家体育局和教育部的高度重视。经过不断探索和发展，逐渐形成了我国独具特色的体育传统校发展机制，打破了原来的单一模式，呈现出多样化的发展模式。目前我国体育传统校运行模式主要有：体育传统校独立运行模式、与青少年体育俱乐部联办模式、与体育俱乐部联办模式、与体育专业运动队联办模式、与高水平运动队联办模式以及与全国培养体育后备人才试点学校联办模式。

2003 年，国家体育总局下发的《国家级体育传统项目学校评定办法、标准及评分》通知规定：“每 4 年对国家级体育传统校进行一次命名表彰，对已命名为“国家级体育传统项目学校”要进行定期复查，经过复查不符

① 孙汉超，黄明教．运动训练管理学 [M]. 北京：人民体育出版社 .1995.

② 李相如．中国体育传统项目学校发展现状与管理机制研究 [J]. 体育科学，2006（26）：17.

合标准的取消其称号，对于被评为国家级体育传统校的给予表彰奖励。”各省（市）也根据此办法，结合本地区的实际情况制订了相应的规章制度。体育传统项目学校的管理也逐渐步入正轨，管理机制更加健全，优胜劣汰的竞争格局初步形成，保证了体育传统校健康有序的发展。

二、中级训练形式管理

中级训练是业余训练的高级形式，在训练体系中起着承上启下的作用，主要包括业余体校、体育院校附属竞技体校和体育运动学校等。

（一）业余体校和体育运动学校管理

新中国成立以前，没有正规的青少年训练组织，体育运动训练主要是在有运动队的一些学校开展。伴随着中华全国体育总会和国家体育运动委员会的相继成立，1955 年，少数省份开始试办青少年业余体校，至 1956 年各地兴办的青少年业余体校已达 77 所。1973 年，青少年体校更名为少年儿童体育学校。随着体育事业的不断进步，业余体校的办学规模和层次也发生了变化，出现了普通业余体校和重点业余体校。

普通业余体校学生分散在普通中小学上课，利用课余时间到业余体校训练。重点业余体校学生集中学习、集中训练、集中住宿，实行半天学习、半天训练的“三集中”模式①。在重点业余体校基础上，组建起了体育运动学校。业余体校和体育运动学校的主管部门是体育行政部门，学校配有专职管理人员和教练员，有自己的场地、设备和器材，有自己相对稳定的管理规章制度。业余体校一般以业余训练为主，体育运动学校虽提倡读训并重，但在实际过程中往往过多强调竞技训练，从而导致很多学生的文化课成绩不过关。

（二）体育院校附属竞技体校管理

体育院校附属竞技体校是近年来在我国体育体制改革中建立起来的一

① 王昆仑. 对我国青少年业余训练的研究与思考. 河北体育学院学报 [J].2007，(3):46.

种教学、训练相结合的新型体育学校，它是隶属于体育学院的一个单位，它既是中专性质的学校，也是我国业余训练的重要组成部分，其办学方针是亦读亦训，培养目标是为国家培养有文化的优秀运动员[①]。体育院校附属竞技体校可以充分借助体育院校的力量与条件，具备了体育院校文化教学、科学训练、系统管理的优势，因此，近年来该类体育学校异军突起，成为了运动训练体系的重要组成部分。

三、高级训练形式管理

高级训练形式主要包括省、市、区优秀代表队和国家集训队，它们担负着提高我国地方和全国竞技运动水平，培养运动员攀登竞技体育高峰，为地方和国家争光的重任。

1. 省、市、区优秀运动队管理

省、市、区优秀运动队及青年队，一般由当地的体育局负责管理。普及率较高、有较好群众基础的项目（以足球和篮球项目为代表）一般采取社会化运作方式，即按市场经济规律运行的以俱乐部形式为主的体育产业化管理模式，它拥有多渠道的资金来源（包括各种赞助），形成了一定规模的人才交流市场，促进了体育产品的商业化。普及率不高的运动项目一般采取政府主导型的运作方式，由政府提供经费、场地、器材和科研设施等，配备各类管理干部和服务人员，设有各级文化教育机构，运动员在这种体制下既能进行高水平的运动训练，又能学习文化知识，获得相应的学历文凭，较好地解决了运动员的后顾之忧，有利于运动员技术水平和综合素养的提高[②]。

2. 国家集训队管理

国家集训队是以运动项目为核心，以代表国家参加国际比赛取得优异

---

① 罗普磷. 我国竞技体校的优势及其制约因素的研究 [J]. 西安体育学院学报 .2002，（4）:4.

② 杜秀华. 我国运动队管理的体制和方法 [J]. 南京体育学院学报（自然科学版）.2004(4):100.

成绩为目的而组建的队伍，一般是政府管理，即由政府执行财政拨款维持事业经费开支，政府和体育行政部门统一安排教练员和管理干部，在训练和科研的基础上，争取获得优异的运动成绩。这种管理体制能够保障运动员的训练时间，能够促使运动员成绩的迅速提高，但运动员的文化学习时间和业余时间太少，不利于运动员的全面发展。

国家队的管理模式先后实行过 3 种。从时间上划分，1985 年以前实行领队负责制，强调领队的政治作用；1985 年以后，多数实行的是主（总）教练负责制，突出主（总）教练业务上的全面指挥；2001 年开始，部分项目（如排球）开始实行队委会领导下的分工负责制，重视发挥集体的作用，调动各方面的积极性，最大限度地整合全队资源。随着我国竞技体育事业的蓬勃发展，已经在不同的国家队初步形成了各具特色的管理模式。

第二节 运动训练管理体制

根据运动训练管理层次的不同，可以将运动训练的管理体制划分为宏观管理体制和微观管理体制，宏观管理体制即国家层面上的管理体制，微观管理体制即运动队内部的管理体制。

一、运动训练宏观管理体制

历数世界各国的运动训练管理体制，主要可分为政府管理型、社会管理型和结合管理型。政府管理型体制是指政府设立专门的机构直接管理运动项目的训练工作，负有运动训练管理的权力，提供运动训练经费，代表国家如前苏联。社会管理型体制是指政府不设立专门的运动训练管理机构，由运动项目协会等社会团体负责运动训练的管理工作，代表国家如美国。

结合管理型是指政府与社会分工负责运动训练的管理，兼具政府管理型和社会管理型的特征。虽然政府管理型、社会管理型和结合管理型三种管理体制各有优缺点，但是无疑社会型管理体制是当前运动训练管理体制的发展趋势。

我国运动训练管理体制经历了两大发展阶段：第一阶段，政府管理型阶段（1949—1992），该阶段我国实行的是政府管理型体制，体育行政部门全权负责运动训练的管理工作，该阶段虽然取得了较好的运动成绩，运动训练水平整体提升，但是管理体制的弊端也日益明显，资金投入持续增加，社会积极性调动不足。第二阶段，结合管理型阶段（1993年至今），1993年原国家体委颁布《国家体委关于深化体育改革的意见》，提出运动项目管理向项目协会实体化转变，运动训练管理体制也逐渐开始转变，1994年中国足球职业联赛——甲A联赛正式运行，这也开启了我国竞技体育体育职业化改革的浪潮，出现了政府与社会共同管理运动训练的局面。

二、运动训练微观管理体制

在宏观管理体制的影响下，微观管理体制相应的形成了三种管理体制：第一类俱乐部管理型，由俱乐部负责运动员训练管理，俱乐部是独立的企业法人，按照市场经济的规律管理运动员训练工作，采取该运作方式主要是市场潜力大、群众基础广、盈利能力强的运动项目，如足球、篮球、排球；第二类“双轨制”管理型，目前典型的代表是乒乓球，政府与企业共同投资管理，双方按照合同约定开展运动训练的管理工作；第三类政府管理型，由运动项目管理中心负责运动训练的管理，主要是一些市场潜力不大、群众基础较差、不易于开展的运动项目，如田径、体操等项目。

我国运动训练管理体制改革的方向是正确的，但是改革并不彻底，宏观管理体制上还存在政事不分、政企不分的现象，微观管理体制尚存在产权不明、责权不分的问题，问题体现为运动训练的可持续发展能力不强，运动训练管理体制亟须进一步完善。

三、案例精选

案例一 职业化还是非职业化?

震惊和遗憾

1987年39届世乒赛“让球事件”和1988年“落选事件”之后，事件的主角——女运动员何智丽远赴东洋，嫁给了日本人小山英之，改名小山智丽，一度销声匿迹。1994年广岛亚运会前夕，小山智丽重出江湖，并代表日本参加亚运会乒乓球女单比赛。赛前，她向日本各大媒体“揭露”了她在中国时受到教练“迫害”的内幕，并表示了报仇的决心。以后留给中国人的记忆就是小山智丽在场上一口一个“呦西”，以及战胜了中国选手。纵观事件始末，这种令人“震惊”的现象的出现值得我们在运动员培养的问题上反思。

带伤夺得第17届冬奥会女子1000米速滑铜牌的著名运动员叶乔波，在退役之后选择了求学之路，她以小学四年级的文化基础，先是用6年时间攻读完清华大学的MBA课程，随后又攻读经济学博士并成功拿到学位。叶乔波带给人们更多的是感动。叶乔波忍受严重伤痛为中国实现了冬奥运会奖牌零的突破，她也因滑冰而摘除了半月板。在赛后的手术中，医生惊讶地发现她左膝盖的两侧韧带和髌骨早已断裂，腔内有8块游离的碎骨，骨骼的相交处呈锯齿状。“叶乔波精神”一度是被广泛宣传的，叶乔波成了英雄，成了诠释“中国精神”的形象代表。但此后的很长一段时间她都是在轮椅上度过的。

1994年2月1日，第14届杰西·欧文斯国际奖授予了中国长跑运动员王军霞，这是中国，也是亚洲运动员首次获此殊荣。然而，当年年底，这位“马家军”大姐，却带头与包括张丽荣、张林丽、马宁宁、王晓霞等在内的“马家军”十几名主力队员一起，集体递交了签名辞职信。次日凌晨，这批运动员不顾教练马俊仁的挽留，集体出走，与马俊仁彻底决裂。这样的一个一直令人钦佩的团体的突然崩塌，带给观众的除震惊外，还有遗憾。

竞技体育的举国体制要不要改

2008年的冬天姗姗来迟，中超联赛在11月30日落下帷幕。不到一周之后，体育总局迅速提出关于足球改革的新方案。体育总局高层发出了“足球还是要靠举国体制”的声音，在此思想制导下，中国足球将很有可能采取类似经济体制改革中的“双轨制”的办法——职业联赛继续搞，同时地方体育局、足协牵头组织专业队，再搞一个专业联赛，参赛球员的主体是不满20岁的运动员。此方案的提出预示着曾经举世瞩目的中国足球职业化改革发生了重大转折。

1992年6月22日对于中国足球的意义很容易被忽视，它不是甲A联赛、中超联赛建立的日子，也不是中国队冲出亚洲的日子，但中国足球却是从这一天开始走上改革之路。人民日报记者汪大昭回忆:“1992年6月22日，接足协通知到北京海淀红山口八一体工队科研所开会。那时，足协每年都要举行全国足球工作会议。因为工作会议多少有点‘内部’的意思，几位记者都是被邀请参加的。会议热点之一是职业化改革的方向和条件。马克坚等人的观点是中国足球不走职业化的道路，就无法与迅速发展和提高的对手竞争。反对的意见则认为社会条件不具备，传统体制下的人、财、物等足球资源如何利用也成问题……”

在此之前，中国足协秉承体委的精神经过反复的研究，为此次会议准备了《中国足协工作报告》、《中国足球运动改革总体方案》等22个文件，涵盖管理体制、训练、竞赛、外事、培训、宣传和财务等方方面面。其中最重要的文件是《工作报告》和《改革总体方案》，这也是此次工作会议的主题，更是中国足球今后发展的方向和路线。身兼足球运动管理中心主任、党委书记和足协专职副主席、秘书长的王俊生在其自传中这样评说:“《工作报告》的三大部分中，对中国足球和中国足协的评价最为敏感，也是新闻记者捕捉的热点。《改革总体方案》的关键是走不走职业化的道路。中国是社会主义国家，资本主义的职业足球能不能借用？从足球先进国家的经验来看，足球走职业化的道路是大势所趋，也是目前提高我国足球竞技水平最好的方法和措施。”

会议期间，部分代表被请到人民大会堂福建厅，国务院分管体育的李铁映给足球改革定下调子:“我认为，中国足球界从思想观点到各项制度，要有大的改革，没有大动作不会有大进步。解放思想，建立新的国际水平的足球体制，用10年或者更长一点时间，把我国足球事业搞上去。”

“最终，与会全体人员在足球改革的方向、目标、步骤、体制、机制转换、整顿及加强管理等重大问题上取得了共识。会议通过由我代表中国足协所作的《工作报告》，原则上同意了《改革总体方案》。”王俊生回忆道，“1992年的红山口会议被誉为中国足球的‘遵义会议’，至此，被业内外人士称为中国足球‘遵义会议’的红山口会议闭幕。与此同时，中国足球新的‘长征’开始了。”

职业联赛的核心俱乐部——辽宁远东足球发展公司成立于1992年，它是“我国足球俱乐部的前身”。当时人们将参加第一届甲A联赛的12家俱乐部称为“翻牌俱乐部”，意思是说它们是从以往的足球体工队直接翻牌成为“职业俱乐部”的，根本没任何市场方面的参与。

到1993年1月8日，俱乐部开始了大胆的尝试。广州太阳神集团与广州市体委签约，成立了中国第一家股份制职业足球俱乐部。据当时任广州市足协主席的林效才回忆：“所谓的股份制其实就是一方出钱，一方出人出场地，是一种比较原始的职业化。但即使如此，太阳神俱乐部仍然是全国起步最早的。太阳神愿意一年出300万元，这在当时是全国最大的投入。”俱乐部由足协派董事长，技术问题由足协负责，企业只出钱。然而，这种原始的运行模式，为职业俱乐部埋下了不稳定的种子。

14年时光匆匆，职业联赛是非功过众说纷纭，已故的中国足球界元老马克坚是足球职业化改革的主导者之一，他说：“足球改革的方向没错，不改革，中国足球永无出头之日。”

王俊生：无奈的改革先锋

1997年11月12日，金州体育场上一弯冷月铭记了中国国家足球队惨痛的失败，在体育场的贵宾厅里王俊生听到走到他身边的警察这样说：“奉上级的指示，要求公安机关加强保护中国国家足球队的安全，防止少数观众由于愤怒而有过火的行为，尤其保护好你们两位（指王俊生及当时国家队主教练戚务生）。”

金州的失败成为一个转折点，王俊生从职业联赛的缔造者，到国家队失败的间接责任人，球迷在球场上高喊“王俊生下课。”1999年国奥队在亚洲区预选赛再度不敌宿敌韩国，小组赛被淘汰出局。翌年的悉尼奥运会上，女足只得第5，没有达到前三的目标。两件事加起来对于王俊生来说，成了压倒骆驼的最后一根稻草。2000 年 11 月，王俊生黯然调职，阎世铎接任足协一把手。一年零五个月之后，中国男足成功冲出了亚洲。

王俊生开启了中国职业足球的发展之路。1992 年，王俊生领导制订了中国职业足球发展的纲领性文件——《中国足球十年发展规划》，这带来了甲 A 联赛职业化初期赛场的空前火爆。中国女足历史性地冲击世界杯成功，并勇夺世界杯亚军以及奥运会银牌，都离不开王俊生的努力和贡献。

对于中国足球而言，王俊生无可厚非地是职业化的铺路石。从某种程度上说，王俊生的成功与失败与中国足球职业化密不可分，创建中国第一个职业联赛也是王俊生一生最大的功绩。

1994 年 4 月27 日，中国第一个职业足球联赛甲 A 联赛在成都开锣。在王俊生的主持下，《中国足协工作报告》、《中国足球运动改革总体方案》等 22 个文件重新做了修订，涵盖管理体制、训练、竞赛、外事、培训、宣传和财务等方方面面。在王俊生与许放的共同努力下，甲 A 联赛获得万宝路赞助，一年 120 万美元。这在当时是一笔巨资，因为以往体委给足协的经费最多也就 100 万人民币。

改革是王俊生在任期间的主要基调，一项项新举措的出台令中国足球感受到了前所未有的活力，但如何进一步深化改革，并使改革中出现的新矛盾、新问题得到妥善解决，王俊生似乎准备不足。中国男足夺取世界杯出线权始终被王俊生视为中国足球的标志性胜利，但随着 1993 年兵败伊尔比德、1997 年兵败十强赛，中国足球仍然在失败的轮回中饱受煎熬。

几乎所有人在谈起王俊生时都竖起大拇指，曾雪麟赞扬他业务扎实，下面的教练佩服他的改革闯劲。然而，但凡是人，就一定有他的局限性。一边是足管中心主任，一边是足协一把手，这个双重身份，使王俊生不得不穿梭于体制内外。正如他说过的那句名言“我们都是国家干部，必须听从上级领导和组织的决定。”在骨子里他是一个体制内的人，这决定了他要引领国家队拿成绩，而另一方面还必须要使处于足协领导之下的职业联赛办得红火。

王俊生从某种程度上是一个象征，他的继任者阎世铎和谢亚龙都走了相同的道路——在足管中心面位和足协面位的冲突中苦苦挣扎。为了国家队的成绩，阎世铎“豪赌世界杯”，提出过“四年不升降”联赛的计划，遭到了一致反对才最终作罢；对于谢亚龙，2008 奥运如紧箍咒般成为套在他身上的枷锁，联赛切割成了三段，而且也一而再再而三地因为“先天缺陷”而陷入困境。

当 2008 年谢亚龙成为王俊生之后第二个离开足管中心主任、足协专职副主席位置的人的时候，人们终于开始思索，过去一出问题，就喊“王俊生下课”，“阎世铎下课”，“谢亚龙下课”，问题的关键到底在哪儿？

30 年之目睹：海外兵团

2006 年 2 月 29 日，广州，国际乒联理事会以绝对多数票赞成通过了限制“海外兵团”的提案。决议规定，超过 21 周岁的乒乓球选手将不能代表其他协会参加世乒赛和世界杯赛；但如果该选手已经在该国（地区）定居，将可以代表注册协会出席国际比赛。18 岁至 21 岁的选手需要在其他协会注册满 7 年，15 岁至 18 岁选手需注册满 5 年，15 岁以下选手注册满 3 年，可代表其他协会参赛。国际乒联的决议是针对中国而定。

1994 年广岛亚运会，小山智丽以 3 比 2 战胜了邓亚萍，中国球迷哗然，小山智丽不是别人，正是 1987 年获得世界冠军的中国球手何智丽。回顾 1987 年 39 届世乒赛，何智丽在半决赛中，未按组织安排让球给管建华。当时，大家认为管建华对何英子更有把握。何智丽顶住不让，战胜了措手不及的管建华。之后决赛何智丽战胜了何英子，这严重侵害了乒乓球队的组织原则。后来，何智丽失去了 1988 年汉城奥运的参赛资格。何随即嫁到日本，后获得了代表日本参赛的资格。1990 年另一位重量级的球员出走。1988 年奥运金牌得主陈静，宣布退役，辗转来到台湾，代表中国台北出战了广岛亚运会和 1995 年天津世乒赛，在 1996 年亚特兰大奥运会站在决赛场中，仅不敌邓亚萍获得亚军。

后来，陆续有无法进入中国国家队的运动员出走，但主要还是集中在乒乓球项目。其他项目则出现了退役运动员出国执教的潮流，羽毛球的韩健、杨阳、李矛，排球的郎平，跳水的童辉。1992 年韩健、杨阳率领马来西亚队将中国男子羽毛球队打入深渊，夺取了汤姆斯杯，在此战之后而中国羽球正开始了长达 10 年的痛苦挣扎。

著名排球球星郎平后来执教美国队时特别小心，她说："早在 2000 年奥运会前后，美国排协就正式邀请过我，我没有考虑就一口回绝了。主要是机会不成熟，因为当时中国队还是希望我能任教的，我如果去了美国队，大家感情上不能接受。2004 年中国从世界杯到奥运会，中国女排的强大让我消除后顾之忧，才开始执教美国队。"尽管郎平小心翼翼，但仍需承受巨大的压力，直到北京奥运之前，还有国人对郎平口诛笔伐。

时光荏苒，乒乓球已经成为海外兵团"重灾区"。甚至出现一届世界杯女单 16 强有 13 个华人面孔的惊人场面，人们大呼乒乓球的世界大赛都快成为中国人的超级联赛了。其实，"海外兵团现象"对乒乓球运动发展是否有利的争论从来没有平息。如果不是一个叫江鹏飞的年轻人，土耳其这样一个很少关心乒乓球运动的国度，不可能派团参加第 48 届世界乒乓球锦标赛；如果没有一位名叫李姣的山东大姐的影响，荷兰不可能有一大批青少年乒乓球员水平的神速提高；人口只有 1000 万的比利时，现在有近万名青少年喜欢乒乓球运动，这一惊人数字也与中国的教练员、运动员的努力密不可分。

（改编自：唐元鹏，《1994 年足球职业化》，南方都市报，2008 年 12 月 17 日。）

案例二　李娜夺冠：让"单飞"再多一些

中国运动员李娜在法网女单公开赛中力压群芳夺冠，激发了国人对网球的空前热情。李娜此前表示，自己的成长离不开青少年时期举国体制的培养，网管中心主任孙晋芳对此表示认同，并认为中国运动员大多在传统的举国体制下成长，但当他们成长到一定阶段，翅膀长硬了的时候，应该放心让他们单飞。

在李娜身上，早期培养是有效果的，国家花钱，提供训练条件，对她奠定基础起了很大作用。更重要的是，改革释放出了空间，放飞了运动员，因此才有了以李娜为首的网球金花今日的绽放。然而，李娜只是个案，而且除丁俊晖之外，迄今所有中国运动员的成功与国家培养都有不同程度的关联。国人关心李娜夺冠，关键不在于一个含金量很高的冠军，而在于其夺冠的可复制性，网球职业化改革对其他领域的可复制性。

诚如艺龙旅行网CEO崔广福所言，“李娜赢得法网冠军，这个冠军有意义，它没有花纳税人的钱！”李娜夺冠之后，首先感谢了赞助商，因为没有赞助商，就没有她的团队、训练和比赛，没有最后成功。“单飞”的真正价值是运动员“断奶”之彻底。“单飞”之后，运动员为自己负责，自己寻找教练，自己决定策略，不用国家养，也不需要国家干预。李娜夺冠告诉国人，中国运动员有这样的能力。

中国男足也经历了大刀阔斧的改革，但方向和路径不是像女网那样完全走向市场，改革得不彻底，使得它仍躲在行政的怀抱里，甚至靠垄断赚取利益。其结果是黑幕重重，足球水平江河日下，“伪职业化”断送了足球的健康发展。

李娜夺冠及其背后的改革成功，带来了一股清新的空气。今天我们期待的是让更多的领域和行业“单飞”，让更多的国民“单飞”。

（改编自：顾骏，《李娜夺冠：让彻底的“单飞”再多一些》，东方早报，2011年6月7日。）

思考问题：

1. 足球训练管理体制改革的方向正确吗？为什么足球运动的成绩一直提不上来？请从训练管理体制的角度分析。

2. 你如何看待中国的“海外兵团”？请从“海外兵团”的出现分析如何完善运动训练管理体制？

3. 根据案例二分析，李娜“单飞”成功所带来的启示。

第三节　运动训练项目管理

一、运动训练项目管理概述

运动项目规定了活动内容、活动方式、竞赛规则、训练方法等基本要素，每一个运动项目都是具有自身规律的独特体系，基于运动项目规律与管理原理，运动项目的管理应该自成系统。

（一）运动项目管理的发展历程

我国运动项目的管理经历了一段漫长的发展过程[①]：第一，国家体委综合管理时期，成立国家体委后设立了运动竞赛司和群众体育指导司，综合管理所有运动项目；第二，1956 年，国家体委增加运动技术委员会，协调运动项目的发展和管理；第三，1958 年，国家体委增设陆上运动司、航海运动司、航空运动司，分门别类管理相应的运动项目；第四，文化大革命结束后，国家体委设立竞赛司、群体司、训练局、军事体育局管理运动项目；第五，1980 年，国家体委将内部机构调整为运动司、球类司、群众体育司、军体司，后又调整为一、二、三、四司，分别管理各类运动项目；第六，1988 年，增设训练竞赛五司和训练竞赛综合司；第七，1994 年，国家体委开始组建运动项目管理中心（国家体委直属事业单位），将部分运动项目转移到项目管理中心；第八，1998 年，国家体委更名为国家体育总局，运动项目全部转移到相关的项目中心管理，国家体育总局设立竞技体育司负责运动项目的宏观管理。

（二）运动项目管理的内容

运动项目管理的内容主要包括项目立项管理、项目布局管理和项目组织管理。

项目立项审批和管理工作由国家体育总局负责。国家体育总局于 2006 年颁布《运动项目立项管理办法》，2007 年 1 月下发《体育运动项目立项管理办法》，这一系列的文件规范了我国运动项目的立项管理。

运动项目布局管理分为横向布局与纵向布局的管理，横向布局是指运动项目在不同地区之间的布局，纵向布局是指从初级训练形式到高级训练形式的布局。横向布局需要发挥地方优势，形成地方之间的良性竞争，调动各方的积极性；纵向布局强调建立初级、中级到高级的一条龙训练体系，初级打下基础，中级承上启下，高级创造优异成绩。

运动项目组织管理的机构主要包括运动项目管理中心、运动项目协会、

---

① 李振国．国家体育总局运动项目管理体制改革回顾 [J]. 体育文化导刊 .2008，4：3~7.

俱乐部、训练基地等。管理中心既是国家体育总局的直属事业单位又是项目协会的常设机构，承担了双重角色；实际上，项目协会并没有真正承担起项目管理的职责，而是由管理中心的业务处室管理运动项目；俱乐部、训练基地分工负责运动项目的训练工作，俱乐部主要采用“董事长—总经理—职能部门”的管理形式，训练基地主要采用“主管部门—基地负责人—职能部门”的管理形式。

我国运动项目管理存在体育运动项目立项管理过于单一，主要由国家体育总局负责管理；体育运动管理仍然存在“管办不分”问题，协会实体化进程缓慢；运动项目管理路径不畅、效率不高和体育运动项目协会独立自主权限尚不充分；市场化程度有待进一步加强，俱乐部的利益得不到维护，话语权不足。[①]

二、案例精选

案例一　牙买加田径运动之崛起

中国国家体育场“鸟巢”在北京奥运会期间上演了精彩纷呈的视觉盛宴。田径比赛一直以来都是奥运会里的金牌大户，国际体育界早就有“得田径者得天下”的说法。正所谓有人欢喜有人忧，“鸟巢”的田径赛场上每天都上演了一幕幕悲喜大戏。看看美国选手的失望眼神，听听牙买加人的振臂高呼，再感受一下强悍的“黑色旋风”，国际田坛的格局因为本次奥运会发生了巨大的变化。

在北京奥运会上，牙买加的短跑一鸣惊人，连创新的世界纪录，牙买加全国欢欣鼓舞。博尔特为代表的牙买加运动员的优异表现，令北京奥运会观众惊呼，令全世界刮目相看。飞人博尔特，将人类速度的极限改写，男子100米、200米和4×100米接力3项世界纪录全部被刻上“牙买加创造”的标签，其中，男子200米和4×100米接力的世界纪录均已十几年无人

① 黄美好.我国运动项目管理体制改革走向的探讨[J].首都体育学院学报.2009，21(5):525~527.

撼动。世界男子短跑水平从此开始提速。

四年前，牙买加选手在雅典奥运会田径场上共获得 2 金 1 银 2 铜。在北京奥运会田径比赛上，牙买加选手收获了 6 金 3 银 2 铜，全部是在短跑项目上夺得。在男子百米“飞人”大战中，博尔特以 9 秒 69 第一个冲过终点线。男子 100 米首次跑进 9 秒 70。200 米决赛，在每秒 0.9 米逆风的不利条件下，博尔特跑出了 19 秒 30 的极高水平，刷新了已经“冻结”了整整 12 年的世界纪录。男子 200 米的原世界纪录为 19 秒 32，是美国著名选手迈克尔 . 约翰逊 1996 年在亚特兰大奥运会上创造的，之后很少有人能够接近此纪录。

多年来，在男子短道项目中，美国一直处于绝对垄断地位。但是伴随着博尔特迅速崛起，再加上鲍威尔等人辅佐，牙买加人终于完成了对美国垄断地位的颠覆，而且颠覆是如此彻底，不仅是在个体上完全征服了对手，在代表国家整体短跑水平的 4 × 100 米项目上，更是实现了全面超越。在北京奥运会男子 4 × 100 米接力决赛中，牙买加队的表现无可挑剔。37 秒 10，沉睡了 15 年的世界纪录就此被打破。由博尔特和鲍威尔领衔的牙买加 4 × 100 米接力队，成为了当之无愧的“史上最伟大的接力队”。

女子方面，牙买加队在 100 米短跑赛中囊括前三名，成为奥运史上继前苏联之后第二个在女子田径单项中包揽全部奖牌的国家。在女子 200 米决赛中，雅典奥运会冠军、牙买加名将韦罗妮卡 · 坎贝尔 · 布朗技压群芳，以 21 秒 74 成功卫冕，并创造个人最好成绩。在女子 400 米栏的决赛中，牙买加选手梅兰 · 沃克以 52 秒 64 夺得金牌，这个成绩也创造了新的奥运会纪录。

到底是什么让牙买加人拥有如此超常的“速度”。第一，天生特殊肌肉纤维，牙买加人的肌肉类型赋予了他们在田径运动上的过人能力。第二，后天训练注重随意流畅。在牙买加，从孩子开始每个人就喜欢运动，他们喜欢剧烈的奔跑，并且将之视为一种乐趣。有了这个前提，专业的田径教练在训练风格方面不遵循成规，他们不会要求运动员在跑步时摆臂的角度、幅度，而是更看重动作的协调放松，把加速、途中、冲刺看做一个流畅自然的整体过程，这种训练方式进一步开发了运动员的潜能。第三，牙买加对于本国体育传统和人才成长制订了“惜才”政策，健将能享受的待遇很高。

凡是留在牙买加受训的运动健将，都能得到和移民到欧美国家的运动员一样的丰厚待遇。政府保证他们得到上大学的奖学金和到欧美国家交流的机会。这样政策持续30年，世界的短跑终于进入了“牙买加时代”。第四，成功传统加体系。短跑在加勒比地区有着丰富的群众基础，牙买加尤其如此，强大的群众基础，是他们称霸田坛的保证。5岁的孩子就开始参加全国比赛，只要有块像样的空地，就有年轻人安排短跑比赛。据统计，如今牙买加每年大约有260个田径队、8万多人参加近20个各种级别的比赛。用牙买加田联主席阿里斯的话来概括就是：“我们有优秀教练，也有天才运动员，从小打基础，吃什么，如何训练，如何去跑都有一套完整的体系，不出成绩才是怪事。”

（改编自：《牙买加田径运动崛起 博尔特三破世界纪录》，网易体育，http://2008.163.com/08/0824/19/4K4TKNAA 007425TV.html，2008年8月24日。）

思考问题：

1. 思考为什么牙买加短跑能够取得如此优异的成绩？
2. 上述案例对我国运动训练项目管理有什么启示？

案例二　中国乒乓球何以长盛不衰？

过硬的思想素质

有人说：中国乒乓球队代表的不只是一支运动队，还代表着中华民族的精神。大到一个团队，小到一名运动员、教练、陪练、科研人员、普通的工作人员，都焕发着团结、拼搏、刻苦、向上的精神。

1959年4月5日，在德国的多特蒙德，容国团高高地举起了象征乒乓球男子单打最高荣誉的圣·勃莱德杯，这也意味着中国没有世界冠军历史的结束。1958年从香港回到祖国不久的容国团在广州体校声轻语重地说：“三年之内，我要拿世界冠军！”此语一出，反应强烈。后来，他解释说：“我之所以公开表态，就是要堵死退路！”可见他非凡的气概。在第28届世界乒乓球锦标赛上，郑敏之在自己的手腕上贴着“勇敢镇定果断，顽强到底”十个字，激励自己为国争光，正是这种高度的责任感和崇高的荣誉感，使她和队友赢得了中国有史以来的第一个女子团体世界冠军。

而邓亚萍的自信与坚定，使她获得一次又一次的胜利，为中国乒乓球事业做出了巨大的贡献。曾荣获多项世界冠军的孔令辉在1988年刚进国家青年队时，在日记中写到："我的理想就是打世界冠军，打奥运会冠军。虽然自己有理想，但如果没有实际行动，那也是空想。所以，要从各个方面磨炼自己，加倍地去努力，争取早日实现自己的梦想。"马琳虽然经历了2000年奥运会落选的阵痛，但他并没有气馁，而是全力以赴地帮助奥运会选手训练，在把队友送上征途之后，一个人又默默地走进了球馆，一如既往地训练，这种敬业精神让人感动。

中国乒乓球队真正做到了思想和技战术素养兼修的育人方法，培养了一批又一批修养好、素质高、技战术优秀、理想远大的运动员。思想素质过硬无疑是中国乒乓球队常胜的前提。

不断创新的技战术

"创造才有生命力"。中国乒乓球队的创新意识和创新实践在国际乒坛处于领先的地位。据统计显示，中国乒乓球队在世界乒乓球3大赛中夺得125.5个冠军，在3次世界乒乓球锦标赛和两次奥运会中赢得"大满贯"。

近一个世纪以来，世界乒乓球技术、器材创新最突出的有46项，由中国原创的有27项，占创新总数的58.7%[①]。这些技术打法的创新，被业内人士称为"绝招"，是中国队克敌制胜的法宝。

在器材上的创新方面，张燮林首先提出并使用了长胶胶皮；在训练方法上的创新方面，20世纪60年代，中国乒乓球队的教练创造性使用多球训练法；在大赛组织编排上的创新方面程嘉炎首创的中国卡片自助式抽签方法，这种抽签方法得到国际乒乓球联合会技术委员会的认可和认定，并在很多大赛中使用；红双喜乒乓器材研究所研制开发的一系列器材如球、胶皮、球拍和球台在很多国际大赛中被采用等[②]。

在乒乓球事业的发展中出现了许多的创新，正是这些创新推动着中国乒乓球事业的发展。

① 袁伟民，李志坚.序[A].见：国家体育总局《乒乓长盛考》研究课题组.星光灿烂40年——乒乓文萃选[C].北京：人民体育出版社，2002:1~2.

② 王大中，蔡猛.乒乓球文化·技术与传播[M].北京：北京广播学院出版社，2004:33~39.

权威内行的领导核心

对于一支球队来说，领队和教练员的决策直接影响着球队成长。当年，中国乒乓球队在贺龙元帅以及体委荣高棠、李梦华、陈先等领导的关怀下，打下了良好的基础。之后，徐寅生、李富荣、张燮林等世界冠军又先后走上了行政领导岗位，乒乓球界形成了权威、内行、稳定的领导核心。

权威内行的领导核心有着过硬的业务素养，洞悉竞技制胜规律，把握中国乒乓球的发展方向。在北京参加备战第 26 届世界乒乓球锦标赛集训的专家们经过反复讨论，初步把“快、准、狠、变”确立为中国的主流打法——近台快攻的指导思想和发展方向。20 世纪 70 年代初，欧洲队重新崛起，他们把旋转的弧圈球进攻技术和中国的快攻结合起来，给中国选手造成很大的威胁。面对挑战，徐寅生等人提出在原有的“快、准、狠、变”的技术风格基础上，增加一个“转”，以丰富原有的传统打法[①]。及时提高和丰富弧圈球技术，使中国乒乓球队的路越走越宽，在第 36 届世界锦标赛上，中国队首次囊括了全部金牌。由于有一个稳定的有经验、有胆略、有权威的领导核心，这在相当大的程度上促进了中国乒乓球事业健康快速发展。

“举国体制”的保障

“举国体制”不断优化调整，适应经济社会的发展，为乒乓球提供了良好社会大环境，是其发展的根本保障。

在 20 世纪 50 年代初，原国家体委成立，我国竞技体育就被全面纳入一体化的管理体制之中，在国内外各种大型竞技比赛时，统一抽选全国有体育特长的优秀学生、职工等组成省市和国家代表队参加比赛。到 1956 年又形成了以省市体育工作大队（体工队）为基本形式的优秀运动员集训制度。

为参加在北京举行的 26 届世界乒乓球锦标赛，贺龙元帅亲自指挥，大规模全国集训。1961 年 4 月 4 日在北京举行的第 26 届世界乒乓球锦标赛上，中国队获得男子团体冠军，女子团体亚军，庄则栋、邱钟惠分获

① 国家体育总局《乒乓长盛考》研究课题组．星光为何这般灿烂——为中国乒乓球队成立五十周年而作 [N]. 中国体育报，2002-07-10.

男女单打冠军。1989 年原国家体委又提出“突出重点，向奥运靠拢”的指导方针，重新整合了职能机构，更加集中力量去发展和培养优秀运动员、教练员。40 多年来，我国逐步形成了以青少年学生为对象，以发现、培养和运动训练人才为主要目的，以国家和省市优秀运动队为一线和以少体校为中心环节的纵向层层衔接的初级、中级、高级的“三级训练网”的管理体制[①]。

《全民健身计划纲要》工程的实施，有力地促进了群众性乒乓球运动的开展。据统计，目前我国经常打乒乓球的人约 1 000 万，在我国不同年龄体育人口主要活动项目及其参与率的调查中显示，青年（16 ~ 30 岁）和壮年（31 ~ 45 岁）的参与率分别是 11.21%、9.50%，在众多项目中分别列第 4 和第 3 位，在总体排序中列第 4 位，参与率为 7.74%[②]。群众性的活动组织形式多样，如各种乒乓球协会、球迷协会、俱乐部和单位工会组织的“乒乓球之家”等，他们的活动时间安排也相对灵活，满足了更多乒乓球爱好者的需要，促进了乒乓球在民间的开展。

计划经济体制向市场经济体制转型后，中国乒乓球队与时俱进，推出双轨制的赛制。双轨制，就是运动员有双重身份进行注册，既代表省市参加全运会和全国锦标赛，又代表企业的俱乐部参加俱乐部联赛和其他商业性质的比赛。新赛制的操作对企业、省市队和乒乓球运动的直接参与者三方的益处都不言而喻。乒乓球俱乐部联赛和其他商业性质的比赛开拓了乒乓球市场，给乒乓球运动注入了新的活力，改变了乒乓球训练和比赛的模式。从 1995 年俱乐部联赛开始到现在，双轨制有力地推动了中国乒乓球事业的发展。

科研部门则直接参与到乒乓球队运动训练和比赛中。如在第 26 届奥运会之前，有针对性地训练和比赛，准备工作做得相当充分，共观察并分析对手战术应用 280 局，完成主要对手书面报告 67 份，诊断、评估中国队主力队员战术应用 800 场，完成主力队员书面分析报告 200 份，建立欧、

① 刘凤岩，张晓蓬 . 对中国乒乓球运动可持续发展的对策研究 [J]. 体育科学，2003, 23(1):48~52.

② 张发强 . 中国社会体育现状调查结果报告 [A]. 见 : 熊茂湘 . 体育环境导论 [M]. 北京 : 北京体育大学出版社，2003:158.

亚主要对手技术档案 58 份，分析中国主力队员比赛前 5 板技战术应用 20 场[①]。通过以上工作，运动员对所有对手的技战术特点都有了充分地了解，真正做到了“知己知彼”，为夺取锦标做出了应有的贡献。中国队还得到了新闻单位器材厂商、训练基地和各地球迷协会的大力支持。

国家领导的关心

中国乒乓球运动的崛起和长盛不衰，一直以来与党中央领导的极大关怀和鼓励是分不开的。1965 年毛泽东主席对徐寅生《关于如何打乒乓球》的批示，周恩来、贺龙、邓小平、江泽民等领导人对中国乒乓球队的接见和讲话，激励着一代又一代乒乓健儿，成为他们成长进步的精神力量。1971 年，毛泽东邀请美国乒乓球队访华，开创了“乒乓外交”。周恩来总理也经常嘱咐乒乓健儿：“胜而不骄，败而不馁，埋头苦练，生生不已。在全世界放异彩！”“好好练习，好好保养，不要紧张，为国争光。不仅要比赛，还要学习，把别人的长处统统吸收过来。”当时直接负责国家体委工作的贺龙同志对中国乒乓队的工作更是关怀备至。

邓小平、江泽民同志也经常接见乒乓健儿，对中国乒乓球队的卓越贡献给予肯定和鼓励。国家领导人的关心和鼓励让教练员和运动员倍感任重道远，激励了他们齐心协力，夺取锦标的决心。任何一支长期发展良好的运动队的成功，都离不开诸多因素的共同协调。中国乒乓球在国际乒坛长盛不衰的发展也不例外，除了社会上各行各业的支持，他们更注重自身竞技实力的培养，发扬队伍的优良传统，开拓新的技战术打法，竞技水平始终走在国际乒坛的前列。

（改编自：韩方廷、谭明义，《中国乒乓球长盛不衰的缘由》，体育学刊，2005 年 12 期。）

思考问题：

1. 我国乒乓球运动长盛不衰的原因何在？
2. 乒乓球项目的管理对我国其他运动训练项目管理有什么启示？

① 杨树安，张晓蓬．对中国乒乓球队科学训练的思考 [J]. 体育科学，2000，20(2):30~33.

第四节 运动训练人员管理

一、运动训练人员管理概述

运动训练人员管理是人力资源管理在运动训练中的应用，运动训练人员管理要遵循运动训练的规律和人力资源管理的规律。运动训练人员管理的主要对象是教练员与运动员，两者也是运动训练最为核心的人员。

（一）教练员管理

教练员是运动训练的组织者与管理者，是体育竞赛的指挥者，对运动训练和运动竞赛的水平高低有直接的影响。教练员管理分为规划、招录、培训、绩效四个环节。教练员规划是指对教练员的专长、能力、年龄、职称结构的发展计划，规划的依据是运动训练的项目设置、原有的教练员结构、运动队未来发展的需要等。教练员招录，根据教练员规划，选聘符合运动训练需要的教练员。教练员培训是为了满足运动训练的需求，对教练员的知识与能力进行提升的过程。教练员绩效管理是为了提高工作效率，运用考核工具对教练员的绩效进行考评，激励教练员提高训练水平，提高运动员、运动队的竞技能力与运动成绩。

（二）运动员管理

运动员是运动训练的核心人力资源，其管理过程包括：选材、训练、学习、竞赛和转移。选材要选择有潜力、有能力的运动员，训练强调提升竞技能力，学习要力争促进体育与教育的结合，竞赛以取得优异成绩为主要目标，转移强调做好运动员的退役再就业工作。

新中国成立 60 多年来，我国培养了一大批优秀的教练员与运动员，但是发展到今天，教练员、运动员管理仍然存在许多问题：教练员管理体制不健全，部分教练员素质水平较低，难以满足运动训练快速发展的需求；保障体系不健全，运动员文化素质水平较低，人才流动机制不顺畅，退役就业难等。这些问题成为了我国教练员、运动员管理上的桎梏，制约了运动训练的可持续发展。

二、案例精选

案例一 周洋获奖感言引深思

“生活也可以过得更好一点儿，可以让我的妈妈生活得更好”——这是周洋冬奥会夺金之后的感言。没提“为国争光”，没说“感谢领导”，就让人唏嘘不已，于是这句话被称为“最牛感言”……

周洋夺冠的兴奋在意料之中，可其在夺冠后希望“让父母生活好点”的感言，却让人在兴奋之余居然多了一丝忧伤。这种渴望与我国不够健全的运动员保障体系所产生的碰撞，是周洋夺冠给中国体育带来的警示。

从夺冠后各方的反应来看，周洋改变父母生活的想法很快就会变成现实。可在残酷的竞技体育中，胜利者毕竟是少数。更多的运动员只能将这种愿望寄托在并不明朗的个人突破上。从事竞技体育竟然成了赌博，而赌注就是令人可怕的职业生涯和前途命运。这也反映了中国运动员的尴尬处境。

如果我国的运动员保障体系足够健全，每一名运动员不管是否夺冠，都能够享受到充分的保障，运动员又何必在夺冠后满眼泪水发自肺腑地表白？客观地讲，随着体育激励机制的不断健全，对于运动员的奖励额度也在不断增加。奥运会冠军动辄几百万奖金已经不再是新闻。但这种进步仅仅是改变我国运动员保障体系的一小步。近年，一些世界冠军沦落到搓澡工之类的新闻频见报端。人们在感叹运动员发展渠道狭窄的同时，也对当下不够健全的运动员保障体系提出异议。这种“用人往前，不用人靠边”的类似过河拆桥的运动员培养体系，只能让运动员将更多的希望寄托在创造奇迹上。不改变这种做法，不但不利于运动员的成长和发展，更将有损国家体育大计。

上到国家，下到省、市、县的相关体育管理部门应该从周洋激动的表白中有所感悟，认识到做好运动员的后勤保障工作同样是运动员为国争光的组成部分。让运动员完全没有后顾之忧，全身心地投入比赛是体育管理部门的职责。而这种后勤保障要求建立一整套完善的薪酬、养老、医疗以及退役安置体系。只有让运动员不再为父母和自己的未来担忧，才能保证运动员不分神。否则，再多的夺冠奖励，非但不能激励运动员更好地钻研业务，反倒容易造成一种投机的误导，其结果只能让中国体育始终活在个人逐利的需求中。

（改编自：《周洋获奖感言引深思 应健全运动员保障体系》，腾讯网，http://shehui.daqi.com/article/2824639_4.html.2010 年 2 月 4 日。）

思考问题：

1. 你如何评价周洋的获奖感言？

2. 你认为运动员的保障体系应在哪些方面加强？

3. 根据你所掌握的人力资源管理的相关知识，请你设计我国运动员保障体系。

案例二　制度缺失致运动员健康权益难保障

2010 年的春节，大年初一，中国足坛传出噩耗，前中国国奥队主力后腰、现大连实德队球员张亚林因癌症去世，年仅 29 岁。而仅隔一天，25 岁的八一女篮队员王凡因肺梗死也黯然辞世，她不仅是八一女篮主力，也是中国男篮球员莫科的妻子，这一天距他们结婚仅 5 个月。

两位年轻运动员的英年早逝，为运动员的身体健康状况敲响了警钟，有网友指责，运动员所属俱乐部对运动员体检不力导致悲剧发生。

俱乐部很少为运动员定期体检

据报道，张亚林患淋巴癌直到 2008 年才被发现，当时已经错过最佳治疗时机。不少网友表示这于理不通，如果按照球员每年体检的流程严格认真执行，或许悲剧可以避免。

中国政法大学体育法研究中心副主任马宏俊在接受记者采访时表示，体检是预防疾病的一个重要举措，但两者之间没有必然联系，因病死亡的并非只有运动员，在其他行业也同样存在。“网友的心情可以理解，但运动员的意外死亡是否与俱乐部没有为其安排定期体检之间有必然关系，仍需要清醒地判断。”北京市律协文化娱乐与体育法律专业委员会主任孙晓洋说，但无论运动员意外死亡的结果与其所在的俱乐部等机构没有为其安排定期体检之间是否具有因果关系，近期内接连发生的运动员意外死亡这一现象，都应当引起全社会对运动员权益保障问题的高度重视。

人们对于运动员体检制度的质疑，曾经因去年9月6日沈阳东进男篮中锋武强的去世而掀起高潮。业内人士透露，国家体育总局篮球运动管理中心对球员的定期体检有明文规定，但一些俱乐部，尤其是低级别联赛的俱乐部并不真正重视。目前，为运动员安排定期体检的俱乐部只占少数。

不仅是定期体检，即使是运动员注册时的体检，其执行情况也不容乐观，武强的去世就暴露出这一问题。武强死于“马凡氏综合征”，有这种遗传性疾病的患者只要稍微运动或情绪激动，就会导致主动脉破裂，造成大量出血甚至死亡。“马凡氏综合征”是运动员的天敌，但武强这个“马凡氏综合征”患者竟然当了10年的篮球运动员。

据知情者透露，尽管中国篮协要求在运动员注册时对其体检结果备案，但规范较为笼统，大多数CBA和NBL俱乐部也都将体检当成了走过场。“俱乐部不给运动员做体检或者体检走过场，是一种短视行为，忽视运动员的健康甚至生命，失去的可能是更大的利益，还有可能导致最终经营不下去而出局。”马宏俊说。他用“先天不足”来形容当前体育界存在的问题。以前在计划经济体制下，中国体育的政治化、行政化特点非常鲜明，当时很多业内规则及意识尚未形成就匆忙走向了市场，包括对于运动员的保护还没有形成良性规则及意识。体育投资者的利益追求淹没了对人本身保护的重视，需要现在花大力气进行弥补。

运动员相关体检制度亟待完善

2008年年初，国家男子足球队球员翟彦鹏被查出患有陈旧性脑梗死，已经无法再进行剧烈运动，他的职业生涯也就此断送。据透露，这种病如果提早做检查，是比较容易发现的。因为运动强度大，运动员猝死的概率远远高于正常人。作为高危人群，运动员不仅应当按规定进行体检，而且身体检查还应该更加细致专业。

“即使是俱乐部定期为运动员体检，体检项目的设立仍然需明确，因为有很多疾病一般体检是查不出来的。哪些项目是运动员都必须查的，不同的运动项目所查的项目是否应当有所区别，仍然需要医生根据项目特点来确定。”马宏俊说。

然而，目前连最基本的定期体检都缺少相关的法律规定。孙晓洋告诉记者，有关劳动和社会保障法律法规并未明确规定用人单位必须为劳动者安排定期体检，劳动法中只规定用人单位应当对未成年工定期进行健康检查。而部门出台的定期体检规定效力又太低，不具有强制性，这也是导致俱乐部不为运动员定期体检的一个原因。

有人将定期体检的希望寄托于体育保险，希望随着体育保险开发出越来越多的险种，保险公司出于降低风险的需求，能够主动为运动员进行定期、全面的体检。

“然而我国体育保险事业也亟须完善，目前有关运动员的保险普遍存在品种少、额度低、很多病种不在投保之列或者只保一定程度的病等问题。”马宏俊说，曾有人以桑兰在美国受伤一事为例来说明桑兰的幸运，因为如果桑兰是在中国受伤，不仅后续的康复费用难以保障，连治疗费用恐怕都会存在问题。对此，孙晓洋指出，有关行业协会应当提高、改进俱乐部的准入条件，加强对运动员权益的保障。此外，行业协会也可以考虑利用行业优势和力量，为运动员办理具有行业特点的相关保险，以此解除运动员的后顾之忧。

运动员应享受社会保险权益

运动员伤病的保障和预防同等重要，这两者涉及他们最基本的健康权益。2007年，浙江籍体操小将王燕在争夺奥运会“入场券”的比赛中受重伤一事曾引起社会高度关注。不幸之中，王燕似乎又有些幸运，因为她有三项保险，一项是浙江省为运动员投保的工伤保险，一项是中华全国体育基金会的伤残互助保险，还有一项就是临时性意外伤害商业险。

对运动员来说，属于社会保险的工伤保险是其中最稳定的一种保障。但据了解，目前大多数运动员享受的都是商业保险，能够享受工伤保险、医疗保险等社会保险的运动员并不多。

对于这一问题，孙晓洋指出：“首先应当明确的一点是，劳动法、劳动合同法等法律法规的适用主体并未排除运动员和其所在的俱乐部等机构，即运动员和其所在的俱乐部等机构之间的关系可以劳动法律关系进行调整。”这意味着根据法律要求，用人单位必须为劳动者参加社会保险。

“各级体育行政主管部门应切实加强对俱乐部等机构遵守劳动和社会保障法律、法规情况的监督和管理，切实保障运动员的相关权益。”孙晓洋呼吁。

马宏俊担心的，还有运动员的权利救济问题。因为在目前的情况下，一旦运动员主张自己的权利，就有可能会因此丢掉饭碗甚至断送运动生涯。在国外，运动员能够通过工会组织维权。他希望，在制度建设中能使中国的工会组织真正发挥作用，成为运动员的代言人，成为解决矛盾的一种渠道。孙晓洋则希望劳动监察部门加大对这一行业的监察力度，使相关法律法规落到实处，切实维护运动员的劳动权益。

“俱乐部应当认识到，只有树立以人为本的意识，关注运动员的健康状况，尊重他们的各项权益，才能实现俱乐部与运动员利益的双赢。”马宏俊说，只有这样，我国的体育事业才能得到更好地发展。

（改编自：刘姝宏，《制度缺失致运动员健康权益难保障》，法制晚报，http://news.sina.com.cn/o/2010-02-26/073017132298s.shtml2010 年 2 月 26 日。）

思考问题：

1. 运动员健康权益难保障的主要原因是什么？
2. 要使运动员的健康权益得到保障应主要从哪些方面入手？

案例三　刘翔的真正财富是体育精神

北京奥运赛场上刘翔的退赛，教练流泪，刘翔道歉，民众哗然。来自各大网络论坛的议论很多，大约分成两种，一种是责骂，一种是理解。刘翔退赛引起这么大反响的原因，在于金牌至上的观念仍然根深蒂固。

各个运动队和运动员都需要用金牌来证明自己。而没有拿到金牌的运动员，则会无奈地感到“愧对祖国”。这种思维和情绪，长期形成一种思维方式，也蔓延在群众中。在这种氛围下，民众习惯性地对金牌抱太大的期望。从一个侧面也说明，体育还不属于普通民众的生活。金牌的重要，已经掩盖了体育的本质。

可喜的是，北京奥运会我们已经赋予体育更丰富的内涵，更多的媒体报道了年过六旬的参赛者，或者他仅仅是为了参与，但这是进步。而刘翔此次退赛也被更多的人所理解。

尽管如此，刘翔仍然需要更多的勇气来面对这次退赛。中国的体育管理体制决定了运动员以取得金牌为目的，但其实，运动员本身承载的体育精神，才是他们为大众创造的财富。

来看看本届奥运会的主火炬手李宁。李宁在20年前汉城奥运会失利，回国后成为受到众人谴责的“罪人”。之后，李宁选择了退役，默默地投入到创业中。2004年，李宁公司在香港上市，此外他还创办了运动员基金会，以帮助退役运动员融入社会。李宁让人们看到了一位真正的冠军的选择：勇敢面对挫折、踏踏实实工作、在力所能及的范围继续发挥体育精神。离开赛场20年后，2008年8月8日，李宁又登上了奥运会场，让人看到一位真正冠军的人生历练与荣光。

没有运动员没有经历过伤病的折磨，在挫折面前，他们需要展现出自己血肉之躯的力量，这种力量叫做体育精神。这种精神能够战胜挫折，能够坚忍不拔，能够勇敢面对自己的选择，并且向未来发起一次次挑战。刘翔的跨栏运动，就是不断跨越阻碍、突破自我的过程。不管是刘翔，还是其他运动员，都在努力发挥自己在体育中所汲取的力量，也许奖杯一段时间不在他们手中，但是夺冠的精神和灵魂会在他们心中飘扬。他们用自己的实际行动，把体育精神传递给民众。

也许运动员无法改变制度的问题，但是，运动员有着真正的体育精神，这种精神可以消除种种障碍，支持他们面对一切挑战，并且让更多人感受到体育的真正乐趣。

（改编自：戴雅馨，《刘翔的真正财富是体育精神》，视界网，http://www.cbg.cn/zhuanti/aoyun2008/2008-08/19/content_221468.htm2008年8月19日。）

思考问题：

1. 你如何看待刘翔的退赛？
2. 刘翔退赛为什么引起如此大的轰动？

参考文献：

[1] 张瑞林，秦椿林 . 体育管理学 [M]. 北京：高等教育出版社 .2008.6.

[2] 田麦久 . 运动训练学 [M]. 北京：人民体育出版社 .2009（6）：5.

[3] 孙汉超，黄明教 . 运动训练管理学 [M]. 北京：人民体育出版社 .1995.

[4] 李相如 . 中国体育传统项目学校发展现状与管理机制研究 [J]. 体育科学，2006（26）：17

[5] 王昆仑 . 对我国青少年业余训练的研究与思考 . 河北体育学院学报 [J].2007（3）:46

[6] 罗普磷 . 我国竞技体校的优势及其制约因素的研究 [J]. 西安体育学院学报 .2002（4）:4

[7] 杜秀华 . 我国运动队管理的体制和方法 [J]. 南京体育学院学报（自然科学版）.2004（4）：100.

[8] 李振国 . 国家体育总局运动项目管理体制改革回顾 [J]. 体育文化导刊 .2008（4）：3~7.

[9] 国家体育总局 . 体育运动项目立项管理办法 [Z].2007.1.

[10] 黄美好 . 我国运动项目管理体制改革走向的探讨 [J]. 首都体育学院学报 .2009，21（5）:525~527.

第四章

体育赛事管理

体育赛事是体育运动的精华所在，体育赛事管理也是体育管理中最为重要的部分之一，它是衔接运动训练与体育赛事、群众体育与竞技体育的重要环节，做好体育赛事管理对促进我国体育事业的健康发展具有重要意义。伴随着体育赛事的社会化、职业化、产业化，体育赛事管理也日趋综合化，体育赛事管理既要符合体育竞赛的规律又要符合项目管理的规律，既要满足竞赛观赏的需求又要满足体育产业运行的需求。

第一节 体育赛事管理概述

一、体育赛事管理的概况

（一）体育赛事的概念

“运动竞赛”侧重于赛场的竞技较量过程，反映竞赛层面的含义，没有把运动竞赛所涉及赛场之外的众多因素包括在内。随着运动竞赛规模不断扩大和竞赛数量的不断增长，运动竞赛已经不是单纯的竞技较量，而是逐渐发展成为社会政治、经济、文化、科学与技术等多种因素共同作用的具有综合性和复杂性的特殊社会活动。运动竞赛的目的也发生了很大变化，取得优异成绩、增强人民体质、丰富社会文化生活和促进体育运动项目的发展是运动竞赛最直接的目的，而获得商业利益、拉动经济快速增长成为举办运动竞赛的主要经济目的。

规模较大的运动竞赛往往是一项融合诸多要素的综合性竞技活动，包括组织机构设置、市场营销、人力资源管理、后勤保障、比赛实施等方面。体育赛事的概念随着运动竞赛的发展应运而生，体育赛事的外延涵盖运动竞赛，体育赛事是对以运动竞赛为核心的一系列活动的总称。传统意义上的运动竞赛侧重于赛场的竞技较量过程，而体育赛事是复杂的社会活动，它不仅涉及门票促销、运动员包装、媒体推广、赞助与广告策划、标志产品开发等众多活动，还包括运动竞赛的筹备、规划、实施、控制及收尾等各项活动①。总之，体育赛事的核心部分是运动竞赛；体育赛事是一种提供竞赛产品和相关服务产品的特殊事件；体育赛事不仅受竞赛规则的制约，还受到传统习俗、文化背景等多种因素的制约；体育赛事具有市场运作潜

① 秦椿林．体育项目管理[M]．北京：高等教育出版社，2005.12：101.

力，能够产生不同程度的社会效益、经济效益和综合效益；体育赛事能够达到多种目标。

（二）体育赛事管理的概念

体育赛事受到多方面因素的影响，体育赛事同时也影响这些相关因素。不同类型、不同级别的体育赛事所要达到的目标不同，要达到这些目标就必然要综合考虑相关要素，以监控和引导体育赛事带来的冲击影响，对各种资源进行合理的运用与分配，这就需要运用管理理论进行指导，使体育赛事得以高效、有序的运作。

体育赛事管理的根本目的在于创造精彩赛事，为赛事欣赏者提供物有所值的赛事产品及服务。为实现体育赛事组织的目标，赛事经营管理者需要运用一定的知识、技能、方法、手段以及策略和措施等实施管理工作。体育赛事的资源包括人、财、物、信息、技术等，这些资源是实现不同体育赛事组织目标的重要条件和保障。体育赛事管理者的重要任务在于通过有效的管理方式，整合这些资源，以发挥它们的最大作用，为实现体育赛事的目标服务。①

综上所述，体育赛事管理是指体育赛事的组织管理者采用一定管理手段与方式整合人、财、物、信息、技术等资源，以最大程度发挥资源的作用，实现体育赛事组织目标的特殊活动。

（三）体育赛事管理的机构与职责

体育赛事的综合管理部门为国家体育总局竞技体育司，其具体的职能是：拟定体育竞赛管理制度，指导、组织、协调国内体育赛事的举办工作，组织国际重大赛事的备战与参赛工作，承担有关体育赛事审批的工作。体育赛事的专门管理部门为国家体育总局相关运动项目管理中心，如足球运动管理中心、篮球运动管理中心等，其主要职责为：统筹管理该运动项目的全国竞赛活动，制订并实施相应运动项目的全国竞赛制度、计划、规则等，负责运动员、裁判员、教练员的注册与等级管理，组织该运动项目的国际参赛工作，承担在国内举办的该项目国际体育赛事的审批、指导与组

① 秦椿林．体育项目管理 [M]．北京：高等教育出版社，2005.12：102.

织工作。

从体育发达国家来看，体育赛事的专门管理部门应该是各运动项目协会，协会负责运动项目各类竞赛的管理工作，但是我国运动项目管理中心与运动项目协会“一个机构，两块牌子”，协会的职能被管理中心取而代之，不能发挥协会应有的作用，难以有效调动社会举办体育赛事的积极性。

二、案例精选

案例一 体育赛事管理是关键

2009 年 5 月 26 日，央视 IMG 赛事管理有限公司在北京成立，300 天后正式启动运营，中网成为央视 IMG 成立后运营的首个赛事。这家旨在成为具有世界影响力的体育营销与管理公司，是由中国中央电视台和全世界最大的体育营销和管理公司 IMG（国际管理集团）合资建立。

美国《华尔街日报》评价这是“一桩完美的国际联姻”，认为中国潜在的、巨大的体育产业市场，加之 IMG 的商业化运作经验，必然对中国体育产业的发展产生深远影响。就此，经济观察报记者专访了 IMG 董事长兼首席执行官特迪·福斯特曼。

IMG 为什么在中国市场选择了中央电视台作为自己的合作伙伴?

福斯特曼：CCTV 是中国唯一一个国家级电视台，体育赛事得到中央电视台的转播才能实现价值最大化。IMG 是全球最大的体育营销和管理公司，我们需要强强联合，这种结合具有战略意义。另外，IMG 还是全球最大的、独立的体育内容制作商和发行商。IMG 每年制作超过 18 000 个小时的体育节目，以前央视是 IMG 的重要客户，如把温布尔顿网球公开赛等体育赛事节目出售给中央电视台转播，以后在这方面我们还将加强合作，把 IMG 掌握的大量顶级体育赛事资源通过中央电视台这个平台奉献给中国观众将是我们成立合资公司的目的之一。

央视 IMG 成立后的业务重点是什么?

福斯特曼：在未来的合作业务中，我们将围绕各种优势资源，主要开展四方面的战略合作：第一，奢华游戏，主要是以高端人群为目标的马术、帆船赛事；第二，精英运动，以白领阶层为主力消费群的网球、高尔夫运动，比如中国网球公开赛，我们希望通过IMG国际化的体育营销和管理，借助中国最强势的体育媒体资源CCTV，把中网打造成与四大满贯齐名的世界顶尖网球赛事；第三，流行风尚，例如针对年轻大众的极限篮球、美式橄榄球等；第四，本土经典赛事，以WMA武术职业联赛为代表的中国传统赛事。利用IMG在国际市场上久经考验的赛事管理模式和营销推广经验对中国本土传统赛事进行国际标准化管理和推广，然后将它们推向国际市场也是我们的目标之一。我们希望通过引入IMG先进的国际化体育营销理念和管理模式，促进中国目前尚不完善的体育产业的发展。

在中国进行体育推广和国外有何区别？

福斯特曼：其实IMG早在30年前就已经进军中国市场了，曾帮助开创了中国足球甲A联赛，中国篮球CBA联赛等。我们在全世界范围内拥有、管理或者参与超过4500项体育赛事，也就是说差不多每天都有12项和IMG有关的体育赛事在举行。所以，我相信IMG完全能够适应中国市场。在体育赛事推广和管理方面，我认为有差异，但共同点更多，比如都需要大牌明星来提升比赛知名度和人气，这方面IMG拥有众多顶级体育明星，泰格·伍兹、费德勒、莎拉波娃、小罗纳尔多等；也需要本土明星使当地观众更有认同感；另外，体育娱乐化也是大势所趋，因为体育赛事需要赞助商，而赞助商需要关注度，娱乐显然是最好的实现形式，在这方面IMG是全球最大的娱乐公司。

经济观察报：你刚才讲到体育赛事呼唤大牌明星，中国的情况也的确是这样。但中国观众已经不再满足于“表面现象”，他们不仅渴望现场看到大牌明星，更希望他们能有好的表现。但显然，那些来到中国的大牌们还没有完全重视在中国举行的体育赛事。

福斯特曼：这可能需要时间吧！但一般来说，一项体育赛事能否取得成功，赛事管理水平是关键。在此，我不是特指中国哪些体育赛事管理机构做得不好，而是强调管理水平对体育赛事的重要性。这也是我们成立合资公司的原因之一——吸纳IMG国际先进的体育赛事经营管理理念和推广模式，提高中国体育赛事的管理水平。

（改编自：朱冲，《体育赛事管理是关键》，经济观察报，http://finance.sina.com.cn/

roll/20090529/00436282696.shtml2009 年 5 月 29 日。）

思考问题：

1. 你如何看待央视和 IMG 的这一国际联姻?

2. 为什么说一项体育赛事能否取得成功，赛事管理水平是关键?

案例二　美媒：女子网球发展瞄准中国

《今日美国》2009 年 10 月 8 日报道，原题：女子网球发展锁定亚洲，特别是中国。如果说亚洲，特别是中国，在很多项目上都能称雄世界，那女子网球也不例外。

由于中国网坛名将不断增多，网球投资激增，政府也大力支持，加上中国人本身适合网球运动，索尼爱立信 WTA 巡回赛日益将未来市场发展的方向锁定为中国。“我们视亚洲为长期可持续发展的战略支柱”，巡回赛首席执行官斯达西·阿拉斯特表示。出于显而易见的原因，巡回赛已瞄准中国作为亚太地区的发展中心。

中国人口众多，既拥有全球增速最快的互联网和手机市场，也有羽毛球、乒乓球等球拍类运动的悠久传统。不断扩大的中产阶层也渴望把赚来的钱花在适合的休闲运动上，该市场尚无人开发。

中国网球协会称，如今已有 1.3 亿中国人对网球“感兴趣”，其中 500 万爱好者经常打网球，且半数是女性。这和法国的有关数据不相上下。

中国网球公开赛的成绩充分表明，新一代网坛名将很可能来自亚洲。当今或曾经排名第一的选手萨芬娜、杨科维奇和莎拉波娃都输给过中国对手。“过去 10 年，中国在世界网坛异军突起，成为一支重要的力量”，国际男子网球协会全球执行总裁布莱德·德拉维特在年初一份声明中说。

中国最不缺的就是雄心。中国网球公开赛充分说明了这一点。该公开赛 2010 年的巡回赛将建造一座可容纳 1.5 万人、带可伸缩顶板的体育馆。2009 年的公开赛观众比去年多了 3 倍，组织者预计一周赛事可接纳 25 万到 30 万的网球迷。

（改编自：赵亦周，《美媒：女子网球发展瞄准中国》，http://news.qq.com/a/20091010/000797.

htm2009年10月10日。）

思考问题：

1. 女子网球发展为何锁定亚洲，特别是中国？

2. 中国女子网球市场已初见规模，在管理上应采取哪些措施进行应对？

案例三　中国体育市场这块饼好看不好切

2004年，F1、NBA等世界顶级赛事纷纷进入中国，在2008年北京奥运会的光环之下，中国体育市场焕发出异样的光彩，更多的球队和赛事组织者受到启发，希望在2008年之前，在中国大赚一笔。事实上，2004年的热闹掩盖了这样一个事实：中国的体育赛事市场并不完善，体育发展机制也不健全，这使得中国体育市场彻底成了一个泥潭，体育赛事受到冷落的现象比比皆是。

在华商业比赛的境遇

2004年斯坦科维奇洲际篮球冠军赛刚刚落幕，望着一地碎屑和忙碌的工作人员，组委会官员烦躁得甚至不愿回答任何问题。篮管中心主任李元伟表示无法确定下一届比赛是否还在中国举行："不好说，看国际篮联的决定吧。"

皇马中国行、曼联中国行、洲际篮球冠军赛及在南京、苏州举行的"欧美国际足球友谊赛"接二连三受挫，其中中体竞赛管理集团主办、江苏省体育局承办的"欧美国际足球友谊赛"曾雄心最大，表示要"打造中国的丰田杯"，但却输得最惨——初步统计约损失1000万元人民币。一名中体内部人士指出，"现在在中国做商业比赛还想像过去那样，简单地拼凑几支欧洲和美洲的二流球队，门票就卖到1800元，注定成功不了！""尤其是足球比赛，国内环境本来就差，没有好的宣传计划和卖点根本不行。"

在曼联之行组委会工作的余国琼有10余年的体育赛事推广经验，她表示：具体运作此事的国际管理集团事先已做过周密的市场调查，对中国的体育市场有充分的认识。如果只拿上座率和票房来衡量，就显得有些短视。这次亏一些，是为了在今后的一段时间内培育起这个市场。如果这次赛事使每一个到场观赛的人都很开心，那目的就达到了。“这也是我们明知要赔还要做的原因。中国体育市场空间很大，多少人都想在奥运会前赚一笔，但必须懂得怎样去赚。”余国琼还说：“现在的球迷都有自己的判断，对一些不抢眼的比赛，一犹豫就不会掏钱了。这次曼联来京，有很多应该宣传出去的东西没让球迷看到。我们认为，市场反应的好坏，不在于比赛的数量，而在于比赛的质量。如果比赛确实值得看，那就没问题了。”

商业模式无法适应市场

虽然一系列的商业比赛在中国遭遇了滑铁卢，但仍有比赛前赴后继。8 月底，中国羽毛球协会主办的六星级大师赛在北京举行，冠名赞助商是“中英人寿”。大师赛的招商工作并不顺利，概因现在很多企业对冠名体育赛事没兴趣，“这次就算是‘中英人寿’帮中国羽协一个忙，当做一次宣传活动。”“中英人寿”和中国羽协一签 3 年，风险自然不小。“公司的市场定位决定了赞助这项赛事，他们并不想从比赛本身得到什么。”“正是一系列商业比赛的惨痛教训告诉我们，中国的体育市场虽然潜力巨大，但是需要一个新的模式来操作赛事运作。”一名不愿意透露姓名的体育赛事推广人说，“这是大环境决定的。”“前些年国内有很多企业愿意通过体育赛事来达到自己的目的，但现在他们厌倦了，因为很多比赛名不副实。另外，像汽车厂商、制药企业，这几年他们自身受到的冲击就不小，也没什么心情再投入体育赛事。虽然国家的 GDP 每年在 8%、9%地增长，但体育市场的经济增长根本就没那么明显，甚至还有倒退。”

不光赞助商没热情，体育观众的热情也急剧下降，比赛不好看，谁还愿掏钱？行业垄断限制体育市场发展速度。中国网球公开赛的状况同样如此。去年的中网让主办者尝到了苦头，但今年仍然照常举办，据了解，“官方色彩”是这项赛事得以延续的主要因素。“实际上，竞技体育、商业比赛的体育市场只是中国体育市场的一小部分，但这部分市场的萎缩直接反映出我国体育市场的现状”，体育社会学专家卢元镇说。

卢元镇说：“我们很多的项目管理中心，包括体育总局的下属公司，掌握着几乎所有的比赛资源和运动员资源，体育市场成为他们的试验田。

这和现在提倡国有企业向民营化改制的市场经济方向恰恰相反，所以投资者和管理者之间也并不像表面上看到的那么和谐。”

事实上，鼓励民间资本、社会力量进入原国有经济体系，已是中国经济发展的大趋势，只是一些敏感行业受到了种种政策限制，而体育市场绝非敏感行业。

（改编自：郭剑，《中国体育市场这块饼好看不好切》，中国青年报，2005年8月2日。）

思考问题：

1. 为什么中国体育市场这块饼好看不好切？
2. 你认为怎样才能保障在中国举办体育赛事的成功？

第二节　体育赛事管理过程

一、体育赛事管理过程概述

体育赛事具有项目性特征，按照项目管理的理论，体育赛事的管理过程主要包括体育赛事启动、体育赛事计划、体育赛事组织与实施、体育赛事控制与体育赛事收尾五大部分（图4-1）。不论是超大型体育赛事、大型体育赛事还是一般体育赛事，虽然在规模、水平与影响程度上不同，但其管理过程类似。赛事管理的过程都包括赛事的启动、计划、控制、组织与实施和收尾五部分，这五部分之间没有明显的界线，尤其是相邻部分界线极为模糊，并且部分与部分之间联系紧密，体育赛事管理的内容（体育赛事的申办、体育赛事的风险管理、体育赛事的财务管理、体育赛事的人力资源管理、体育赛事营销、体育赛事的后勤管理、体育赛事的沟通与信息技术管理、运动竞赛管理、体育赛事的评估）穿插在管理的五个部分中。

在体育赛事所有准备工作完成之后，即体育赛事所需要的硬件设施（如场馆、场地、设备）和软件设施（如通信、成绩传输网络），人员到位和流动资金准备完毕，体育赛事管理体系也就基本被搭建起来了，后面就可以按照竞赛日程顺利地组织运作体育赛事了。①

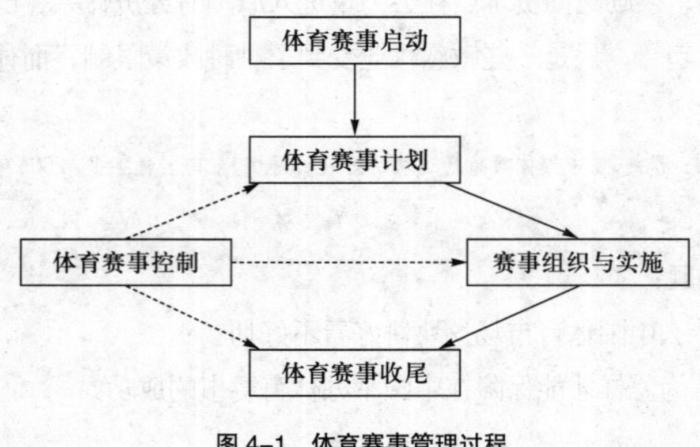

图 4-1 体育赛事管理过程

（引自：秦椿林．体育项目管理 [M]. 北京：高等教育出版社，2005.12：103.）

（一）体育赛事启动

体育赛事启动阶段的主要任务是通过对体育赛事所涉及的领域、投资的效益、技术可行性、环境情况、融资措施等问题进行全方位的评估及论证，从而明确体育赛事的投资价值以及在技术上、经济上的可行性。② 体育赛事的启动过程可用以下图文描述（图 4-2）。

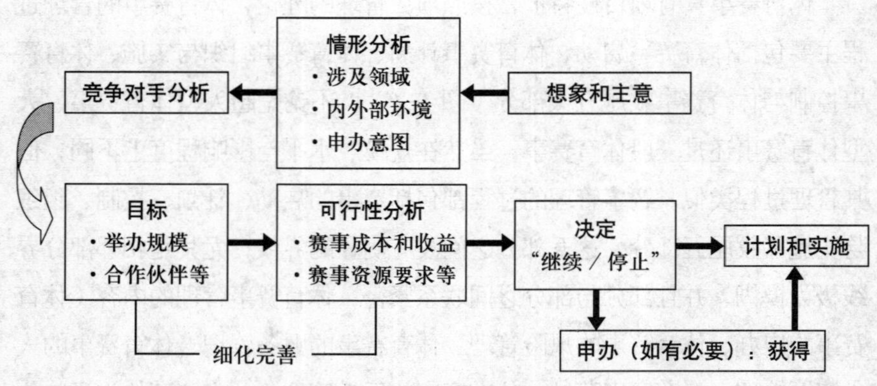

图 4-2 体育赛事启动过程

① 秦椿林．体育项目管理 [M]. 北京：高等教育出版社，2005.12：103.

② 肖林鹏．体育赛事项目管理 [M]. 北京：北京体育大出版社，2005.9：90.

（二）体育赛事计划

体育赛事计划是赛事产生的前提，在赛事管理中占有非常重要的地位。一旦在启动阶段经过可行性分析决定申办此项体育赛事，则此项体育赛事就被确立，计划也随之启动。体育赛事计划是对体育赛事实施过程及行为的理论规划和设计。体育赛事计划的目的在于指明体育赛事方向，减少各种非确定因素的干扰和冲击，同时，也为未来体育赛事运作设立了控制的标准。①

在启动阶段已对举办体育赛事的情形进行了分析，然后设定了“目标”（做什么），在计划阶段需要解决“目标方法（怎么做）”的问题，这就要运用战略管理的思想，制订出赛事运作的具体作业计划，通过实施工作达到预期目标。计划实施过程需要监控系统来保证完成赛事目标，朝正确的方向发展（图 4–3）。

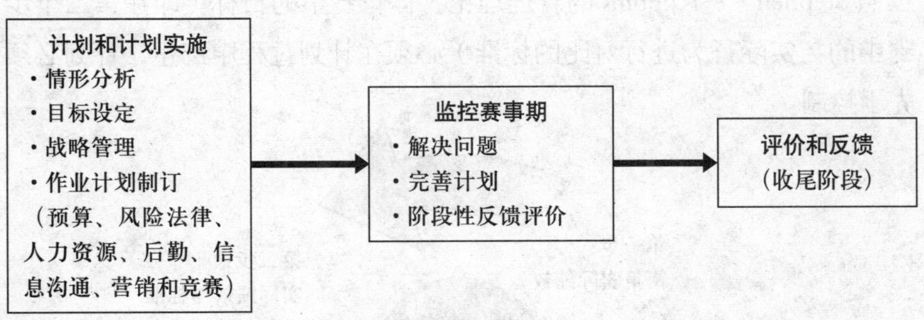

图 4–3 体育赛事计划过程

（三）体育赛事控制

如果在体育赛事中缺乏足够的控制，它将面对巨大的成本消耗或达不到体育赛事的最终目标。无论计划做得如何周全，如果没有满意的控制系统，则体育赛事的决策或计划就不能得到很好的贯彻执行。为了达到更有效的赛事结果，体育赛事的组织管理者必须设计一个良好的组织控制系统。

体育赛事的控制是对体育赛事中各项活动的监视，从而保证各项行动

① 秦椿林．体育项目管理 [M]. 北京：高等教育出版社，2005，12：115.

按计划进行并纠正各种显著偏差的过程。控制这一环节穿插在计划、组织与实施和收尾工作中，赛事控制最为关键的是财务控制和风险控制。即使是体育赛事的组织管理者目前所管辖的部门按计划行动着，也仍须在管理过程中进行控制（因为管理者对已经完成的工作与计划所应达到的标准进行比较之前，并不知道所辖部门的工作是否运转正常）。有效的控制可以保证体育赛事的各项行动朝着达成体育赛事目标的方向发展。确定控制系统有效性的准则就是看它在促进组织目标实现时做得如何。控制系统越完善，管理者实现组织的目标就越容易[①]。

体育赛事的控制过程可以分为三个步骤：第一，衡量实际绩效；第二，将实际绩效与标准进行比较；第三，采取管理行动来纠正偏差或不足（图4-4）。在这一控制过程中体育赛事所要达到的最终目标总是存在的，在计划的过程中已经产生，根据已存在的目标可以对实际行动进行衡量。按照 Stephen・P Robbins 的管理理论，体育赛事的目标（即在第二个步骤中的与实际行为进行对比的标准）必须在计划过程中产生，计划必须先于控制。

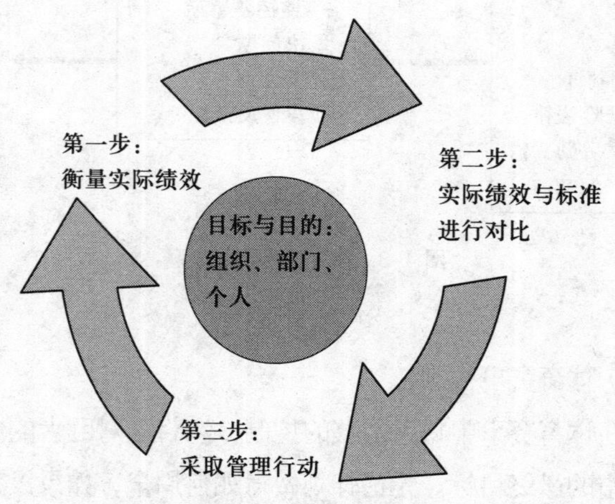

图 4-4 体育赛事的控制过程

（四）体育赛事组织与实施

在决定启动赛事之后，体育赛事计划的下一个阶段就开始了，即体育

① Stephen・P Robbins & Mary Coulter,Management[M]. 北京：中国人民大学出版社，2004，1（7）：533.

赛事的组织与实施。按照马斯特曼的理论，体育赛事的组织与实施包括两个阶段：第一阶段是在赛事举办前，预先计划好赛事所需的一切，目标是在特定的日期、特定的时间举办赛事；第二阶段是举办赛事本身，对所有计划好的内容进行管理。不同类型的体育赛事在复杂程度和量上可能有很大区别，但其进行组织与实施的步骤基本上是相同的。

在实际操作过程中，体育赛事的组织与实施早在启动阶段已经开始，贯穿于计划的整个过程，开始于赛事启动，结束于赛事落幕。这一阶段，赛事管理者利用组织管理技能，进行人员管理、谈判（有时是物物交换），与不同的公众打交道，阅读资产负债表，做好工作表率以及亲历亲为。这里最重要的是要有处理各种问题的能力。成功的管理赛事需要建立完善的系统，由该系统对做什么、谁来做以及何时做进行管理，使项目的实施照规划进行。Allen 等人提出赛事的组织与实施过程具有以下 6 个步骤[①]：步骤一：确定工作范围；步骤二：划分工作；步骤三：分析任务；步骤四：制订进度表；步骤五：明确关键途径；步骤六：分配责任。

（五）体育赛事收尾

人们往往将关注焦点放在体育赛事的组织与实施上，为举办体育赛事提供充分的时间、人员、物资等安排，而很多时候忽视了赛后收尾工作。体育赛事的收尾工作主要是处理体育赛事场地设施赛后使用和赛后使用者以及体育赛事长期评估等问题。在体育赛事收尾阶段要特别考虑赛后使用和赛后使用者以及为评估长远目标而进行的评估过程。

体育赛事的长期评估一直不受重视，到目前为止，很少对体育赛事进行长期评估。目前，该状况有所改善，国际奥林匹克委员会（IOC）在近几年开始进行 TOK 计划，即建立一个评估系统考察赛事闭幕 10 年后赛事的遗产和收益。体育赛事收尾的评估开始时，以下重要问题需要得到解答：

1. 在什么环节实施评估以及采用什么形式评估？

2. 评估的费用谁来负担？谁负责评估的实施？评估是为了谁？

3. 怎样利用评估结果？

① Allen,J.,O’Toole,W.,McDonnell,I. and Harris, R.(2002).Festival and Special Event Management,2nd edition. Queensland, Australia, John Wiley & Sons, Chapter 13.

这些问题不是针对体育赛事计划的各个环节提出的。只有提出、回答并将它们列入计划，形成体育赛事的一项重要目标，评估工作才能成为赛事所固有的、贯穿赛事始终的一部分。

二、案例精选

案例一 跟 NBA 学管理

所有人都渴望胜利，珍视荣誉。管理者心目中的理想企业又是什么样的呢？

如果你是一家公司的主管，一个月以来，你是否感觉员工们有些异样？如果你感觉到那些经常在上午心猿意马的员工突然提高了工作效率，那很可能是因为：NBA 总决赛结束了。

别急着怨恨 NBA——即使没有篮球，这世界上还有太多事让人分心。换个角度来说，NBA 或许是你所见过的最奇特的组织：这里的人为了胜利拼尽全力，并收入颇丰。这不正是所有管理者心中的理想企业？

每一年，NBA 都会在数千场比赛中决出胜利者。在自由竞争的市场里，管理学家们会寻找诸多理论，告诉读者如何成功。而在 NBA，所有的球队老板、总经理、教练和球员都知道，想赢的核心条件是拥有最好的球员。

1984 年，芝加哥公牛队在选秀第 3 顺位选择了一个叫迈克尔·乔丹的大三学生，之后公牛队也被一个叫杰里·雷恩斯多夫的地产商买下。原本上座率不足 50% 的公牛队主场因为乔丹变成了全世界球迷的圣地，在 20 世纪 90 年代，乔丹六度率领芝加哥公牛队夺取 NBA 总冠军，球队的价值也从 1984 年雷恩斯多夫收购时的 920 万美元变成了 2 亿——增值超过 1000%。

乔丹所做的并不仅仅是在场上不断地得分。他永远知道自己该做什么，而他的行为帮助整支球队有着统一的节奏和理念，能够协调、高效地运转去实现一个清晰的目标。

你完全可以将乔丹视为运动场上的杰克·韦尔奇、斯蒂夫·乔布斯。在乔丹最成熟的时期，他一年的薪水达到 3400 万美元，而他的队友，比如神射手斯蒂夫·科尔的薪水只有20万美元。但科尔们清楚，没有乔丹，自己得到再高的薪水也无法赢得总冠军。但是，强行把一群性格不相符合的好球员招揽至一支球队也是不行的。2004年，洛杉矶湖人队把4个巨星级人物聚揽到一起，希望他们能够合力夺得一次总冠军，但4个脾气各异的巨星并没有产生预期的效果，他们最终在总决赛输给了天赋、薪水、地位都远不如湖人队的底特律活塞队。任何观众都能看出来，比起湖人队的豪华阵容，活塞队更为团结，也更有赢球的欲望。

美国第三首富、微软联合创始人保罗·艾伦也犯过同样的错误，他投入8900万美元的巨资打造出一支拥有7、8名一流球星的波特兰开拓者队。但从未夺得过一次总冠军，甚至每况愈下到难以进入季后赛。设想一下，如果当年艾伦和盖茨创业时两个人无法融洽相处又被迫长期一同创业，微软能走到今天吗?

显然多数NBA总经理清楚，除了拥有最好的球员，还需不停改变球员的配置——现实中不会存在理想中的完美球队。每年都会有风光一时的明星球员被交易，甚至被踢出球队。听起来可能的确很残酷，但就像韦尔奇在他的新书《赢》里所说的：保护不佳的员工会产生反作用力，而坦诚地告诉对方他不适合，并不意味着他就此找不到自己的位置。

当人员齐备、信心十足的时候就需要了解一些战术问题了。NBA近年来的防守强队，如纽约尼克斯和迈阿密热火，都没能夺得总冠军。而攻强守弱的达拉斯小牛队同样一无所获。只有那些攻守平衡的强队才能够到达顶峰。

英特尔前任CEO葛鲁夫和贝瑞特均深谙此道。葛鲁夫积极投资了许多和芯片毫不相干的项目和公司，而贝瑞特在PC市场需求放缓后，果断地进入通讯和数字家电领域。进攻，进攻，再进攻，造就了今天的英特尔。

当然，防守同样是重要的。商业上的防守是什么？前美国财政部长，现在花旗集团执行委员会主席罗伯特·鲁宾说过，这世界没什么可以确定的，唯一重要的是你做决策时对事件发生的几率有判断，并留有后手。

没错，你永远不可能知道对手的战略和战术。但不知道对手的战略并不是很可怕，毕竟游戏的玩法就那么多。关键是掌握好自己的节奏，并让对方跟着你的节奏走。韦尔奇的看法是，重要的不是你知道对手的战略是什么，而是你能对对手的行为做出正确的反应。

（改编自：吕达明，《向 NBA 学管理》，环球企业家，2005 年 8 期）

思考问题：

1. NBA 的管理机构具有什么样的特点？这与他的成功的管理模式有何关系？

2. 从 NBA 的成功经营管理模式中你得到什么启示？

案例二　大型体育赛事绿色调控体系的构建

大型体育赛事的绿色规划与管理

绿色规划与管理系统是大型赛事绿色调控体系的第一步，包括赛事的整体绿色规划、管理组织机构与职能的设置、绿色管理制度的建立等。由于大型体育赛事在场馆规划、环境、能源、交通、食宿、物流保障、资源利用、市场开发等领域都牵涉到生态与环境问题，需要专门的环境职能部门才能进行全方位的统筹规划与管理。因此大型体育赛事组委会应设立专门的环境部进行协调管理工作，并建立相应的制度规范。这些尤其在奥运会等大型体育赛事运作中更显其重要意义，如悉尼奥运会设立了专门的环境委员会。

北京奥组委在绿色奥运理念指导下，在组织机构中增设了专门部门——环境活动部，由来自北京市环保局和水利部的环境、生态专家组成，主要负责奥运会的环境规划、组织有关奥运的环保活动；并编制完成了《奥组委环境管理体系手册》，确定了环境管理体系的管理主体与职责。而审视国内当前的其他大型体育赛事，基本上都没有建立类似机构，从而使得赛事的规划与运作中难以对环境与生态等绿色理念进行规范化和程序化操作。我国国内最近的两次综合性大型体育赛事，2003 年第五届城市运动会与 2005 年第十届全国运动会，只是在场馆建设部、志愿者服务部等机构中具有类似功能。

同时，在大型体育赛事的规划中对体育场馆的规划设计具有重要意义，包括场馆的选址、功能结构设计、材料工艺选用、赛后利用等规划中都要考虑环境与生态问题。如悉尼将“绿色奥运”展示得淋漓尽致，它广泛利用了太阳能、雨水和自然通风，体育场馆等建筑物及其工程设备都带有节能、环保特征。奥运场馆、奥运村使用了全球最大的太阳能处理发电设备，许多体育馆能够自行发电并且还让超额的功率直接转入国家电力网。这对2008年北京奥运会及各地建造体育设施都有可供借鉴之处。在绿色奥运理念的指导下，北京奥运规划中处处体现了绿色规划思想，如北京奥运会重点工程——天津奥林匹克体育中心的“水中体育场”规划理念体现了“绿色奥运”的主题要求，也充分体现了天津特有的生态环境和自然景观，并在设计中注入了诸如太阳能吸收系统、中水利用系统、湖水温差制冷系统、自然水域净化系统等绿色思想。

同时，在组织管理中要特别重视依托志愿者等社团组织的力量。如2005年4月，首都大学生环保志愿协会、首都青少年生态文化研究中心共同发布了《北京青春奥运志愿者绿色环保培训规划》和《2005—2008首都大学生迎奥运环保志愿服务行动规划》，以示对“绿色奥运”的热心支持。在2003年银川市第七届少数民族传统体育运动会举办期间，银川市团委带领全市各行业青年代表，开展“青年文明号”创建活动。全市“青年文明号”分布于交通、通讯、邮政、税务、卫生、城管、公安、个体私营等窗口单位及机关、学校。上千名志愿者身着统一的服装，开展了声势浩大的“环境卫生及交通秩序整治”的活动。志愿者们在银川市主要街道清扫卫生，擦洗护栏、电话亭，清理草坪杂物。同时在全市的出租车、中巴车和公交车上粘贴印有民运会吉祥物和宣传标语的绿色公益招贴画。赛事志愿者等社会组织力量的参与将为大赛的环保、卫生等提供强大支持。

大型体育赛事绿色供应链与绿色物流的组织

大型体育赛事的举办将在一定时期内带来对材料、能源、设施等各行业的强烈需求，并将对物流提出巨大的服务需求。供应链和物流保障在很大程度上影响着大型体育赛事的成功举办，同时也成为实现赛事“绿色”理念的一个关键因素。大型体育赛事的绿色供应链包括赛事所需产品中原材料的选用、供应商的选择与评价等。

在大型赛事中绿色供应很有讲究。2000年悉尼奥运会多处使用了生态塑料，2002年盐湖城冬奥会，美国可口可乐公司使用的50万个一次性杯子，全部是用玉米塑料制成。2008北京奥运会三大口号之一“绿色奥运”

对中国环保事业提出了更高的要求，生态塑料与绿色建材将为这一主题的落实发挥必不可少的积极作用。在 2005 年北京“绿色材料与绿色奥运”国际研讨会及展览会上展示了各种绿色塑料、绿色建材的产品和技术，其中不少新产品和新技术十分抢眼，如淀粉可用来制造餐具、玉米可做成衣服和窗帘等。这些产品将在帮助奥运会节约能源和资源、倡导绿色选材、保持室内环境健康等起到重要作用。

赛事绿色物流的建立包括赛事物流的绿色规划、绿色运输、绿色仓储加工、逆向物流等内容。体育赛事的举办一般只有较短的一段时间，从几天到十几天不等，如单独为大型赛事建立多个专用的物流中心，过后必然造成闲置和浪费，不符合“绿色物流”的理念。比较实际的做法是利用现有的物流中心，并适当根据赛事的需要对其进行改造，并尽可能保证这些改造能在赛后继续发挥作用。同时建立相应的赛事绿色物流体系，进行全方位的物流调控。

市场经营开发中突出“绿色”形象，塑造“绿色”品牌

国内企业市场观念在经历了生产导向、推销导向、消费者导向等营销观念后，社会营销、生态营销尤其是绿色营销观念将成为 21 世纪市场营销的新潮流。绿色营销是强调“人与自然的和谐”这一绿色文明价值目标在市场营销组合中的现代营销观念。我国许多行业和企业的绿色营销意识都在增强，积极研发绿色产品，如海尔、新飞等家电业，贵州茅台、秦池等食品业都率先实施了绿色营销。绿色营销是指在市场营销中重视保护地球生态环境，通过营造绿色环保气氛，销售和推广绿色产品，倡导绿色消费，从而使生产、消费和环境协调发展的过程。西方学者将市场的这种变化形象地称为“市场的变绿”。随着世界体育商业化发展浪潮和我国体育市场化、产业化进程的加快，市场开发与经营是现代体育赛事活动的重要动力支撑与保障。因此怎样顺应市场需求开发体育产品（服务）成为赛事商务推广等经营活动的首要环节。在现代体育活动中人们不断追求一种回归自然，渴望与大自然融为一体，体验“天人合一”的高雅感受。有人对美、俄、英、法、日、韩等 10 多个国家的休闲活动做了专门调查和研究，结果显示，随着收入增加和闲暇时间增多，人们在休闲活动中更加突出回归自然、热衷体育、崇尚民俗和冒险精神。体育赛事尤其是大型户外运动赛事在市场开发与经营中应追求自然、环保、健康的天然统一，顺应现代体育消费的国内外趋势。体育本身是一种绿色健身活动，在形式与内容上对应了国内外绿色诉求与渴望。因此在现代体育赛事的市场经营中应努力使这种体育“健康、自然、和谐”的内涵外化，塑造赛事的“绿色”形象与品牌，从而一方面获得大众的参与热情，另一方面为企业宣传和广告提供更佳的商务平台，打造赛事的最佳融资平台，从而增进社会对赛事的认同感和亲和度。当前在部分大型户外赛事和民族体育旅游（赛事）等活动中对绿色形象塑造较好，而国内全运会等常规竞技赛事则“绿色”观念淡薄。

引入 ISO14000 环境管理体系进行绿色成本与效益控制

什么是绿色成本，目前的理解很多。联合国国际会计和报告标准政府间专家工作组第 15 次会议文件《环境会计和财务报告的立场公告》将绿色成本定义为“本着对环境负责的原则，为管理企业活动对环境造成的影响而被要求采取的措施成本，以及因企业执行环境目标和要求所付出的其他成本。”绿色成本是当前产业界流行的一种投资成本方法。且随着社会对绿色消费的重视，以往由社会或后代承担的环境污染、破坏损失及环境保护治理成本等，“外部不经济性”成本支出将逐渐“内部化”，由现行企业来承担，则企业为此而发生的绿色成本支出也就越多。对体育赛事而言，绿色成本控制系统是使赛事的生态等社会成本内部化，从而短期内增加赛事的运作规模和成本。但从长远来说，收获的是赛事生态和可持续发展的社会效益。同时绿色投入肯定会取得可观的经济效益，进而使得整个体育赛事的经济效益同整个社会经济效益相协调一致。因此，绿色成本控制系统的目标很明确，通过内部化赛事的“外部性”成本，采用一定的方法，控制赛事内部成本的形成因素，以达到绿色和环保的要求，最终使得赛事的经济效益与社会整体效益相一致，进而实现体育和整个社会持续发展的良性互动发展。绿色成本控制一改传统成本控制目标的弊端，即以获取最大政绩形象或短期经济效益为目的，转变为寻求体育赛事经济效益与“生态、和谐、可持续发展”等社会效益的统一。

赛事绿色成本和效益有效调控体系的构建需借鉴当前绿色 GNP 中的绿色核算体系和绿色会计理论。《中国 21 世纪议程》明确提出，研究并试行把自然资源和环境要素纳入国民经济核算体系，使有关统计指标和市场价格能准确地反映经济活动所造成的资源和环境的变化。这就是把国民经济的绿色核算体系思想，随着我国绿色会计体系的完善，它将为企业和其他社会组织活动绿色核算提供依据。因此大型体育赛事绿色成本和效益调控体系的构建具有可行性，但要有效执行操作需要一个长期过程，尤其是当前国内全运会等赛事本质上还是一种政府行为，带有政府部门或地方政府的“政绩”色彩，政府可以为了展示“繁荣、和谐”形象可以不惜巨额投入。但随着体育社会化进程加快和科学发展观的深入，这种情况将逐渐改变。对于当前大型体育赛事而言，最切实际的还是先引入当前成熟通用的国际 ISO14000 系列环境标准框架。

ISO14000 环境管理体系是各社会组织规范管理行为、实施生态经济管理的有效工具，已成为世界范围内社会各组织进行环境管理的一种有效工具。通过参照该环境体系的规范和标准，将对实现赛事的绿色成本和效益的规范化和可操作性调控具有重要意义。

（改编自：张小林、李培雄、龙佩林，《“绿色奥运”理念下构建我国大型体育赛事的绿色调控体系》，体育学刊，2006 年第 13 期。）

思考问题：

1. 大型体育赛事的绿色调控体系包括哪些具体内容？
2. 如何对大型体育赛事进行绿色规划与管理？

案例三　皇家马德里足球俱乐部的组织与管理

皇家马德里足球俱乐部（Real Madrid Clubde Fútbol，中文简称为皇马，前称马德里足球会，Madrid Clubde Fútbol），是一家位于西班牙首都马德里的足球队，成立于 1902 年 3 月 6 日，是现今欧洲乃至世界足坛最成功的俱乐部。2000 年 12 月 11 日，皇家马德里被国际足球联合会（FIFA）评为 20 世纪最伟大的球队。2009 年 9 月 10 日，皇家马德里被国际足球历史和统计联合会（IFFHS）评为 20 世纪欧洲最佳俱乐部。

无论在欧洲还是西班牙，皇家马德里都是当之无愧的第一。皇家马德里保持着欧冠夺冠次数（9 次）、参赛次数、出场次数、胜利次数、进球数等一系列纪录。而在西班牙国内皇家马德里一共夺得31次西班牙甲级联赛冠军及17次西班牙国王杯冠军。皇家马德里还拥有预备队——皇家马德里卡斯蒂利亚（RealMadridCastilla，即皇家马德里B队），在丙2组联赛比赛。另外皇家马德里在1932年成立篮球队——皇家马德里Baloncesto，而且篮球队成就与足球队同样显赫，8次成为欧洲冠军，30次成为本土篮球联赛冠军。

最初的“四马”型组织结构

在这个组织结构中，主席团由主席、副主席、秘书组成，由新当选的主席选择副主席的人选，副主席对主席负责，其职责是辅助主席做好俱乐部的战略决策和选择各职能部门的负责人（General Directors）。秘书处负责主席团的日常行政工作。俱乐部将管理层划分成四个职能部门，分别是主席处、财务部、市场部、体育部，每个部门设负责人一人，直接对主席负责。另外，副主席也间接的辅助各部门负责人的工作。由于俱乐部的经营管理工作几乎全部由这四个部门完成，四个部门就像四匹拉动俱乐部前进的骏马，因此将此种组织结构称为“四马”型组织结构。“四马”型组织结构是一种“现代的、有效的、有作用的”（弗洛伦蒂诺·佩雷斯语）的新型组织结构，建立之初让俱乐部摆脱了过去混乱的经营管理模式，使俱乐部的经营管理走上了稳定、高效的道路，尤其是将商业开发独立由商业部负责，再加上主席的“巨星”计划，使得俱乐部的品牌、财富迅速扩大。同时，各职能部门的负责人直接对主席负责也加强了中央集权。但是，“四马”型组织结构的缺陷也十分明显，四个部门之间缺少有效的沟通渠道，在主席协调不利的情况下各自为政，各部门发展不平衡，造成内部不经济。而且，由于副主席的职责不够明确，未能发挥应有的作用，再加上副主席对各部门工作的辅助性管理，导致各部门的多头管理，决策、工作效率降低。这也是导致俱乐部商业开发出色而成绩不断下滑的最主要的原因。俱乐部由会员组成，会员最关注的是球队的成绩，这一因素也注定了“四马”型组织结构终将“夭折”的命运。

俱乐部的新组织结构

为了解决俱乐部的成绩问题，在各方的压力下，面对连任问题主席弗洛伦蒂诺终于改变了俱乐部的组织结构，为了增加效率，废除“四马”型组织结构，起用原商业部负责人何塞（José Angel）担任总经理，统一管理俱乐部内务。体育部独立出来，其负责人直接对主席负责。连任后不久，弗洛伦蒂诺已正式宣布意大利名帅阿里戈·萨基担任皇马的体育总监，即体育部的负责人。“萨基的主要任务是组队、遣送和购买球员，在他的上面是副主席布特拉格诺。”（布特拉格诺现为俱乐部的第一副主席）。在新的组织结构里，虽然主席团依然臃肿，但将体育部独立出来，让深谙足球与管理之道的萨基担任负责人可以保证球队的建设以及球队的成绩。而在副主席布特拉格诺的“协助下”，也可以让意大利人不至于毁了皇马原有的风格。其他部门由总经理负责减少了俱乐部的内耗，各司其职，在保证原有商业化的经营理念下保持俱乐部的正常运转。新的组织结构很快的发挥了它的作用，本赛季皇马已经逐渐恢复了原有的实力，虽然还没有达到其顶峰时的状态，但毕竟是向正确的方向又迈进了一步。令人担心的是俱乐部新的组织结构脱胎于原来的“四马”型组织结构，在内部协调方面仍然存在问题，而且对于主席的监督、制约手段有限，这样容易在俱乐部内产生矛盾，一旦激化后果不堪设想。

（改编自：《皇家马德里足球俱乐部的组织与管理》，http://blog.sina.com.cn/s/blog_4ea616920100dyf9.html，2011 年 3 月 15 日；《皇家马德里足球俱乐部简介》，http://baike.baidu.com/view/2220.htm?fr=ala0_1_1，2011 年 3 月 15 日。）

思考问题：

1. “四马”型组织结构为什么在最初能够适应俱乐部的发展？
2. 新型组织结构与“四马”型组织结构相比，优势体现在哪些方面？

案例四　国际奥委会对 08 奥运做出评价

一届奥运会是否在闭幕那天就结束了？答案是否定的。国际奥委会一向都非常重视奥运会主办城市为奥林匹克运动留下的经验和遗产——对“真正无与伦比”的北京奥运会来说，国际奥委会又如何看待中国人的经验和遗产呢？ 2009 年 10 月 7 日，北京奥运会闭幕一年多后，在丹麦哥本哈根举行的国际奥委会全会上，国际奥委会（IOC）北京奥运会协调委员会主席维尔布鲁根代表协调委员会对北京奥运会遗产做出初步评价。

罗格说："那是一届真正的无与伦比的奥运会"。当原北京奥组委执行副主席王伟在国际奥委会全会上完成北京后奥运会时代的陈述报告后，国际奥委会主席罗格再次使用"无与伦比"来描绘北京奥运会。这也是去年北京奥运会闭幕那天，他对中国举办的这届奥运会所做出的评价。

作为代表国际奥委会监督北京奥运会筹备举办过程的主要负责人，IOC北京奥运会协调委员会主席维尔布鲁根在这次国际奥委会全会的报告里详细解释了这一届"真正无与伦比的奥运会"成功的奥妙。他强调说："各级政府的大力支持是北京奥运会成功的核心经验。IOC与中国中央政府和北京政府之间的合作关系良好而有建设性。"

维尔布鲁根说，北京奥运会的成功经验还包括开放的态度——北京奥运会的组织者非常愿意倾听并接受国际专家的意见，克服了文化差异带来的问题。并且始终把"体育"和"运动员"的需求放在组织工作的中心地位。当然，让北京奥运会更独特的是全中国人民的热情和支持所营造出的氛围。他说："几乎是一到机场，你就能感受到中国人民的友好和热情。每个奥运会的工作人员、志愿者脸上始终带着大大的笑容，给我们所有人都留下了非常愉悦的体验和满足感。"

国际奥委会强调，北京的经验无法复制，每届奥运会都应该有自己的独特性。不过，后续的奥运会仍然在努力学习北京的经验。2010年2月12日开幕的温哥华冬季奥运会是紧随北京奥运会后举办的一项奥运赛事，其组委会主席弗隆当天说："我们的工作进展得很好，但我们也有挑战，那就是如何让我们的人民都意识到他们能为奥运会的举办贡献力量。哪怕就像维尔布鲁根先生谈到北京的经验时所说，每个人脸上增加一些笑容也能营造出奥运城市的良好氛围。"

除了经验，北京奥运会也留下了丰富的遗产。其中的物质遗产包括经济发展、基础设施建设等。维尔布鲁根认为，北京奥运会的无形遗产主要体现在社会和环保两个方面。通过奥运会，环保成为了北京主要关注的问题，这为全中国树立了榜样。在社会方面，他说："联合国秘书长体育和社会发展问题的特别顾问在他的北京奥运会赛后报告里说，奥运会为中国社会发展提供了独特的平台，中国人在其中展现出的友好、领导力与包容性将在中国与世界的交往中持续发挥桥梁作用。”

维尔布鲁根在他的陈述最后说道：“IOC 委员当年做出把 2008 年奥运会主办权交给北京的决定已经被证明是非常正确的。世界上人口最多的国家应该拥有主办一届奥运会的权利而他们完成得相当精彩。谢谢中国，谢谢北京！”

（改编自：张哲、彭延媛，《国际奥委会初步评价08奥运 两方面让北京无与伦比》，国际在线，http://sports.sina.com.cn/o/2009-10-08/01164621333.shtml，2009年10月8日。）

思考问题：

1. 哪些方面让北京奥运会“无与伦比”？
2. 评估在奥运会中起到的作用是什么，主要体现在哪些方面？

第三节 体育赛事营销

一、体育赛事营销概述

营销就是如何在合适的时间，合适的地点，以合适的价格，通过合适的信息交流，把合适的产品卖给合适的顾客，以满足合适的市场需求。由于体育赛事产品的特殊性，即提供服务是体育赛事产品的主要特征，所以体育赛事营销实质上是一种在合适的时间和地点以合适的价格，提供合适的服务和精彩的竞赛过程来满足消费者需求。体育赛事产品包含无形产品、有形产品和附加产品三个层次。在体育赛事营销中，体育赛事生产的产品可以分为以竞赛为主的竞赛产品和围绕竞赛产品而提供的其他相关产品两类。体育赛事营销的主要方式包括：

（一）电视转播权

体育赛事电视转播权指的是体育委员会或赛事组委会举办体育赛事时允许他人利用电视进行现场直播、录播，从中获取一定报酬的权利。出售电视转播权是体育赛事组织者的一项支柱性收入，其收入所得在很大程度上是衡量一项赛事经营好坏的主要参考指标。[①]

（二）门票营销

现代体育赛事门票已绝不是一张入场即扔掉的纸那么简单。它既可以做成套票、一卡通形式，也可以设计成富有创意、图案精美、具有收藏价值的纪念票，以便收藏爱好者收藏，还可以作为一种有效的广告载体负载信息。因此，作为经营中较为稳定的门票带来的收入也较为丰厚。根据国际奥委会的数据，1896 年雅典奥运会售出门票 60000 张，1956 年墨尔本奥运会售出门票 134 万张，1996 年亚特兰大奥运会售出门票 1100 万张，2000 年悉尼奥运会售出门票 9600 万张。[②]

（三）赞助性广告收入

体育赛事作为一种理想的新广告载体，它具有的影响力、覆盖率、到达率、强势的穿透力和有效程度等已成为众多企业的理想选择。很多企业都选择赞助体育赛事来提升其品牌知名度和产品的市场占有率，以达到营销目的。与此同时，许多体育赛事主办方也希望通过广告来获取赞助，从而使赛事得以圆满举行，使合作方得到双赢。

（四）专有权

一些大型和超大型体育赛事可以开发各种与体育赛事有关的专有产品进行营销，被称为专有权营销，例如纪念品、特许商品等。只有像奥运会、NBA 等享有盛名的、大型的、有转播的、持续数天并且有广泛人群关注的体育赛事，才能通过生产和销售标志性商品而获得利润。这些标志性商品在世界范围内有着极其广阔的市场，不仅为组织者增加了收入，也为扩大赛事影响起到良好的宣传作用。

① 秦椿林 . 体育项目管理 [M]. 北京：高等教育出版社 ,2005.12:125.

② 纪宁 . 纪宁冷眼看奥运 .[N/OL].2004.08.14.http://www.blogchina.com/new/display/40522.html.

二、案例精选

案例一 首尔：把一次体育比赛打造成一场“国家营销”活动

韩国首尔2009年12月11日至13日举办了世界滑雪联盟“2009—2010赛季空中滑板世界杯赛”，“空中滑板世界杯赛”在首尔成了一场节日盛会。就比赛本身来说，这次与其他届大赛并无太多分别。但是，比赛之外的所见所闻让参与者深切感受到：这届大赛与其说是一次体育比赛，倒不如说是一场首尔市的“城市营销”和韩国的“国家营销”活动。

这次比赛的赛道搭建在首尔市中心核心地带的光化门广场上，长100米，宽34米。光化门广场是首尔市新开放不久的一个供市民休闲的空间，是首尔市的新标志性地块。它在首尔的地位，有些类似天安门广场之于北京。在市中心搞这么一场体育比赛，用YTN电视台全范锡先生的话说，这是一个“创举”。事实上，这是全球第一次在城市中心举行如此大规模的滑板世界杯比赛。无论是首尔市政府的官员还是市民，无论是世界滑雪联盟的官员还是参赛的选手，都对这个“创举”津津乐道。

以充满车辆灯光的世宗路为背景腾空、跳跃、旋转之后，在13日比赛中获得亚军的奥地利选手斯特凡·金普尔说，这是他第一次在市中心的高台上进行滑板比赛和表演，“感觉非常好、非常特别”。在更多场合，这次活动被称作“首尔空中滑雪庆典”。即便从形式上看，这也绝不仅仅是一次体育比赛，而是一个节日。首尔市公共关系局局长姜哲远先生在活动开始前就说：“这次活动将不仅仅是一次体育比赛。它是首尔的庆祝活动，也是整个国家的庆祝活动。”正式比赛虽只有一天，但在延续3天的活动期间，现场时刻都能感受到节日的欢庆气氛，用“观者如堵”来形容当时的场面绝不过分。

比赛时，观众在广场上、马路边聚集，欣赏滑板名将们精彩的表演，为选手们欢呼呐喊。比赛间隙，流行乐队在广场上演奏、演唱，活跃全场气氛。在主赛场附近专门增建的两个滑冰场上，孩子们在嬉戏玩耍……据首尔市官方统计，从12月11日到13日，共有约30万人次的观众观看和参加了这次“滑雪盛典”。抽样调查结果则表明，在观看比赛的观众中，外国人占15%，达4.5万多人。

在光化门举办“首尔空中滑雪庆典”活动，也曾招致一些非议。反对者认为，建广场的初衷是保存光化门，为市民提供休息场地。举办大型比赛显然与此宗旨相悖。也有意见认为，举办大赛会导致城市中心地区的交通拥堵。更有人说，首尔市市长吴世勋这么做，是为明年的地方选举造势。在韩国总统（也是首尔市前任市长）李明博 12 日发表讲话对“首尔空中滑雪庆典”显示肯定和支持后，批评声浪有所减弱。

举办此次活动的背景，是韩国平昌在申办 2010 年和 2014 年冬季奥运会时连续失利，韩国决定平昌继续申办 2018 年冬季奥运会。向来韧性十足的韩国人，可能是想借这样一次机会向世界宣传韩国，显示他们继续申办冬季奥运会的执著热情。13 日晚，首尔市公共关系局局长姜哲远先生证实，此次活动确实与“申奥”有关。姜哲远先生说，平昌两次申办冬季奥运会失利，韩国只是暂时没有实现理想和愿望。这次在市中心举办“首尔空中滑雪庆典”活动，意在宣传首尔这座城市，宣传韩国，告诉世人：首尔和韩国有很多值得看的地方，韩国人民有能力举办好冬季奥运会。此次“首尔空中滑雪庆典”，是一次成功地向世界推销首尔和韩国的活动，肯定能吸引更多的人关注首尔和韩国。他希望，这次盛会能对平昌申办 2018 年冬季奥运会成功有所帮助。

“首尔空中滑雪庆典”活动可以说实现了初衷。YTN 电视台工作人员对本报记者说，3 天的庆典活动中，有来自 170 多个国家和地区的媒体记者到首尔参观、报道。亚洲、欧洲、北美洲的 12 家电视台对赛事和活动进行了转播，并在 100 个以上的国家和地区播放。在转播比赛的同时，相伴着也对景福宫、光化门、北岳山等首尔景点进行了介绍。

（改编自：高鑫诚，《首尔：把一次体育比赛打造成一场“国家营销”活动》，中国青年报，2009 年 12 月 18 日。）

思考问题：

1. 首尔举办首届滑板世界杯赛的目的是什么？
2. 赛事举办者是如何营销赛事以达到其目的的？

案例二 按“超女”的路子办体育

不仅好看，还要好玩——湖南人正在以另一种理念举办体育赛事。

世界杯羽毛球赛从今天开始在湖南益阳正式揭幕，但对当地人来说，却有两个比赛在同时进行——一个是世界杯，另一个便是益阳羽毛球电视公开赛。

益阳办赛打出群众参与牌

早在一个月前，益阳当地就开始了羽毛球电视公开赛这一群众赛事，赛事组织者郑先生介绍说：“这个比赛实际上是为了给益阳举办世界杯羽毛球赛创造一个良好的氛围。我们当时想，如果仅仅是宣传和动员，效果肯定不如让老百姓自己参与进来的好。特别是益阳的百姓都很喜欢羽毛球，每个人都能拿起拍子打两下。因此，与其通过组织老百姓来营造大赛氛围，还不如利用这次电视公开赛让老百姓自发地参与进来。”

“赛事的形式并不复杂，就是报名参赛的普通羽毛球爱好者要进行一系列的挑战赛。”郑先生进一步解释道。

通过转播，羽毛球电视公开赛的全过程都被搬上了电视荧屏，除了400多位报名参赛者之外，这一节目还引起了全城百姓的关注。据组织者透露，羽毛球电视公开赛已成为当地电视台具有较高收视率的节目。很显然，因组织民间羽毛球赛而令益阳世界杯赛的氛围更加有趣、更加热闹。

虽然举办该赛事的动机是为了让世界杯赛更具人气，但组织者也表示，真正促使益阳当地想到主办羽毛球电视公开赛的灵感却来自“国球大典”。

“国球大典”主旨就是互动性

“国球大典”是最近一个月在中国持续升温的民间乒乓球赛事，虽然这项赛事的主办者是中国乒协和湖南卫视两家单位，但赛事形式的创意却来自湖南卫视。

“以互动性体现体育比赛的另一大魅力，这就是‘国球大典’的主旨。”赛事活动部负责人陈鹏飞向介绍。“国球大典”在2004年创办，整个赛事由民间选拔赛和乒乓嘉年华两大内容组成，民间选拔赛是采用类似于“超级女声”的形式，进行一系列群众性乒乓球赛。乒乓嘉年华则包括中外乒乓球明星对抗赛和明星、民间球员对抗赛。

在2004年“国球大典”的最高潮“乒乓嘉年华”举办期间，国际乒联主席沙拉拉曾对“国球大典”的创新形式称赞不已。每年年终在长沙举办的中外明星对抗赛也因为民间球手的参与，而具有了与所有乒乓球赛事完全不同的标志。

“中国人喜欢乒乓球，但却不一定喜欢看乒乓球赛。在中国，如果一项乒乓球赛能给观众提供一试身手的机会，响应的人肯定会很多。”陈鹏飞在说到“国球大典”的创意来源时，强调了球迷对乒乓球的喜好很大程度上是因为喜欢玩。

体育赛事要办好就得有创新

与2004年长沙中外乒乓球明星赛的火爆场面形成鲜明对比的是，近几年中国乒超联赛在部分城市却遭遇门庭冷落的尴尬，一些国际、国内大赛也遇到了同样的困境，中国乒协的相关领导曾在多个场合表示，“乒乓球比赛趋向于从北京、上海等大城市迁向中小城市，正是因为乒乓球比赛的魅力已无从吸引文娱生活丰富的大城市居民。”

但国球大典却展现了中国乒乓球运动的另一种前景。

2005年的“国球大典”首次走出长沙，在天津开了分赛场，组织形式也进一步成熟。陈鹏飞说：“今年在不到一个月时间内，民间球手的报名人数就已超过6000人，是去年的10倍。这么快的发展速度让我们坚信，体育赛事走互动性、娱乐性的道路，在中国一定有巨大的发展空间。”

即将在月底举行的“2005国球大典乒乓嘉年华”已经进入门票热销的阶段，招商进程也非常理想。陈鹏飞透露，国球大典在创办第二年就已经实现盈利，而在中国的其他部分城市，乒超联赛的门票多数时候是白送给球迷的。

临近长沙的益阳，已经率先在世界杯羽毛球赛上采取了类似于“国球大典”的群众互动模式，“我们确实也希望能给中国的体育竞赛提供开创性的借鉴内容。”陈鹏飞在说到此时显得很兴奋，“很显然，2008年奥运会将使中国的竞技体育事业达到顶峰，但2008年之后，我们相信中国体育事业的其他方面，比如市场化的比赛肯定将迅速发展起来。我们现在的尝试，也是看到了几年后的发展空间。”

“要成功运作一个赛事，观众的参与必不可少。中国现在的很多比赛，水平挺高，明星也不少，但观众的关注度不高，是因为我们自己在赛事运作上没有推广好。那么好的资源，其实都浪费了。”陈鹏飞说，“但我们所做的开创性尝试绝不仅仅在‘国球大典’这一种形式上。”

“作为国球，我们相信在乒乓球项目上还有很多事情可以做。比如，我们设想建立一个业余运动员等级赛，像围棋那样给业余乒乓球选手设立段位，加上一些具体的操作办法，这样的比赛应该会有很多人参与，通过电视节目播放出去，关注的人肯定也会很多；我们还设想，给乒超、乒甲联赛，甚至在国家队进行选秀大赛，就像 NBA 那样。”

在关注乒乓球的同时，陈鹏飞与他的同事也看到了其他项目：“除了乒乓球这个中国的强势项目之外，中国其他项目的赛事运作也大有可为。可能真正的操作手法会不一样，但有一个出发点是不变的：一个比赛要吸引观众，不能只靠赛事本身，赛事推广的手段一定要有创意和能迎合观众的需要才能成功。”

（改编自：慈鑫，《湖南按“超女”的路子办体育》，中国青年报，2005 年 12 月 15 日。）

思考问题：

1. 根据案例分析成功运作体育赛事的关键是什么，体育赛事营销的作用是什么？

2. 湖南人是如何对 2005 年世界杯羽毛球赛进行推广的，有哪些经验值得借鉴？

参考文献：

[1] 秦椿林 . 体育项目管理 [M]. 北京：高等教育出版社，2005.12.

[2] 肖林鹏 . 体育赛事项目管理 [M]. 北京：北京体育大出版社，2005.

[3] Stephen · P Robbins&MaryCoulter,Management[M]. 北京：中国人民大学出版社，2004，1（7）.

[4] Allen,J.,O’Toole,W.,McDonnell,I. and Harris, R.（2002）.Festival

and Special Event Management,2nd edition. Queensland, Australia, John Wiley & Sons, Chapter 13.

[5] 张小林 , 李培雄 , 龙佩林 . “绿色奥运”理念下构建我国大型体育赛事的绿色调控体系 [J]. 体育学刊 ,2006,（6）: 9~12.

[6] 秦椿林 . 体育项目管理 [M]. 北京：高等教育出版社 ,2005.12.

[7] 孙汉超 , 秦椿林 . 体育管理学 [M]. 北京 : 人民体育出版社，1999,6.

[8] 张瑞林 , 秦椿林 . 体育管理学 [M]. 北京：高等教育出版社，2008.6.

第五章

群众体育管理

群众体育是居民自愿参加的以增强体质、增进健康、增添情趣、增加交往、增长技能为主要目的的自主性体育活动。群众体育具有公益性和社会性等特点，是提高国民素质的重要手段。群众体育不受固定规则、器材、设备、场地的限制，参与对象不受性别、年龄、职业、兴趣、爱好等限制。随着公民健康价值观念的广泛建立，群众体育已经成为了参与程度极高的社会文化活动，得到了社会的广泛重视。

群众体育的根本目的是增进全体社会成员的身心健康，促进个体的全面发展和社会的文明进步，为社会主义物质文明和精神文明建设服务。群众体育作为一种社会现象，它是一定社会政治、经济、文化的产物，维系着人民健康。随着社会生产力的不断发展和人们余暇时间的逐步增加，人们参加体育活动的机会和条件正在逐渐得到改善。群众体育的发展最终是促进人的发展，推动社会的发展。

第一节 社区体育

社区体育是群众体育的主要内容，也是发展群众体育的主要途径之一。社区体育对增强社区居民体质、增进社区居民之间的交流、丰富社区文化生活发挥着重要作用。经济和社会等外界环境的变化，使我国社区体育也发生了重要变化，带来了诸多问题，特别是面临人、财、物匮乏，而又急需创造多元化发展的格局时，如何提高社区体育管理水平显得更为迫切。

一、社区体育概述

（一）社区体育的发展沿革

1986 年，全国开始强化城市社区服务工作，从此以后，街道成立了社区性、服务性的机构，街道办事处和居民委员会旧的、传统的面孔增添了现代化社会中社区的新色彩。[①]

1989 年，天津市河东区二里桥街道成立了街道联合体协，在当年召开的街道工作经验交流会上，这种街道联合体协的模式得到重点推广。会后，该区领导参照民政部“社区服务”的概念，把这种体育形式定名为“社区体育”。[②] 随着社区体育的开展，到 1997 年 4 月，原国家体委、教委、民政部、建设部、文化部联合下发的《关于加强城市社区体育工作的意见》，对“社区体育”的概念做了明确表述，即“社区体育主要是在街道办事处的辖区内，以自然环境和体育设施为物质基础，以全体社区成员为主要对象，以满足社区成员的体育需求，增进社区成员的身心健康为主要目的，

---

① 王凯珍．社会转型与中国城市社区体育发展 [D]. 北京体育大学博士学位论文 ,2004.4.

② 李建国、吕树庭、董新光．社会体育 [M]. 北京：人民体育出版社 ,2004.10：127-128.

就地就近开展的区域性的群众体育。”[①] 1995 年国务院颁布的《全民健身计划纲要》十分明确地提出了社区体育发展的目标和任务：“积极发展社区体育，街道办事处要加强对体育工作的组织，发挥居民委员会和基层体育组织的作用，做好社区体育工作。体育行政部门要给予支持和指导。”1997 年 11 月，国家体育总局颁布了《全国城市体育先进社区评定办法（试行）》。1998 年，国家体育总局命名表彰了 158 个第一批全国城市体育先进社区。2004 年起，国家体育总局又在全国试点建设了 25 个社区体育健身俱乐部。每年各级体育行政部门投入 50 万元扶持建设社区体育俱乐部，扶持时间 2 年。国家体育总局计划每 2 年组织创建一次，每次建设社区体育俱乐部 25 个左右。[②]

社区体育的发展与城市社区的建设联系密切，与社区学校体育协同发展以及与社区内其他单位体育的相互融合等，已经初步形成了社区体育多元化发展的局面，同时与学校体育、单位体育的融合在一定程度上也增加了社区体育的资源，2009 年 10 月 1 日实施的《全民健身条例》也为社区体育的发展建立了政策保障。《全民健身条例》第二十八条规定：学校应当在课余时间和节假日向学生开放体育设施。公办学校应当积极创造条件向公众开放体育设施；国家鼓励民办学校向公众开放体育设施。县级人民政府对向公众开放体育设施的学校给予支持，为向公众开放体育设施的学校办理有关责任保险。学校可以根据维持设施运营的需要向使用体育设施的公众收取必要的费用。

（二）社区体育管理体制

1. 社区体育的机构设置

社区体育的管理机构主要包括领导体系、协调体系和操作体系。领导体系包含市体育局、区体育局、街道办事处和居委会；协调体系包括市体育总会、区体育总会、街道社区体协和居民文体委员会；操作体系包括市单项体育协会、区单项体育协会、街道单项体育协会和体育活动点、体育

① 王维婷．改革开放以来我国城市社区体育政策的研究 [D]. 苏州大学硕士学位论文，2010.3.

② 李伟．南昌市社区体育俱乐部经营状况调查分析 [D]. 江西师范大学硕士研究生学位论文，2009.5.

辅导站等。[①]

2. 社区体育管理的组织结构

街道社区体协以街道辖区为区域范围，以基层政府派出机构——街道办事处为依托，由辖区各单位和下属各居委会参与组织，采用理事会制度，机构附设在街道文教科、文化站或社区服务中心。它是一种街道辖区内的体育联合体。理事会是会员代表大会的执行机构，在会员代表大会闭幕期间领导本协会开展日常工作，对会员代表大会负责（图 5-1）。

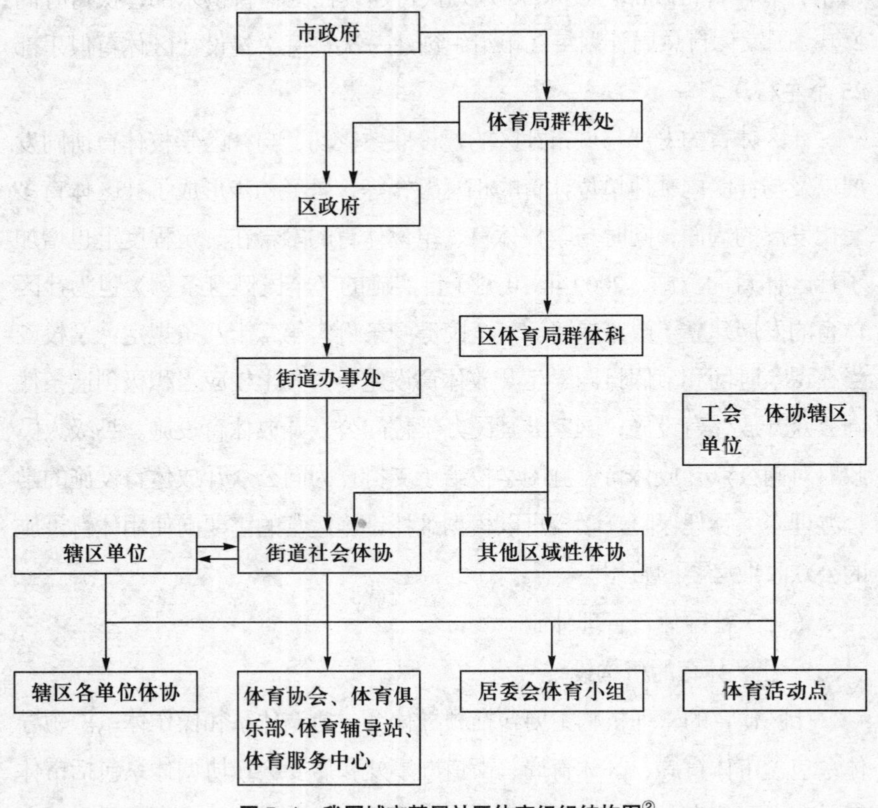

图 5-1　我国城市基层社区体育组织结构图[②]

① 任海，王凯珍，王渡，等. 对我国城市社区体育发展模式的研究 [J]. 体育与科学 .1998.4.

② 李建国，吕树庭，董新光. 社会体育 [M]. 北京：人民体育出版社 2004.10：139-140.

3. 社区体育管理的权限划分[①]

（1）街道办事处对辖区内的社区体育有领导、管理的职能，办事处应设置社区体育管理部门，配备体育干部；建立街道项目体协、人群体协等体育组织网络；选拔、培养体育指导员，提高体育指导水平；建立社区体育工作管理制度和工作档案；在体育部门的指导下，组织社区居民经常开展体育健身活动和竞赛活动。

（2）居委会在街道办事处的领导下，做好居住区晨晚练活动点等体育组织的建设和管理工作；通过多种形式的宣传和教育活动，提高居民的体育意识和体育兴趣。

（3）社区内的机关、学校、企事业单位要在分解单位社会服务功能的同时，增强社区意识，支持、协助街道和居委会开展社区体育工作，鼓励单位职工积极参加社区的各类体育活动,逐步实现体育利益取向的转变。

二、案例精选

案例一　常州：建立六大服务平台 全面推进社区体育

随着《全民健身条例》、《全民健身计划》的相继颁布实施，全国群众体育工作取得了可喜的成绩，社区体育蓬勃发展，各地的新举措、新成果不断涌现。

为全面指导广大市民科学健身、理性健身，常州制订了《三年行动计划》，明确提出：建立和完善“科学宣教、健身指导、信息服务、体育社团、品牌活动、体质测试”六大健身服务平台，不断提升全民健身服务水平。

科学健身宣教平台

在《常州日报》、《常州体育信息网》开设健身知识专栏；科学健身宣传进社区橱窗，向市民赠送科学健身宣传手册；针对不同健身群体，加强科学健身指导，创新科学健身方式，在机关中推行“网络在线健身工间操”。

① 李建国，吕树庭，董新光．社会体育 [M]. 北京：人民体育出版社 2004.10：141−142.

健身指导服务平台

加强社区体育健身俱乐部的建设，按照“有人员、有阵地、有经费、有活动”的要求，提高俱乐部的运转能力和自我发展能力；完善全民健身活动站点建设，全市每个晨晚练健身点、体育健身设施点、社区和行政村体育健身俱乐部配备 3 名社会体育指导员（全民健身志愿者），推行挂牌服务制度，公示站点负责人、健身指导员、健身项目等信息。

全民健身信息平台

建立全市全民健身服务信息平台，完善常州市全民健身数字地图，开设专家在线咨询服务、健身场所在线查询和预约服务，为市民提供全方位的全民健身信息服务。

体育社团展示平台

大力推进体育社团“三化五有”改革，开展体育社团星级评估。实施“322 工程”，各街道（乡镇）至少建成 100 人以上的全民健身特色团队三支，各社区（行政村）至少建成 30 人以上的两支，各晨晚练健身点至少建成 10 人以上锻炼队伍两支。

全民健身活动平台

市、辖市（区）每四年，街道（乡镇）每两年举办一次综合性运动会或全民健身节。倡导“一区一品牌、一区一特色”活动，全民健身活动实现全年有安排，月月有活动，活动有声势，阶段有高潮。发挥市文明办、农委、市级机关工委、教育局、民政局、商务局、卫生局、人口计生委、总工会、团市委、妇联、残联等市全民健身工作指导委员会成员单位的作用，举办全市老年人全民健身活动、妇女全民健身展示、健身家庭才艺展示、职工体育运动会、残疾人特殊体育运动会、新市民运动会及青少年阳光体育运动会等各具特色的、各类人群的全民健身活动。

国民体质测试平台

进一步完善国民体质监测网络，建立国民体质测试长效机制。建成市、区两级国民体质监测网络，建立市国民体质监测与健身指导中心；充实国民体质监测车辆、仪器和计算机监测系统，常态化开展国民体质测试活动；完善全市国民体质监测网络和国民体质数据信息库，每年公布国民体质监测报告。

（改编自：《常州：建立六大服务平台 全面指导科学健身》，国家体育总局网站，http://www.sport.gov.cn/n16/n1107/n2069698/2785773.html2012 年 4 月 12 日。）

案例二 乌鲁木齐社区体育发展的困境

2010 年 8 月 8 日是全国第二个“全民健身日”，乌鲁木齐各族群众在各大公园、广场、绿地及体育场馆等公共场所举行了丰富多彩的健身活动。市民虽对体育健身的热情高涨，但体育设施资金投入不足、社区体育健身场所萎缩、体育设施缺乏科学有效的管理和维护等，已经成为社区体育发展的桎梏，制约着乌市社区体育事业的进一步发展。

社区体育设施建设不足

家住乌鲁木齐冷库社区的李大爷，每天清晨的“必修课”是健身而非娱乐，但这几年，他所在的社区健身设施由于年久失修，导致还能使用的健身器材数量不足，很多附近的老人不得不“长途跋涉”到较远的公园内寻找健身器锻炼身体。但是，公园内锻炼的人很多，健身器常常被全部抢占，远不能满足喜爱健身人们的需求。借助健身器锻炼身体是李大爷退休后的一大嗜好，这样的运动他已经坚持了近十年了。今年春夏以来，李大爷发现公园内的健身器开始“走俏”，每次赶到公园时，健身器都被早到者占领了。已经坚持了这么多年的“必修课”，不得不遗憾地“搁浅”了。

据乌鲁木齐市体育局的有关资料显示，截至 2010 年，乌鲁木齐已累计投入社区体育设施 700 多套，而将这些健身器材分配到全市的 400 多个社区，显然是杯水车薪，社区体育设施远远不能满足目前居民的健身需求。

社区体育资金投入不足

在乌市碱泉街一社区门前，早市异常红火，小商贩们在路边摆放的蔬菜、小商品，将附近仅有的几个健身器材团团围住。据附近一居民介绍，这里以前是居民晨练的地方，但自从开了早市后，再也无法晨练了，那些体育设备由于长时间得不到利用和维护，上面的零部件逐渐生锈失灵，最终不得不被遗弃。除了体育设施不完善外，一些社区已投入使用的设施，由于年久失修，导致部分设施无法正常使用，成为“摆设品”。

据乌鲁木齐新希望社区负责人介绍，体育设施的后期维护是一笔不小的开支，但对于一些财力比较紧张的社区来说，由于缺乏必要的经费保障，直接影响社区体育设施建设的发展，而要及时维护这些体育设施，就更显得力不从心了。

据乌市体育局群体处处长车淑霞介绍：目前社区体育文化事业已成为中老年人休闲娱乐的阵地。截至 2009 年底，全市户籍 60 岁以上老年人口 31.84 万，占总人口的 15.7%，特别是乌鲁木齐进入老龄化社会后，面对这一实际，加大老年人文化体育事业的资金投入，是促进社区体育文化建设健康发展的有效途径之一。乌市社区体育设施建设主要是通过政府投入、企业捐赠、福彩事业、社会筹集资金等多渠道予以帮扶，但这远远不能满足社区居民的需求。

社区体育管理机制运作缺乏效率

冷库社区有近百余平方米的健身场地，可是，靠近居民楼附近的健身器材经常被附近居民当做晾晒被单、衣物的架子。附近的居民们说，到了下午，卖瓜果的小商小贩总会挤占这块健身的场地；到了晚上，甚至成为私家车的停车场。小区几百户居民根本没法锻炼。不仅如此，还有些路边的小饭馆把饭菜渣直接倒在健身场地，污水四溢。自新希望社区设立健身设施以来，从未有专业人员来指导居民如何进行体育锻炼，甚至有些居民都不知道健身器如何使用，盲目健身导致扭伤身体的事时有发生。一些市民呼吁有关部门建立社区健身长效机制，加强社区健康点的监管和指导。

针对体育设施后期维护，乌市体育局的做法是，除了给一些社区建设体育设施外，还要经常维护体育设施。但一些企事业单位、社会个人就很难对此做出捐赠，而财政上又没有专项的维护资金对其进行日常维护及更新，一些社区也没有专人对社区体育健身器材进行维护及监管，以致出现社区体育设施后期维护跟不上的问题。

（改编自：白杨，《乌鲁木齐社区体育设施难“解渴”》，天山网，http://www.tianshannet.com.cn/news/content/2010-08/10/content_5150408_2.htm2010 年 8 月 10 日。）

案例三　社区体育，如何在城市中前行

成都市市委、市政府对体育工作，尤其是全民健身工程的关注程度越来越高，社区体育也得到长足发展。然而，由于早年在规划和管理体系上的缺失，留给社区体育的发展空间已非常狭窄。社区体育遭遇的尴尬可以引申出很多思考，归根到底，它体现的是我们在体育公共服务体系方面的缺陷。再深层次探究，也许还有群众健身与经济发展的内在矛盾。在全民健身已被纳入民生工程的时期，当“运动成都”成为城市宣言的时候，这些问题迟早会得到妥善解决。

维护健身器材，属地化管理落到实处

成都市二环路以内的健身路径和设施已基本达到了全覆盖。然而，场地和器材增加后，新的问题也随之而来了——路径、器材安装完毕后，后续的管理和维护，甚至于安全，究竟应该由谁来负责？2000年成都市体育局为人民公园安装了一套健身路径，这也是全国首批安装的健身路径。公园管理方对此非常欢迎，但随后出现的问题却让他们非常难堪——一男子到健身路径上运动不慎摔伤，随后他要求公园方面赔偿。调查后发现，该男子是因为违规操作才摔伤的，人民公园因此避免受“连累”。虽然健身器材的管理方排除了责任，但这种事情的发生让他们在健身器材的安装和维护上有了抵触情绪。

现在，这个问题已逐步得到了解决，生产商在器材出厂时都买了保险。而在健身设施的管理上，将实行属地化管理，也就是说体育局或者其他器材分发、捐赠单位负责将设施送到指定场地，安装完毕并调试合格后，在器材保质期内的维修、维护由器材生产商负责，超过期限后，则由场地、器材所属地的社区负责维护和管理。这种属地化、分级管理，已在大多数地方施行。

健身场地遭占，体育部门呼唤监督权

傍晚时分，宏济新路世纪朝阳小区三号门外的休闲广场人头攒动，前来锻炼的人最高峰时超过千人，然而，这里的居民争取到健身权利并不容易。原本规划的是休闲广场，后来有人开始在这里停车，车慢慢地越停越多，有关部门安排了人看守收费，于是这里就成了停车场。自从几年前被人放置两个垃圾桶后，这里就变成一个垃圾场。据悉，类似这种体育设施、场地被侵占或挪作他用的事例，在全市范围内还有不少。成都市区人口密集度很高，体育设施本就不够用，再加上各种形式的蚕食，对健身场地的影响可想而知。对于这种现象，市体育局社区体育处负责人只能表示无奈，他们不是不想管而是管不了，因为体育局虽然可以提出建议，却无权对实施情况进行监管。

成都体院副院长刘青曾参与《2008年成都体育产业发展报告》的编撰工作，对类似现象有深入的了解。他认为，解决社区体育设施、规划被侵占、篡改的最佳方式是赋予体育部门相关的监督职能，参与建设规划、检查及验收。“对于体育设施被侵占的问题，规划部门并没有相关条款，所以最好的办法是通过人大立法，赋予体育部门相关职能权力。”他举例说，“比如一个住宅小区，环保、消防验收通不过就无法投入使用，那么能否增加体育设施这一项？”

运动场馆不足，新建场馆大多有点远

由于种种原因，成都市体育场馆设施建设仍远远落后于城市发展速度。据统计，目前成都市人均公共体育场地仅为0.7平方米，低于1.1平方米的全国百万人口城市的平均标准。就是在这人均0.7平方米里，还包含有全市的学校体育设施。如果把学校的体育设施剔除，成都市人均公共体育场地将急剧下降到0.3平方米。

体育场地可以划分为比赛、训练和健身三大类，成都缺少一流的体育比赛场地，2009年国际篮联两次来成都考察，最终因场馆问题未能将成都纳入2010年世界职业俱乐部锦标赛举办城市之列。训练场地方面，成都每年有15 000名青少年接受专业体育训练，但场地条件略显不足。至于健身场地，成都虽然年年都要铺设大量健身路径，但提供的健身方式相对单一，配置水平相对较低。在综合性体育场馆方面，已有的场馆不能完全提供运动健身功能，场馆挪作他用的现象十分普遍。“十五”期间，成都市大力推进体育设施建设，新建、改建了一批体育设施，但必须注意的一点是，新建体育场馆大多位于三环路之外，不但不便于市民健身，体育场馆承担突发事件的应急功能也难以得到体现。

学校设施开放，考验管理也拷问素质

为弥补全民健身体育设施不足的问题，国家体育总局和教育部联合发出了学校体育场馆向社会开放的通知，成都市成为全国首批5个试点城市之一。学校体育场馆开放后，极大方便了市民健身，但施行三年来也暴露出不少问题，使得不少学校不愿再向社会开放。

影响学校开放的因素主要有三点：一是观念问题，二是管理问题，三是补偿机制问题。观念问题存在于开放初期，部分学校只是单纯地不希望教学工作受到干扰，这种观念具有普遍性；管理问题则比较具体，学校对向社会开放后可能导致的卫生、安全隐患感到担忧，更害怕出现意外事件；补偿机制问题具有现实性，学校向社会开放体育设施后体育设施的损耗也明显加快，器材维护成本相应增加，因此需要对学校做出补偿。然而补偿经费的来源并不确定，各地区经济水平不一样，补偿金额也不一样。观念可以改变，管理可以完善，不过上级部门的配套支持也应尽快到位，这才是解决学校体育设施向社会开放的矛盾之主要办法。

（改编自：肖竹、胡锐凯，《社区体育在城市夹缝中前行》，成都日报，2009年6月9日。）

思考问题：

1. 根据案例一思考常州社区体育工作对我国社区体育管理有何启示？
2. 根据案例材料思考我国社区体育管理体制的优势和劣势？
3. 社区体育管理体制改革的重点工作有哪些？
4. 如果你是成都市体育主管部门的负责人，你将如何改善成都市社区体育的现状，你会制订怎样的发展规划？

第二节 农村体育

农村体育是指在县以下广大农村开展的，以农民为主要参加对象，以提高农民身心健康水平、丰富农民精神文化生活，促进社会主义物质文明建设为主要目的的大众性体育活动。[①] 农村体育是在农村地区开展的、以农民为主要参与对象的文化体育活动。随着我国社会主义事业的发展，农村正在发生着翻天覆地的变化，农村体育同样迎来了快

① 周学荣、谭明义．社会体育学概论 [M]. 哈尔滨：黑龙江人民教育出版社，2004.

速发展的机遇。

一、农村体育管理概述

（一）农村体育的发展沿革

1. 新中国成立初期的农村体育

1949 年 9 月 29 日，《中国人民政治协商会议共同纲领》第 48 条规定："提倡国民体育。"百废待兴、要务纷多之时，国民体育被列入建国章程之中，可见其重要地位。1953 年 6 月 24 日，青年团中央书记胡耀邦同志在中国新民主主义青年团第二次全国代表大会工作报告中指出："青年团的组织必须发动和组织青年参加各种体育活动和运动竞赛，协助和支持体育组织开展群众性的体育活动。"[①] 1953 年 6 月 30 日，毛泽东主席在接见中国新民主主义青年团第二次代表大会主席团时，号召全国青年做到"身体好、学习好、工作好"，更是激起了广大农村青年为革命锻炼身体的热潮。1955 年 7 月，新民主主义青年团二届二中全会通过了《关于加强青年业余文化工作的决议》，这份文件的第三部分第四条规定："在农村应倡导组织民兵和青年喜爱的体育活动。"这是目前能收集到的，中央一级组织机构提倡开展农村体育最早的文件。[②] 1956 年 6 月 10 日，国家体委和青年团中央在北京联合召开了农村体育工作座谈会，这是新中国成立以来第一次召开的有关农村体育会议，会议确定了农村体育工作的原则，提出了农村体育工作必须服从生产，坚持业余、自愿原则，开展简单易行体育活动的方针[③]。1965 年 3 月 11 日，国家体委发出《关于青少年体育锻炼标准（草案）的通知》，将 1958 年颁发的"劳卫制"整理修改，颁发了《青少年体育锻炼标准条例（草案）》，经济形势好转后的一系列

① 编委会 . 中国体育年鉴 1949—1962[M]. 北京：人民体育出版社，1964.

② 夏成前，田雨普 . 新中国农村体育发展历程 [J]. 体育科学，2007 年（27）10：32~39.

③ 编委会 . 中国体育年鉴 1949—1962[M]. 北京：人民体育出版社，1964.

体育工作举措，开启了新一轮农村体育的发展。[①] 新中国成立初期农村体育的发展从零开始，在摸索中前进，在前进中不断创新，探索出适合中国国情的农村体育发展途径，为后来农村体育的发展奠定了基础。

2. 特殊时期的农村体育

“大跃进”期间，农村体育运动的“高指标和浮夸风”也开展起来，在《体育十年发展规划》中，提出的主要指标是：“10 年内通过劳卫制标准的人数，第一本账 1 亿 5 千万，第二本账 2 亿。”具体到农村指标是：“全国农村有各种运动队 300 万，队员 3000 万人，基层体育协会 60 万个，会员 2790 万人，基层运动会每年平均 129 次到 277 次。”并要求“5 年内做到每个乡有两个体育场、1 个体育辅导站、1 个体育馆、1 个游泳池，在 4 至 5 年，甚至更短的时间内普及农村体育”。许多地方大搞“千人表演，万人誓师”和“停产突击”，出现了“白天千军万马，晚上灯笼火把”等突击锻炼形式。[②] 农村体育先进典型高唐县，在短短一个多月时间内，农村体育的面貌得到“根本改变”，全县 2 个乡、127 个农业生产合作社普遍建立了体育协会，发展会员 32281 人，有 41000 多人参加体育活动，占全县青年的 60%，而且全县乡乡社社都修建了小型运动场。[③]“大跃进”和“文革”期间农民完全没有业余时间，农村的文化生活被狂热的政治生活代替。农民体育的热情被强烈的政治化，因此，这一时期农村体育也只不过是空洞的口号而已。

3. 改革开放时期的农村体育

改革开放时期，农村社会开始呼唤传统的宗法制度回归，一些宗法组织和农村自组织开始成立，济贫和维护家族声望功能的民间互助组织、庙会组织、祭祀组织开始应势而生。由此使民间的传统体育活动慢慢开始回归。如：节日的祭祀、庙会活动的舞龙、舞狮和丰富的文艺舞蹈表演增加了民众的体育文化活动。[④] 十一届三中全会通过的《农村人民公社工作条

① 夏成前，田雨普．新中国农村体育发展历程 [J]. 体育科学，2007 年（27）10：32~39.

② 周学荣，谭明义．社会体育学概论 [M]. 哈尔滨：黑龙江人民教育出版社，2004.

③ 推广高唐县体育和生产拧成一股绳的经验 [J]. 体育文丛，1958，（7）:6.

④ 吴生海．和谐社会引导下的农村体育发展研究 [D]. 湖南师范大学硕士学位论文，2009，3.

例（试行草案）》第11章第46条规定：“开展业余文艺体育活动，活跃社员的文化生活。”[①] 这为农民开展文体活动提供了政策支持。我国恢复并完善了各级各类社会体育组织，有效地推动了农村社会体育的发展。由于体力劳动的需要，强壮者在农村是受人尊敬的对象。农村涌现出一批批武术之乡，诸如河北沧州、河南陈家沟、福建石狮、永乐、江苏沛县等。农村里的“体育之乡”也越来越多。群众体育更加普及，如广东东莞市有一半以上的人会游泳，参加系统游泳练习的人数超过千人。[②] 由于国家政治色彩的淡化，农村体育的发展逐渐步入正轨，但是却需要一定时间。这不仅需要政府在政策制度上的倾斜和关照，还需要社会民间力量的注入，才能使得农村体育的发展更加强劲。

4. 新时期的农村体育

2004年，在江苏淮安举行的全国农村体育年启动仪式，与会者达成共识：“没有农民的小康，就没有中国的全面小康。农民体育、农民健康和农民健身是‘三农’课题中的应有之义。”农民体育在我国体育事业中的基础发展地位得以明确的表述。由国家体育总局倡导设立“农村体育年”，并在全国组织开展以体育场地设施、体育健身指导和体育科普知识为内容的“体育三下乡”活动。此项活动虽然引起了各级政府的重视，促进了各地农村体育活动的开展，但效果并不尽如人意。[③] 这可以从一些新闻报道中反映出来：有些地方召开的农民运动会，其参赛选手没多少农民，大都是一些学生、运动员去替代的，因而流于形式；因此有记者说农民运动会上“你能找到真农民，那可真是抢到好新闻了”。这种现象折射出我们思想观念上的一些误区，因为我们的体育管理部门对农村体育的认识，以及对农村体育的指导工作，经常自觉或不自觉地套用现代城市体育的模式，如把体育成绩、体育人口、场地设施、赛事活动作为评判标准，并将农村体育的着眼点放在小城镇上，如体育先进县、体育先进乡镇的评选，这却很少真正符合普通农民的实际状况。

① 编委会．中国体育年鉴1978[M]. 北京：人民体育出版社，1981.

② 田雨普．中国群众体育探究[M]. 北京：人民体育出版社，2004.

③ 吴生海．和谐社会引导下的农村体育发展研究[D]. 湖南师范大学硕士学位论文，2009，3.

农村体育的发展固然存在这样那样的问题，但是农村体育到今天取得的成绩也是不能磨灭的。

（二）农村体育管理体制

目前，我国农村体育的管理模式基本上采用五级垂直管理：省体育局、市体育局、县文体局、乡（镇）文化站、社会体育团体（民间体育组织）。其中在县级体育机构中，有的仍称为县体委，有的改为文体委（局）、教体委（局）、体育局、文化体育局、社会发展局、文教体委、文教体卫委、文教体卫广播委等，名称有40种之多。

从政府管理系统分析，县一级政府体育主管部门在农村体育管理中起到了重要作用。县体委具有政府管理职能，并辖有业余体校、体育指导中心、体育场馆等事业单位和实体。县体委依法对全县体育事业、体育产业的发展进行监督、管理等。从社会管理系统分析，农村体育的管理部门主要包括共青团、妇联、体协和农民体育组织等。中国农民体育协会成立于1986年，面向广大农村、广泛开展群众性体育活动，普及与提高相结合，以增强农民体质，促进农村两个文明建设为己任。

农民体育组织主要包括基层体育指导站、体育健身点等。这类组织的主要职能是：根据规程筹集活动经费、发展会员、增加农村体育人口，为会员提供活动场地、器材和技术指导等，组织某些相关活动的比赛或集会等，积极发展与其他相关协会之间的联系等。

二、案例精选

“举国体制”助力于农村体育发展

2004年，是国家体育总局定的“农村体育年”，在“生活奔小康，身体要健康”的主题指导下，广泛开展以体育场地设施建设、体育健身指导和体育科普知识宣传为内容的“体育三下乡”活动。以山东省为例，山东省体育局、文明办、农业厅等部门联合发文，积极组织实施。首先，将本年全省从体育彩票公益金中提取的第八批全民健身工程资金全部用于农村，重点扶持10个县、100个乡镇、1 000个村的体育健身设施建设，逐步形成县、乡、村三级体育设施网络；其次，对所有乡镇体育骨干进行培训，按照业余、自愿、小型多样和因人、因时、因地制宜的原则，广泛组织开展农民健身活动，指导群众科学健身；另外，编写、发放《农民健身指导手册》及宣传挂图等，普及体育健身知识，并组织测试队为农民提供体质测定服务。①

2008 年 11 月 1 日第六届全国农民运动会在福建泉州闭幕。本届农运会共设 15 个大项、180 个多个小项，来自全国各地的 3 000 多名运动员参加了比赛，比赛项目和运动员人数都是规模最大的一届。在这个精彩的舞台上，农民成为主角，竞技成为载体，健身成为主题，欢乐成为主调。3 000 多名农民运动员的风采，以及农运会期间的经验交流、经贸活动等，集中展示中国农村 30 年改革发展和社会主义新农村建设的伟大成就，尤其是农村文化建设和农民健身活动的风貌。体育不仅包含提高农民身体素质的基本内涵，还是提高农村和农民文明程度，普及现代文明的生活方式，全面提高农民整体素质的重要载体。②

2009 年 8 月，《无体育则无新农村》的精彩演讲在“体育与农村发展论坛”上赢得了与会代表的一致认同。这也预示体育将会成为社会主义新农村建设的重要指标。体育为农村注入活力，让农村变得有生气；有利于农民身心健康，丰富农民娱乐生活，减少农村旧风陋习，实现社会和谐稳定。农民需要体育，但发展农村体育须与农民的生产、生活方式以及农民的文化品行相适应，坚持实事求是、因地制宜的原则。尽管有《体育法》、《全民健身计划纲要》和《农村体育工作暂行规定》等法律法规，但农村体育仍是一项边缘性事业，许多领导根本就不重视。农村经济社会结构转型带来客观困难，大量的青壮年流向城市，农村体育的参与者大多为老、弱、病、残者。在中国的历史上，农民劳苦功高，他们像牛一样勤劳，像土地一样奉献。开展农村体育，特别要照应农民的两大特性——勤劳和贫

① 赵海波 .“农村体育年”山东启动“体育三下乡”活动 [N/OL]. 新华社 .2004-4-18. http://gb.cri.cn/41/2004/04/18/301@133036.htm.

② 吴俊宽、刘卫宏 . 快乐、共享、进步 第六届全国农民运动会综述 [N/OL]. 新华网 .2008-11-01.http://news.xinhuanet.com/sports/2008-11/01/content_10292840.htm.
新华社评论员 . 第六届全国农民运动会在泉州开幕 [N/OL]. 新华网 .2008-10-26.http://www.gxnews.com.cn/staticpages/20081026/newgx490466c7-1730952.shtml.

困。农民总体上还穷，有些地区农民可能一年洗不了一次澡，也不宜开展激烈的体育活动。①

2010 年 4 月 8 日中国农民体育协会第五届全国会员代表大会暨 2010 年全国农民体协工作会议在河南郑州召开，选举产生了中国农民体育协会新一届委员会。会上决定，在今后的工作中，要坚持把服务“三农”作为体协工作的根本宗旨；要坚持把提高农民群众身体素质作为体协工作的中心任务；要坚持把加强对农民体育活动的组织与指导作为体协工作的重要内容；要坚持把拓展职能、增强自我发展能力作为体协改革的首要任务。

中国农村面积广阔，农业人口众多，经济地理条件和文化传统、思想观念的差异导致各地农民体育发展不平衡。总体而言，农村开展全民健身活动的条件还很薄弱和落后，农村体育既是全民健身的重点，也是难点。广西壮族自治区的农运会创办了多年，但基层一直怕增加负担，不愿申办，如果实行全区各地市轮办，可以一直排到 2068 年。在甘肃，作为社团组织，农民体协应当积极争取政府部门和社会各界的支持，不能独家撑持。河南的乡村体育事业虽然亮点颇多，然而，存在的不足之处也不容忽视。乡村体育场地、设施总量较少，大多比较简陋，经济欠发达乡村的体育场地和设施更是严重不足，喜爱体育的农民只得在庭院、空地等场所进行活动。②在江西，87.6% 的乡镇都没有体育运动委员会，有的只有牌子，没有专职管理人员编制，附属在乡镇文教办，文教办有一人兼职管理体育运动委员会工作，主要是负责对所属乡镇中小学体育工作的管理。

思考问题：

1. 以案例为依据，回答农村体育采取哪种管理体制更能够符合农村

---

① 张哉麟．无体育无新农村 政府部门要重视 [N/OL]. 中国新闻网 .2009-8-21.http://www.chinanews.com.cn/gn/news/2009/08-21/1828061.shtml.

② 郭涛．中国农民体育协会第五届全国会员代表大会在郑州召开 [N/OL]. 中国经济网 .2010-4-12.http://district.ce.cn/zg/201004/12/t20100412_21261496.shtml.
张绚．农村体育基础亟须强化 体育场地设施有待完善 [N/OL]. 人民网 .2010-4-14.http://city.cctv.com/html/yundongchengshi/03d12d2618ac171efa32037a82b4e223.html。
吴志全．中原乡村体育的喜与忧 人均体育场地面积太小 [N/OL]. 郑州日报 .2009-11-24.http://www.dahe.cn/xwzx/sz/t20091124_1699885.htm
徐国根，江志强．江西农村体育管理模式及运行机制的研究 [J] 农业考古，2007.3.

体育的实际情况。

2. 根据案例总结当前农村体育面临的问题。

3. 结合案例分析农村体育改革的措施。

第三节 职工体育

职工体育是有一定的组织、按照一定计划开展的，由职工自愿参加，以增进身心健康为主要目的、内容丰富、形式灵活的一种社会体育。[①] 随着体育社会化程度的加深，职工体育的内涵也逐渐发生了相应的变化。职工体育成为企业、事业单位在职人员以运动为基本手段，以增进健康、提高生活质量为目的的教育过程与文化活动。[②]

一、职工体育管理概述

（一）职工体育的发展沿革

1. 职工体育的起步之初（1949—1957 年）

新中国成立之后，百废待兴，国民体质尤为羸弱。为了适应社会主义建设，党和国家领导人发出了一系列号召，动员职工参加体育锻炼，提高健康水平。1952 年毛泽东和朱德同志相继发表了“发展体育运动，增强人民体质”、“普及人民体育运动，为生产和国防服务”的题词。[③] 1954 年党中央做出“工会要具体领导工矿企业中的体育工作”的指示；同年国

① 卢元镇 . 中国职工体育全书 [M]. 北京：红旗出版社 ,1997.

② 刘志敏 , 聂真新 , 王树金 . 大中型企业职工体育的现状与对策 [J]. 体育文化导刊 ,2007（2）:13~15.

③ 邱永诚 . 从经济视角考察群众体育与竞技体育的协调发展 [J]. 体育科学研究 ,1993(04):15

务院又发出了《在政府机关中开展工间操和其他体育活动的通知》，对工间操活动的组织领导等都做了规定，并大力提倡早操和球类等体育活动。11 月份全国总工会和国家体委在北京召开了第一次职工体育工作会议，会议制定了《关于开展体育活动的暂行办法纲要》，指出“积极领导，逐步发展”的方针。[①] 为了提高和检阅职工体育活动的质量，于 1955 年 10 月在北京召开了我国第一届工人运动会。首届工人运动会的举办，使工人的体育竞赛达到高潮。在职工体育活动广泛开展的同时，各级体育部门、工会组织和许多基层工矿，不但配备了专职体育干部，而且还普遍建立、健全了职工体育组织，到 1958 年，形成了国家、部门（行业、系统）和单位相结合的组织实施系统。职工体育成为这一时期我国体育事业的核心，通过兴建体育设施，制定相关的体育制度，培训体育人才，将体育与爱国主义结合起来，激发职工参与体育的政治责任感，掀起了规模宏大的职工体育热潮。[②]

这一时期，在党和政府的极力倡导、统一领导以及有效组织下，随着国民经济的恢复和发展而逐步有计划地得以开展，体育不断深入基层厂矿企业。但是，由于新中国成立初期对某些问题认识存在片面性，使得这个时期的职工体育价值观具有浓厚的民族自尊和国家利益倾向。[③]

2. 职工体育的徘徊发展（1958—1965 年）

1958 年党中央确立了我国社会主义建设的总路线。党的八大二次会议把提倡体育列为文化革命的主要任务之一，并作为振兴民族精神的重要措施。在具体实施这一方针的过程中，由于受极“左”思想和社会上盛行的浮夸风影响，群众体育虚报成风，形式主义泛滥。1959—1961 年的三年自然灾害，群众体育在数量和规模上受到影响。1962 年 12 月在北京举行的全国体育工作会议上，分析了自 1961 年贯彻中央“八字方针”，群

---

① 张少云，徐振兵．浅析新中国职工体育的发展及其未来趋向 [J]. 体育科学研究，1992（04）:25.

② 赵立，赵锡利，王港．我国与发达国家群众体育发展条件的比较研究 [J]. 哈尔滨体育学院学报 .1992，（4）:15−16.

③ 孙葆丽，孙葆洁，潘建林．我国群众体育发展的历史回顾 [J]. 体育科学 ,2000，（1）；13−16.

众体育工作调整以来的状况，认为1963年要加强群众体育工作的领导，并确定在1963年从国家体委到各级体委都要抓群众体育工作。明确了在厂矿和机关中，配合工会和基层体协开展职工体育活动，以城镇为重点，逐步恢复农村群众体育活动的方针。[①] 1963年以后，随着国民经济形势开始好转和人民生活的改善，职工体育活动在总结前期工作的基础上，提出"业余、小型、短期、就地就近、基层自办为主"的原则后，才得到恢复并有了一些新的发展。然而若从总体上讲，这一时期在极"左"思想的影响下，职工体育处在徘徊之中。[②] 以致职工体育的发展退步了。虽然，形式上有部分职工参与锻炼，但是，实际上职工体育的正常秩序受到冲击，背弃了体育发展的客观规律。同时，职工参加体育锻炼的热情和积极性也受到了负面影响。

3. 职工体育的"跃进"发展（1966—1976年）

"文化大革命"十年动乱，体育事业遭到了极其严重的破坏，但群众体育凸现此起彼落的阶段性特征，并曾一度复苏甚至出现局部的兴盛。职工体育在这一过程中起到了推动作用，在"文化大革命"初期，职工体育受到"政治冲击一切"，"路线代替一切"，"以阶级斗争为纲"等思想的影响，各级体育部门陷入瘫痪，职工体协及业余运动队被迫解散，体育场地或是被破坏或是被挪作他用。这一时期的职工体育处于一种非正常状态，在"突出政治"的干预下，提出"抓革命有理，促生产有罪"的口号，职工体育被当做政治工具来冲击和干扰生产，形式主义发挥到极致。[③]

这一时期，职工体育整体上处于停滞状态。虽然在政治运动的影响下，局部出现"繁荣盛世"，但是已偏离体育的本质，不过是政治任务的外显，不具备职工体育的特色和规律。

4. 职工体育的恢复阶段（1977—1990年）

1978年9月，国家体委转发了《关于加强城市体育工作的意见》，

① 谢琼桓．近半个世纪以来蓬蓬勃勃发展的群众体育[J]. 福建体育科技，1992（01）:28.

② 杨建海．社会转型期山西省大中型企业职工体育管理现状研究[D]. 北京体育大学硕士学位论文，2008，10.

③ 伍绍祖．中华人民共和国体育史[M]北京：中国书籍出版社，1999.26.

要求厂矿、机关、经贸、企业、科技等单位开展以广播操为主的形式多样的体育活动，力争做到每天半小时体育锻炼，受到各级单位和职工的重视与响应。1979年2月在北京召开的职工体育工作会议指出："全党工作着重点转移后，职工体育工作必须把注意力集中到加速实现四个现代化服务方面来，职工体育工作为实现四个现代化服务，是通过增强职工体质来实现的。"[①]1978年以来，城市职工体育的组织领导机构逐渐恢复，职工体育逐渐规范化、制度化，开始出现了比较完整的体系。在1985—1990年间，总工会、妇联、国家体委在全国范围内举行了"第二届工人运动会"、"全国百万职工冬季长跑"、"全国基层职工足球竞赛"、"全国职工健身七项锻炼标准"和"百日锻炼迎亚运"等活动。截止1989年，全国已有各行业基层体协4 000多个，专职体育干部4 000多人，兼职体育干部2万多人；全国有4 161万职工参与体育活动，占职工总数的30%；全国49万多个基层厂矿建立了运动队，体育锻炼小组18万个；有300多个大、中型企业办了高水平运动队。同时，为了提高职工队伍的体育运动水平，企业自办或联办业余体育学校。1986年，国家体委曾专门召开会议并成立了企业办运动队联合会。[②]

这一时期，职工体育渐渐恢复，并步入正确的发展轨道，不仅使管理体制和制度得到充实，在社会力量的培植和具体职工体育活动上也进入有序状态，推动了职工体育本身的发展，也为精神文明建设起到了极大推动作用。

5. 职工体育的全面发展（1991年至今）

市场经济体制的转型和建立，使职工体育受到冲击。在市场经济的压力下，企业注重经济效益，开始精简机构，工会体育管理人员首先被压缩，以前若干个人干的工作现在由一两个人负责，职工不能占用工作时间锻炼身体。而随着生活水平的提高，职工价值取向多样化，体育场地被出租占用，使得职工体育开展难度增大。[③]

① 赵国雄．有计划的商品经济与群众体育的发展[J]成都体育学院学报，1992（02）:20.

② 伍绍祖．中华人民共和国体育史[M]北京：中国书籍出版社，1999.32.

③ 龚建林．试论我国职工体育发展模式的转变[J]. 浙江体育科学，2007（03）:39.

从1993年到2003年的10年间，私营企业增长了33倍多，私有企业工人比例大幅上升，由于我国私有企业大都处于原始资本积累阶段，缺乏对职工的体育投资意识，所以大多数私企职工体育基本上处于无人过问的状态。① 三资企业职工体育活动的开展与企业所在地区的经济发展水平有一定的关系，沿海经济发达地区和内地大中型城市的三资企业在一定程度上都组织过企业职工体育，三资企业职工体育活动的开展与企业类型和规模有关，一些大中型的欧美企业，特别是跨国公司十分重视企业文化建设和体育娱乐活动的开展。而三资企业职工体育面临的最大问题就是缺乏职工体育管理与指导人员。② 在市场经济条件下，职工体育的参加对象、目的、特征、活动内容和空间形式都发生了变化，而我国现行的职工体育管理体制正处在由计划经济时期的管理体制向与市场经济发展相适应的管理体制过渡的阶段，职工体育还面临着许多困难。

（二）职工体育管理体制

目前我国职工体育实行的是“双轨制”管理，管理体制的最高层由全国总工会和国家体育总局组成。全国总工会设有宣教部文体处负责职工体育工作，其职责为：调查、研究职工体育工作情况，协助制订我国职工体育的工作方针、政策；进行职工体育理论研究；了解、总结基层工会体育的工作经验；对工会系统的体育工作进行指导；倡导并开展职工体育活动和竞赛；培养和训练体育干部。国家体育总局群众体育司对职工体育工作加强指导性管理：实施指导、协调、监督职能，在业务上进行管理；以竞赛为杠杆，通过评比推动职工体育工作的开展；负责对职工体育方针、政策、制度、规划的制订，运用宏观调控手段，在面向全民的基础上，加强对职工体育工作的指导、配合、协调，充分发挥各级工会对职工体育的组织领导作用。

职工体育管理的中层由省市县级工会和体育局构成其政府管理系统；由行业体协构成其社会管理系统。其中省市县级工会的职责为：制订体育

① 周建军，仇军，樊恒学．我国“单位体育”的过去和未来[J]．体育学刊，2004（09）:14.

② 兰自力．我国三资企业职工体育管理体制与运行机制的研究[J]．北京体育大学学报，2007（05）:594~596.

工作计划，编制经费预算，领导开展所属单位职工体育运动；深入基层协助开展体育运动，并就典型活动重点试行，以取得经验；定期检查职工体育运动的开展情况，总结与推广经验；培养与训练体育干部和积极分子；定期组织所属职工体育运动竞赛；经常进行体育运动的宣传教育；规划并进行运动场地设施的修建。行业体协的职责为：宣传贯彻党和国家的有关体育方针和政策，根据行业特点开展体育活动，培养和造就体育骨干和积极分子。

职工体育管理的基层由基层工会体协和基层体协两个主要部分构成。基层工会体协的职责：根据上级部门提出的方针、任务，制订和执行本单位职工体育的计划，领导开展本单位的职工体育运动，并总结工作；利用各种宣传工具和活动场所对职工进行宣传教育，使职工主动地参加体育活动；组织各种运动竞赛，并予以技术指导，选拔和训练本单位代表队；培养和训练业余体育骨干和积极分子。基层体协的职责为：积极宣传、贯彻党和国家有关体育工作的方针政策，宣传群众体育知识和技能；广泛吸引和组织职工群众经常参加体育锻炼，提高健康水平和运动技术水平，活跃职工的业余生活；组织基层运动会和单项竞赛，发现和选拔高水平运动员为本系统、本行业和国家输送优秀体育人才；培养和训练体育骨干和积极分子。

二、案例精选

案例一　职工体育不断滑坡？[①]

刚刚进入“十五”规划的时候，国家体育总局进行了一次全民体质情况调查，结果显示，各项数字都在随着经济的发展不断改善，只有一个数字让他们感到担忧，这就是与“九五”期间相比，全国职工中的体育人口（经常参加体育锻炼的人）数量呈现明显下降的趋势（减少了6.2%）。与“九五”

① 工人日报天讯在线.体育活动是工会密切联系职工的重要手段——来自基层工会的声音[N/OL]. 2006-1-04.http://news.sina.com.cn/c/2006-01-04/01407885853s.shtml.

相比，职工体育的状况并没有得到改善，而是继续着向下的趋势。

20世纪90年代，我国曾有注册的行业体协25个。随着政府机构的调整，到2005年只剩20个左右，因为经费和人员编制等问题，能够正常开展工作的仅有12个。过去因为职工体育在我国有着突出的地位，原国家体委群体司曾设立专门的职工体育处，现在这个处已经不存在了。

是什么原因造成了职工体育的不断滑坡？

从客观上看，目前职工体育工作出现明显下滑是由于市场化经济的大环境和企业的大面积改制造成的。主观分析，职工体育的现状也和各级工会对于这项工作的认识发生的转变有着直接关系。过去，开展职工体育一直是各级工会的传统。积极主动地开展职工文体活动，利用文体活动密切工会和职工间的关系，应该是中国工会的一个经验。随着农村城市化的进程，农村进城务工人员不断扩大，到2004年全国职工总量为2.64亿人，职工对体育活动的需求不断增长。

安徽省总宣教部的刘芳柏是一个搞了20多年职工体育的老工会干部。他说："现在从上到下，职工体育干部的人数就一直在缩减。以前全总设有专门的体育部，后来改为宣教文体部，下设体育处，现在连体育处都没有了。这不能不说是个遗憾。"江苏省总宣教部的姚黔说："现在江苏省总宣教部里负责职工体育工作的人只有一个。人员太少的直接结果是无法有效组织活动。工会突出维权职能，搞好基层文体生活，也是维护职工精神需求的权益，有利于工会形象的树立。"安徽安庆市总宣教部长祁伟认为："在很多企业改制后，特别是在一些非公企业，工会被削弱了，人数大幅减少，很少有人去组织体育活动了。面对这种形势，各地工会不仅不能削弱职工体育工作的组织领导力量，相反应该加强。"全总宣教部的霍月庆认为："职工体育的现状也是和基层开展活动的思路有关。如果我们还是和20世纪五六十年代那样号召职工都做广播操，职工的活动肯定缺乏吸引力。职工体育活动的组织必须适应时代的特点。"安徽省全总的刘芳柏说："现在农民运动会，少数民族运动会，大、中学生运动会，残疾人运动会都成为定期召开的全国性体育竞赛活动，但是作为国家建设主力军的工人却没有自己定期召开的全国性运动会。全国工人运动会从20世纪50年代举办第一届后，平均每十几年办一届，这很不应该。我认为刚刚成立的全国职工文体协会就应该担负起恢复全国工人运动会的责任。只要全国工人运动会恢复，并成为一项定期举行的活动，我国职工体育的状况就会得到极大改善。”

一方面是职工体育活动的萎缩，另一方面是职工对体育活动需求的不断增长。为尽快解决这一矛盾，国家体育总局近两年已开始从各个方面寻找对策。国家体育总局群体司副司长刘国永表示：“总局对于职工体育的现状非常重视，也在寻找扭转这种不利局面的对策。最近开始从体育彩票公益金中拿出更多的钱用于开展职工体育。但是，这个工作需要有关方面的共同努力。目前最主要的是要组织更多的有示范作用的活动来带动全局。”从职工体育表面上看并不能产生效益，但是“体育也是生产力”，这项工作不仅关系到亿万职工的健康，也和整个社会的和谐稳定密切相关。

案例二　职工体育仍需创新发展

改革开放以前，职工体育在社会各群体中是开展得最为活跃的。随着改革的不断深入，各行业机关的精简和企业的调整，职工体育活动一度成为我国群众体育工作中的难点。面对这种局面，部分行业体育工作者以积极的态度适应改革的潮流，并采取新的思路、新的方式开展职工体育活动，取得了一定的成效，为职工体育的发展提供较好的样板。中国水利江河体育协会为了使体育工作在行业的各项工作中占有一定的地位，开拓思路，努力把体育工作与生产实践相结合，受到了行业内部及社会各界的好评。全国有8300多个水库，很多水上运动都是在这些水面进行的，比如连续搞了几年的全国极限运动会，其水上项目训练就是在浙江的湖州水面上进行的，并成就了湖州的全国“极限之都”的美名。还有浙江的千岛湖，不仅作为国家水上运动训练基地，而且多次举办过比赛。为此，他们根据水库不仅作为水利设施，还兼有休闲旅游运动等多项功能的特点，作为风景区又需要宣传来招揽游客及运动爱好者，找到了他们工作的切入点，积极与国家体育总局水上运动管理中心联络相应的赛事，因为举办体育比赛是各景区影响最大、效果最好的宣传手段。此外，他们还准备把防汛抢险的培训工作纳入到水利体协，提高全国75支防汛抢险大队的工作能力。有为才能有位，水利体协的积极工作受到了各方的重视，对于他们所开展的职工体育也就能给予更多的支持，而通过活动得到的一些经费又为开展职工体育备足了“粮草”。

火车头体协等单位共同主办了2004年中国铁路汽车拉力驾驶技能赛，将具有挑战性、观赏性的拉力赛与职工体育的展示活动有机地结合起来。活动共有14个铁路局组成的28支车队56名车手参加，途经郑州、西安、兰州、嘉峪关、吐鲁番等地，行程近5000公里，历时13天，沿途以强大的宣传声势和浩荡亮丽的汽车队阵容，带动了各地丰富多彩的群众体育活动。每到一个站点，都有当地群众体育活动的演示，将铁路全民健身活动周推向了高潮。

通过商业运作获取了组织群众体育活动的经费，以新颖的活动方式吸引了参加者、媒体及社会各界的注意力。从这项活动中尝到甜头的火车头体协以他们的实践告诉同行，职工体育活动需要创新。

（改编自：马艺华，《摆脱老俗套 玩出新花样 职工体育也要求时尚》，中国体育报，2004年10月22日。）

案例三 社会转型期职工体育的发展需要社会力量

20世纪八九十年代是我国职工体育的黄金年代，单一所有制下的国有企业拥有组织优势和对体育的饱满热情，那时职工们在运动场上生龙活虎的身影几乎随处可见。但是随着我国经济体制改革的不断深化，企业对职工体育的重视程度日渐下降，20世纪90年代中期以后，曾经辉煌一时的职工体育逐渐走入低谷。

近年来，全国各级工会组织逐渐担负起了职工体育组织者的角色，国家体育总局也加大了对职工体育的关注和扶持，而越来越多的企业也认识到了忽视职工体育的缺陷，运动场上职工们的身影日渐多了起来，职工体育步入了新一轮发展周期。如今的职工体育要想迎来又一个春天，需要适应更多变化、解决更多难题。

职工体育发展面临的问题：

第一，职工体质堪忧。25岁至60岁是职工人群的基本年龄范围，这一群体占据了我国人口总数的近一半。同时，职工群体是社会中工作、家庭、生活压力最大，最需要通过运动保持健康的人群。然而对于全国体育人口的调查显示，这个群体中的体育人口仅占不到20%。近年来这一群体中的“亚健康”比例居高不下，与缺乏体育锻炼有着直接的关系。

第二，职工构成复杂。不同类型的职工有着不同的健康状况和体育需求。如今的职工人群，其构成远比20年前要多样化，诸如国有企业员工、私营企业员工、外企外籍员工、农民工、国家机关公务员、事业单位职工等。这就需要企业在发展职工体育时，根据自身特点开展有效、有益的职工体育运动。无论是哪种类型的企业，要搞好职工体育，首先要完成思想观念上的转变，把对于职工体育的认识从“唯效益论”的短浅眼光中解放出来。

职工体育发展必须依靠社会力量。过去的职工体育经费基本上全部由企业承担，但是新形势下企业对于利润的追求限制了这一点，因此职工体育需要从“企业办体育”，向“社会办体育”转化。职工体育要想取得新发展，需要多方面的参与和努力。全国总工会、国家体育总局在其中起到引导、扶持作用，多举办职工体育大赛，扩大职工体育的影响，多推出新的职工体育项目，吸引更多的人参与到其中。而更多基层的工作，还需要包括政府、企业、行业体育协会、职工群体等更多社会力量的参与。比如已经连续举办3年的上海市“世界500强企业运动会”、将在浙江举办的民营企业运动会等，就为职工体育注入了新的活力。

（改编自：谢勇强，《从企业办体转向社会办体育　职工体育期待复兴》，中国体育报，2007年6月29日。）

案例四　职工体育：城市体育发展新标志

常人认为,在上海浦东经营一家广告公司的杨超是一名不折不扣的“成功人士”。但在31岁的杨超自己看来，事业上的小有成就并不能抵消身体健康的“付出”，“最近这几年工作太忙，几乎没有时间锻炼。前段时间体检，一查就是‘三高’，还真是有点担心啊。”不过，从今年开始，类似于杨超这样的烦恼，终于有了破解的良方——随着始于上海卢湾区的“健康楼宇”行动不断得以推广，越来越多的城市白领可以享受到为职工“量身定做”的健身和运动方案，充分利用现有场所和条件开展体育锻炼。

在上海这座总人口超过2 000万的繁华大都市里，各行各业的职工群众一直是推动城市发展的主体。近年来，上海城市和谐发展的不断推进，使得职工体育工作面临着新的挑战和机遇。记者在上海采访期间了解到，随着职工体育工作的深入开展特别是职工体育健身四季大联赛的推出，上海的职工体育在积极探索中迎来了新局面。

找难点——“双管齐下”破解职工体育瓶颈

在刚刚过去的端午假期里，陈佩华终于可以在家里安安心心地吃上两个粽子。而在过去的两年里，这样的“待遇”几乎就是奢望。“上海市金融工会在2008年开始组织实施员工‘身心健康管理’项目以后，我们的工作就特别忙，基本没有节假日。因为那时候上海金融员工整体的身体健康状况实在是不容乐观”，这位上海市金融工会健康管理项目负责人对记者表示：“经过两年的发展，这个项目依托上海市总工会推行的职工体育发展新举措，使得金融员工的身心健康得到了极大改善。”

广泛动员职工参与全民健身活动，不断提高广大职工的体育意识和健康水平，建立一支体魄强健、充满活力的高素质职工队伍，是新时期上海职工体育工作的主要目标。然而，上海职工体育的发展曾经一度遭遇瓶颈。

据上海市总工会宣教部2009年对六大行业职工的调研数据显示，在参加体育健身运动的上海职工中，不定期的占20%，3 ~ 5天一次占38.3%，每天一次的仅占14.1%。另据上海市体育学院对上海市9家中小企业的562名职工的调查显示，这些企业职工体育活动开展“滑坡”现象明显，主要体现在企业开展活动次数较少，参与人口不均，资金不足，场地器材老化，企业体育人口减少等。在具体行业的调查中，职工的健康现状不容乐观——据上海卢湾淮海楼宇体育促进会的调查显示，80%以上的楼宇职工存在着“精神疲惫、睡眠不良、食欲不振”等亚健康问题；上海金融工会身心健康管理办公室在2010年发布的《上海金融系统员工心理健康白皮书》显示，金融员工的职业倦怠倾向明显，有3成金融员工甚至存在抑郁倾向。调查结果出来之后，上海市总工会开始行动。面对职工体育日益凸显的发展困境，他们提出了“职工体育工作要富有针对性和有效性”，“双管齐下”破解发展瓶颈的新思路。上海市总工会副主席汪兰洁表示：“在当前形势下，职工体育要突破难点，必须开拓创新、乘势而上，努力创造一切条件，整合社会各方资源，促使职工健康素质大幅提升。”为此，上海市总工会与市体育局、体科所、体育学院等单位协作，开展职工体质监测工作；会同市保健品协会、心理学协会、华东师范大学职业技术培训中心等机构，召集金融、医务、电信、烟草等工会负责人，共同探讨职工体育健身与身心健康的关系，形成了多部门联动发展职工体育的新格局。并制订从2011年开始，以四季大联赛为龙头，用多种多样的体育赛事和活动带动全市职工体育工作的发展战略。汪兰洁认为，上海市职工体育赛事能够在短期内迅速形成声势和规模，其中重要的经验就是工体联手——工会和体育局发挥各自优势，联合举办职工体育赛事。

抓重点——榜样的力量是无穷的

骑在身形壮硕的骏马上，费斐显得有些娇小，一般人很难想象到她已经是练习马术两年的“老队员”。而更难让人想到的是，费斐还是一名来自上海虹桥机场VIP服务部的普通员工。在上海机场集团，活跃着一支女子马术队——站在费斐身边的，有全国劳模，有民航系统劳模，还有“三八”红旗手。上海机场集团工会主席蔡军颇为自豪地表示：“在国有企业中，可能我们是第一家在女职工中开展马术运动的。通过马术运动内外兼修，提升培养气质，打造出了一张靓丽的企业名片。”

在上海，像机场集团这样长期坚持开展职工体育活动并取得显著成效的企事业单位还有很多。上海电信职工体育活动丰富多彩，今年举行的第三届员工运动会持续近5个月；上海电力公司发起的六城市职工足球赛已进行到第十一届；闵行区教育工会举行的职工龙舟赛已开展6年，参与职工近千人。今年举行的职工体育健身四季大联赛，分为春季“闵行杯”农民工健身大赛、夏季“机场杯”龙舟赛和“宝钢杯”游泳比赛，秋季“临港杯”篮球和“电信杯”乒乓球比赛，冬季“延锋杯”足球赛等，将上海职工体育通过一系列品牌赛事不断引向深入。

据上海市总工会宣教部副部长邵新宇介绍：“通过创建一批上海职工体育示范基地，上海逐渐构筑了一个纵横交错、多方联动的职工体育健身与健康管理网络体系。据不完全统计，每年有近70%的区县局（产业）工会组织百万职工参与体育健身，形成了上海百万职工与健康生活同行的生动局面。”

显亮点——我参与、我快乐、我健康

站在宽敞明亮的闵行体育馆里，25岁的陈劲松显得有些拘谨。从安徽巢湖老家到上海打工几年了，陈劲松从来没有想过自己会在这里和同事们一起参加拔河比赛。他说：“现在的工作待遇不错，而且单位经常会组织篮球、乒乓球等运动，我很满意在上海的生活。”

这是发生在今年上海职工体育健身四季大联赛揭幕战——上海农民工健身大赛中的一幕。上海现有400多万农民工，他们来自五湖四海，已成为上海职工队伍的重要组成部分。作为四季大联赛的第一项赛事，农民工健身大赛为广大农民工搭建了活跃身心、强健体魄、增进友谊的平台。

据上海市体育局局长李毓毅介绍，职工体育是“十二五”期间上海全民健身的重点，今年将举办游泳、乒乓球、足球等一系列赛事。他说：“职工体育是全民健身最重要的组成部分之一，是城市体育发展的标志性内容。四季大联赛的举行，为上海职工体育乃至全民健身的发展开启了一条新路。”

“我参与、我快乐、我健康”，既是上海职工体育健身四季大联赛的主题，更是新时期上海职工体育发展的目标！

（改编自：李元浩，《职工体育：城市体育发展新标志》，工人日报，2011年6月11日。）

思考问题：

1. 当前职工体育的发展面临哪些问题及其成因？
2. 论述职工体育管理体制的问题，以及如何完善职工体育管理体制。
3. 职工体育管理工作的突破点有哪些？

第四节 休闲体育

休闲体育是休闲活动的重要组成部分，是利用余暇时间，为恢复和增进健康、丰富和创造生活、完善自我而进行的体育活动。休闲体育不仅是群众体育发展的新兴分支，也是体育产业化进程的重要突破口。休闲体育是建立在生活水平提升基础之上的，是生活质量的重要参考指标。由于我国改革开放带来的经济社会全面发展，人们越来越热衷于度假、旅游等休闲活动，休闲体育已成为部分人群的重要生活方式之一。此外，人们开始尝试的各种各样的极限运动，也是休闲体育的范畴。

一、休闲体育管理概述

休闲体育在国外兴起于20世纪60～70年代，成熟于80年代，它既是人类社会科技发展、生产力不断提高的结果，也是人类文明进步的标志。随着社会的发展，人们有了更多更好的就业机会，社会经济地位得到了较大改善，从而对休闲的需求也提高了，社会对包括休闲服务在内的公益服务需求也大幅度增长了。各国政府在休闲服务领域积极介入，以各种方式鼓励休闲业的发展。另外，对“和平与发展”的渴求，“可持续发展”的人类宣言，人与自然关系的协调，国际关系的调整等，都体现了崭新的人类社会的文化精神，营造了新的社会氛围。在此社会背景下，人类休闲观念正悄然发生变化，更加注重休闲生活的质量和品位，讲求物质文明、精神文明、生态文明的和谐统一，构成了人们休闲观念的时代特点。①

（一）社会背景变迁孕育了休闲体育

首先，人们的健康观念发生了变化，健康观念多元化成为了时代的发展趋势。“健康不仅仅是无疾病或不虚弱，而是身体上、精神上和社会适应方面的完好状态。”1978年世界卫生组织（WHO）在《阿拉木图宣言》中再次重申了健康的定义。② 在其影响下，人们开始追求促进健康生活的休闲内容和方式，促进人们精力充沛、信心十足地投入生活和工作中。社会适应性的强化使人们逐渐追求生活的质量和品位，孕育出了休闲生活方式。休闲满足了当代生活方式的需要，通过身体竞技、欣赏艺术、科学活动和接触大自然，一方面丰富了人们的生活，锻炼了体魄，提供了激发创

---

① 杨娜．八十年代以来休闲体育发展研究[D]．北京体育大学硕士学位论文.2006.6.20.

② 黄敬亨．健康教育学[M]．上海：上海科技大学出版社,1992.32~33.

造性思维的条件，另一方面培养了人的感情世界，铸就了人的坚韧、豁达、开朗、坦荡的性格，促进了人类理想的进步。①

其次，人们的生命价值取向也在发生着变化。当今社会人们在对金钱和实力的信奉与追逐中，许多人不再相信精神还有什么独立的地位和价值，却又因精神沦丧而产生巨大的失落、苦闷和空虚感。休闲体育的产生恰好能够弥补人在精神上的需求。休闲体育作为生活方式的有益选择，正在充当着社会教化、生命价值取向健康化的工具，休闲体育在丰富人类精神生活方面具有重要的作用和意义。休闲体育的价值体现在提高人们的自我信念，帮助人们养成良好的礼仪、教养、道德情操和社会公德，促使人们建立爱护自然、爱护动植物以及爱护生态环境的意识，注重人际关系和谐等方面。

第三，人们的体育价值观也在发生着变化。过去人们的体育价值观仅仅强调增强体质、发展体力，这已满足不了人们的需求和社会发展的需要，健康的生活方式和高质量的生活内容成为人们的追求，在获得体育运动给身体带来健身实效的同时，人们更讲究营造人性化的环境和氛围，选择人性化的内容、采用人性化的方法，使体育运动更接近生活，使人们感觉到参与休闲体育活动的过程就是享受生活的过程。

（二）我国城市化进程助长了休闲体育

中国的城市化进程是一场史无前例的大规模人口移动，中国城市化的步伐将越来越快。由于巨大的人口规模、土地资源的紧缺、工业化的迅猛发展、地区间水平的不平衡、沿海与内陆在大规模运输成本上的差距等，决定了未来中国城市的特征将是人口密度大、大城市圈和大城市群的比重大。城市化进程使人类的健康受到了严重威胁，机械化、电气化、信息化文明造成人类生物结构和机能的退化；高营养、低消耗造成机体内物质积累，各种富贵病随之产生；快节奏、高压力生活造成心理障碍与疾患；高危险生活、高密度拥挤造成人们心理上的压抑；大面积环境污染、生态环境破坏造成的人类生存条件恶化。②

---

① 杨娜．八十年代以来休闲体育发展研究 [D]. 北京体育大学硕士学位论文 .2006.6.21

② 罗林．休闲体育的认识深化及在我国的发展研究 [D]. 苏州大学博士学位论文 . 2005.3:79.

在这种新形势下，体育充分表现出它在城市化进程中的功能和价值。特别是休闲体育，不仅为城市化进程带来的问题提供了有效的缓解途径，也为社会体育的发展提供了更为宽阔的空间。

（三）余暇时间的增多保障了休闲体育

2008 年，我国对法定节假日作了调整，全年法定节假日从原来的 10 天增到 11 天，加上双休日，全年放假天数共 115 天。现行的《全国年节及纪念日放假办法》以及《职工带薪年休假条例》，将对居民生活和假日经济带来巨大影响。休闲体育作为健康的生活、休闲、娱乐内容与方式，随着节假日的增多而受到更多居民的关注。其中，最受人关注的莫过于户外运动，一般短线的户外活动只需 2 天左右，长线大部分在 5 天左右。人们可以在周末两天假期中参加一些短期的户外活动；在春节、十一、五一、端午、清明等 3 天小长假、利用周末的上移下错，与法定节假日形成的连休以及带薪年休假期间，可参加一些中长期的户外活动。

（四）户外运动的发展带活了休闲体育

户外运动是一种以自然环境为场地（非专用场地）而开展的带有探险性质或体验探险的体育项目群。它主要包括陆地、水上、空中三大类。具体项目包括户外登山、露营、远足、定向、穿越、攀岩、蹦极、山地穿越、荒岛生存、山地自行车、山地越野、越野山地车、漂流、溯溪、冲浪、滑水、潜水、攀冰、滑雪、滑草、高山速降、热气球、速降、滑翔、飞行滑索等。人们参与这些活动，可以展示个性，感受宁静；对话天地，体验人与自然的和谐；互帮互助，团队合作，追求人与人之间纯净的真挚情感；崇尚科学，反对冒险，秉持乐观向上的积极心态……这些都是户外运动的真谛，也是当前构建和谐社会所应倡导的优秀品格所在。参与户外运动的目的是放松，驱散疲劳，释放生活和工作压力。它代表了现代人“自然、自由、自我、自信”的一种全新追求。户外运动正成为中国人又一种新兴的、健康的时尚休闲生活方式。它还体现了人类返璞归真、回归自然，而又强调绿色环保、生态平衡的美好愿望。

二、案例精选

案例一 户外运动发展迅猛，管理需加强

自20世纪90年代中期以来，我国户外运动开始从纯官方化向民间化和社会化转变，呈现出多元化、规模化的发展态势。据中国登山协会不完全统计，我国户外运动参与者已达5 000万人，到2008年底，专业从事户外运动的俱乐部已达800多家，还不包括大量自发组织的非专业团体。目前户外运动已经呈普及化、时尚化和多层次发展趋势。在许多城市，包括县级城市都成立了登山协会等户外运动组织，受时尚引领参与户外运动的爱好者远多于专业人员。与此同时，户外运动组织形式多样。我国现有的与户外运动相关的社会组织形式主要有：户外运动俱乐部、户外运动协会、登山协会以及网络俱乐部，其中以俱乐部和网络俱乐部为主。户外运动的产业链初步形成,户外运动的发展带动了户外用品和装备行业的发展。户外运动俱乐部经营模式基本成形，网络俱乐部则成为最重要的聚集和交流及营销的平台。

由于户外运动具有非常明显的民间性、大众性和组织形式多样性等特点，因此使得相关管理存在一定的难度。目前，行业管理还无法覆盖众多的户外运动个体行为。实际上，户外运动大多是通过俱乐部和网络平台形成的（俱乐部没有能力提供有效的公共服务并且其赢利点并不在活动组织上，参加者多以平摊费用为主），加之户外运动的目的地通常又不在法规所限定的旅游景区内，导致了公共管理在这方面的盲点，这主要表现在对一般户外运动者自发组织的活动上，而对于行业协会的公共服务功能主要集中在自已组织的活动和带有竞技特点的户外运动上。

近几年，国家登山协会就组织了多次、多种类型的户外运动比赛，但这远不能满足我国户外运动发展对公共管理服务的需要。公共管理机制的不健全导致相关事故逐年上升，救援体系严重不健全；同时，法律、法规缺失，纠纷不断。

近年来，我国的户外运动主管部门已经意识到了公共管理的必要性，制订了《登山户外俱乐部及相关从业者资质认证标准》、《登山户外俱乐部及相关从业机构技术等级标准》、《高山向导管理暂行规定》以及《户

外运动员注册与交流管理办法》（试行）等规范和标准，并且已经培训了众多户外运动从业者。但是不难看出，这些标准和规范或与登山户外有关或涉及专业运动员，而实际上户外运动的活动项目和方式远远超越了登山户外和专业运动领域，是以大众性、民间性为主的，户外运动赛事和专业运动员的活动仅仅是其中的一个标杆。因此，从户外运动公共管理的角度上看,未来我国户外运动的公共管理重点应该是针对大众或民间户外运动，以为其提供公共服务为主。

（改编自：王雅丽,《我国户外运动行业发展迅猛　公共管理还有待加强》,中国经济网，http://travel.ce.cn/news/hyxw/201006/02/t20100602_21475626.shtml，2010 年 6 月 2 日。）

案例二　户外运动究竟需要怎样管理?

“好不容易出来放松一下，难道还要被人管？”

小朱，一个活泼开朗的女孩，玩户外运动两年多，参加的都是网上发起的活动。虽然网上关于意外事故的消息接二连三，但她认为“他们都是不小心吧,感觉这个事情离自己挺远的,我们玩的地方都不是很危险。”“领队？他们能倡议组织活动，应该能胜任吧。”由于要缴纳相当额度的会费，很多人不愿意参加正规俱乐部的活动，而是喜欢参加网上发起的 AA 制的活动。

“登记备案都是要收费的，况且，登记了又有什么用？”在小朱眼中，户外运动应该是亲近自然、无拘无束，突然跳出一个收费处，有一种“煞风景”的感觉。“平时在公司被人管得已经够多了，好不容易出来放松一下，难道还要被人管？”“我们自己可以管得了自己”。小朱的这一想法很有代表性，大部分户外参与者对外来的约束有排斥感。据调查，在参与户外运动的人群中高学历者居多，中高收入者居多，青年人居多。在情感上，他们要求自我负责；在现实上，他们也有自我管理的可能。

然而，现实告诉人们：大自然是美好的，大自然也是无情的。户外运动参与者薄弱的避险意识，给美好的户外运动蒙上了一层灰色。

2006 年 7 月，在广西南宁某网站的 BBS 上出现了这样一条消息：“7 月 8 日、9 日赵江泡水‘腐败’（指从事较为舒适的户外运动），有人要一起去吗？费用 AA，每人 60 元左右。”一个网名叫“手手”的女孩参加了。

这是她第一次游峡谷，没想到也是最后一次。时值雨季，9日晚上，突遇山洪暴发，“手手”被洪水冲走遇难。事后不到一个月，悲剧再度上演。8月5日，广东深圳9名山友在参加由一位名叫“独啸山林”的网友组织的漂流活动时，遇到了强大漩涡，6名队员落水。有3名落水者被救上了岸，但是“独啸山林”和另两名山友却永远地离开了人间。

从表面上看，两起事件都是突发意外，但其背后却有深层次的原因。参与活动时，人人都觉得是有组织的；出了事情，却发现不知道应该让谁负责。管理的问题，只有在这个时候才真正浮出水面。

目前，各级登山协会是户外运动最明确的管理方。但事实上，户外运动难以纳入到登协的管理视野中来。由于很多户外运动都是自发组织，通过什么方式活动、到哪里活动，体育行政部门根本无从了解，谈何监管？直至目前，国内到底有多少人经常参与户外运动，从业人员有多少，尚无准确的统计数字，甚至对户外运动的范畴及管理主体也是争论不休。

事实上，中国登协一直在努力规范户外运动的管理。在户外指导员的资格认证上和劳动部门联合，保证户外领队的门槛；进一步规范俱乐部的资质认证；完善和修改《户外运动管理办法》；定期召开全国俱乐部大会，加强协会和俱乐部之间的沟通等。

事实上，虽然户外参与者对外来的管理持排斥态度，但是对于能方便他们的措施还是非常欢迎。在遇到麻烦时，他们首先想到的也总是“如果能有规范的服务就好了。”

要将管理真正落到实处，还要在管理者和被管理者之间寻求一个平衡点。对于很多户外参与者来说，关心活动的费用远远胜过领队的素质；而对于很多业余领队来说，在带队出发的时候，对可能产生的后果还考虑得不够。应该看到，参与者意识的转变是一个长期的过程，对于管理方来说，问题的核心就在于因势利导——在转变别人的思维方式之前，首先要转变自己的思维方式：户外运动不同于竞技体育，管理竞技体育的办法也未必适用于户外运动。户外运动需要的不是传统的行政管理，而是现代意义上的公共服务。从这个角度来看，户外运动提出的困惑恰恰给有关部门提供了一个探索管理新模式的绝佳机会。

在管理的平台上，有很多积极的因素。以救援基金为例，救援基金这种民间发起的运作模式，应该由多个主体，即登协、俱乐部、装备商、保险公司乃至参与者多方来管理。基金应该成为凝聚人心和为户外运动各方提供服务的平台，而不能是另外一种形式的行政管理“框框”。对于户外运动这项新兴的时尚而言，社会各界仅有关注是远远不够的，还需要脚踏实地、扎扎实实地做好相关工作。户外运动的精髓，绝不是简单地追求个性张扬，更应有超越个人的团队意识；对户外的管理，也应超越设限模式，上升到服务、保障和规范的层次。管理者与参与者之间，应该奏出和谐的音符。户外的明天，也必将如同这项运动应该展示的那样阳光灿烂。

（改编自：《户外运动，仅有关注还不够》，http://news.sohu.com/ 20070414/n249425117.shtml，2007 年 4 月 14 日。）

思考问题：

1. 我国户外运动作为一项新兴的休闲体育项目，在管理上面临哪些问题？

2. 根据你学过的管理学知识，分析如何优化户外运动管理。

第五节　残疾人体育

残疾人是指在生理、心理、人体结构上，某种组织、功能的丧失或者不正常，全部或者部分丧失以正常方式从事某种活动能力的人。① 残疾人体育是指个体在生理、肢体等方面有功能障碍，通过参加体育锻炼，改善身体机能的运动。残疾人体育兼具群众性体育和竞技性体育的特点。前者以帮助残疾人融入社会，增强体质、康复健身为目的；后者以挖掘残疾人体能潜力，表现其特殊体育才华，创造优异成绩为国争光为目的。残疾人

① 李建国、吕树庭、董新光．社会体育 [M]. 北京：人民体育出版社 2004.10：307~308.

体育事业已经纳入整个体育事业和残疾人事业之中，成为衡量一个国家体育发展状态和社会文明发达程度的标志之一。构建和谐社会的出发点和最终归属是构建人与人之间的和谐关系，体育运动所具有的促进社会整合与和谐功能，也为实现这一目标搭建了桥梁。

一、残疾人体育管理概述

（一）残疾人体育的发展

残疾人体育运动的出现可以追溯到第一次世界大战期间，在欧洲的一些兵营中便出现了残障人康复活动小组，这种简单的体育活动形式，便是现代残疾人体育运动的雏形。以后在英国伦敦附近的一个小城市斯托克曼德维尔城，成立了残疾人恢复运动权利中心。在英国著名神经病学专家洛特维系古德曼博士的倡导下，1948 年首次举行了医院内两队之间的残疾人体育比赛。之后残疾人之间的体育比赛陆续在全世界范围内得以推广。1968 年，由美国总统肯尼迪的姐姐爱丽丝·肯尼迪创立了国际特殊奥运会组织。第一届国际特殊奥运会于 1968 年在美国芝加哥举行。残疾人体育发展至今，国际性体育组织已有六个，包括国际脑瘫人体育和休闲运动委员会、国际盲人体育联盟、国际智力残疾人体育联盟、国际轮椅体育运动联合会、国际残疾人体育组织和世界聋人体育联合会。

我国残疾人体育的发展历程：

1. 起步阶段（新中国成立初期）

早在新中国成立初期，我国就兴起了一批社会福利单位，在沿海地区和内地经济发达城市办起了盲校、聋校等特殊教育机构和社会福利工厂，使得残疾儿童和有一定劳动能力的残疾人有了学习、就业的机会。在这些单位、工厂和学校开展了丰富多彩的体育活动，如广播操、生产操、乒乓球、篮球、拔河等群众性体育活动。在残疾人疗养院和军人休养院里，体育运动作为康复手段发挥着重要的作用。医务人员和体育工作者对残疾人施以适应的体育训练，促进了他们各种功能的恢复和发展。从 20 世纪 50 代起，我国就多次举办了残疾人体育竞赛活动。1957 年北京举办的全国首届聋哑人田径、乒乓球、游泳比赛，有16个省、市的60名运动员参加；1959年举行了首届全国聋哑人篮球赛，大部分省、市自治区派代表队参加了比赛；1957年6月，在上海举办了全国青年盲人田径运动会，北京、上海、武汉、南昌、长沙、沈阳、南京、青岛等8个城市派队参加了比赛。这些比赛不仅提高了残疾人的运动技术水平和参与竞争意识，也使更多的残疾人参加体育锻炼，为以后的残疾人体育事业发展奠定了坚实的基础。

2. 徘徊与前行阶段（20世纪七八十年代至九十年代初期）

“文化大革命”期间，残疾人体育运动也完全停止了发展。20世纪80年代，残疾人体育管理组织开始出现，法规初步确立，残疾人体育管理机构逐渐健全，残疾人体育事业有了很大的发展。先后成立了中国弱智人体育协会、中国聋人体育协会等全国性残疾人体育组织。1984年10月，中华人民共和国第一届残疾人运动会在安徽合肥举行，有1 500多名运动员、教练员、裁判员参加了本届运动会，这对当时的社会产生了深远的影响。随着残疾人体育运动的不断深入发展，残疾人体育训练基地从无到有，体育经费投入不断增大。

改革开放以后，残疾人体育事业有了很大的发展，全国性的体育比赛逐渐增多。1983年10月，天津市体委、民政局、劳动局、红十字会联合发起并举办了伤残人体育邀请赛，来自全国13个省、市、自治区近200名盲人和截肢运动员参加了比赛，同时借这次伤残人体育邀请赛，国家体委、民政局、劳动人事部、教育部、卫生部、中国红十字会总会、中国盲人聋哑人体育协会、全国总工会、共青团中央等九个单位在天津召开了全国伤残人体育工作者和运动员代表大会，并成立了中国伤残人体育协会；协会于1990年更名为中国残疾人体育协会，由国家体育总局管理，这期间经费和人员编制不断增加；1993年该协会划归中国残联管理，每年活动经费也增至400万元。1985年、1986年又分别成立了中国弱智人体育协会、中国聋人体育协会等全国性残疾人体育组织。这些全国性的残疾人体育协会成立，保证了残疾人体育工作迈入一个有组织、有领导的新历史时期。为了给残疾人体育提供更大的发展空间，国家及有关部门先后制定和颁布了一系列的法律法规，其中1984、1987、1990年国家体委曾三次下发“关于加强开展伤残人体育工作的通知”。1990年颁布了《中华人民共和国残疾人保障法》，明确规定了国家和社会都必须为残疾人参加体育运动提供各种各样的方便；1995 年颁布的《中华人民共和国体育法》以法律的形式确立了残疾人体育的合法权利地位。

3. 发展阶段（20 世纪九十年代末期至今）

九十年代末期残疾人群众体育运动蓬勃发展。一些大、中城市及企业成立了以残疾人体育组织和体协为依托的轮椅篮球队、举重队、轮椅竞速队、轮椅网球队、坐式排球队等，开展了形式多样的交流和比赛。特教学校的体育日趋活跃，开展了盲人定向、田径、举重、乒乓球、门球和聋人航模等特色的体育项目，积极探索了有益于开发智残儿童潜能的体育、娱乐项目。从 1995 年开始，残疾人体协不断增加工作人员，逐步建立了裁判员、医学分级人员和运动员登记注册制度，规范培训和竞赛制度，到 2002 年经费增至 2 000 万元。根据 2008 年残奥运会任务，经中编办批准，2003 年成立了中国残疾奥林匹克运动管理中心，编制 850 名（含运动队），每年经费达到 1 亿元人民币。残疾人体协发展到目前为止共有 6 个挂牌基地，主要分布在南京、福州、昆明、西安、沈阳和北京。全国参加地、市、县级举办的残疾人运动会和选拔赛的业余运动员累计已达到 20 余万人次，经常参加体育锻炼的超过 1 000 万人次；各级体校培训了大量残疾人体育人才，逐步形成了残疾人业余体育训练队伍；有近百名高水平教练员、裁判员参与残疾人体育训练、竞赛组织工作；北京体育大学、上海体育学院、天津体育学院等部分体育院校先后设置了残疾人体育选修科目及体育保健康复、体育运动专业等，促进了残疾人群众体育的发展。

1992 年 3 月广州举办第三届全国残疾人运动会，它被正式列入了国务院大型运动会系列,形成了每四年举办一次全国性残疾人运动会的制度。1996、2000、2004 年分别举办了第四、五、六届全国残疾人运动会，并先后举办了三次全国特殊奥林匹克运动会。与此同时还举办了近 60 次全国单项体育赛事，参赛项目由 80 年代 4 个拓展到今天的 14 个，参加全国性比赛的残疾人运动员累计数万人。全国各省市的残疾人运动会每三年或四年举办一次；部分省市定期开展特殊教育学校体育运动会，有的省市还将残疾人运动会纳入到全民运动会中，从制度上保证了我国残疾人体育运动的发展。

（二）残疾人体育管理体制

目前中国残疾人体育的组织管理机构是中国残疾人奥林匹克运动管理中心，受中国残联的直接领导，在业务上接受国家体育总局的指导。中国残奥中心对各省市区残联宣文处（体育中心）、训练基地具有业务指导职能，而对残疾人国家队则进行直接领导和管理。中国残疾人奥林匹克运动管理中心下设 13 个部、室，包括：办公室、竞赛部、训练部、特奥部、市场开发部、新闻宣传部、外联部、计财部、人力资源部、党总支部办公室、器材装备部、医学与科学部和群体部。残奥中心受中国残联委托，负责残疾人体育的宏观管理、指导；动员、组织各类残疾人积极参加体育锻炼和康复健身等社会活动；承担中国残疾人体育代表团的组团、集训和参赛等组织管理工作；组织国内、国际赛事和技术培训工作；指导和协调地方残疾人体育工作；管理中国残疾人体育综合训练基地。

二、案例精选

案例一 残奥会教育普及 关爱无限

2008 年 5 月 18 日全国助残日，全国各地中小学举行了形式多样的残奥会主题教育活动，让我们也借机走进这一富有时代气息的教育领地。

用活泼生动的形式普及残奥知识

残奥会运动员为什么要分级？残疾人与健全人体育比赛有哪些区别？你是否了解北京残奥会的七人制足球、轮椅网球等比赛项目？对于很多人来说，这都是陌生的问题。2008 年 5 月 18 日是国家法定的第 18 次“全国助残日”，很多学校举行了走近残奥会主题教育活动，让青少年了解残疾人奥林匹克运动，走近残疾人。比如，山东邹城市南屯煤矿学校开展了“残奥知识知多少”教育活动，帮助青少年了解残奥会的起源、发展以及开展残疾人体育运动的特殊意义，熟悉北京残奥会的口号、理念、会徽、吉祥物、比赛项目设置等基本知识。

普及有关方面知识成为残奥会教育的基本工作。截止 2008 年，全国已建成和命名 556 所奥林匹克教育示范学校，其中包括特教学校。这些学校都进行了残疾人奥林匹克教育，并且印发了40万份残奥会教育知识宣传挂图，有一万名教师参加了奥运会及残奥会的教育培训工作。

感受残疾人体育的魅力，培养自强不息精神

对于北京市第三聋人学校来说，有件让老师和孩子们特别骄傲的事——学校体育艺术队成员高原、徐程程和田甜3名学生经严格挑选和审查，将参加9月6日北京残奥会开幕式表演。因为残奥会的契机，很多残疾儿童少年找到了展示他们风采的舞台，也因为残奥会，让更多健全的儿童少年感受到了残疾人体育的魅力，领略了残疾人自强不息的精神风貌。“走进2008，走近奥运会和残奥会”青少年主题报告会在北京四中举行。残奥冠军何军权、12岁的残奥少年选手刘娟来到学生中间，共同分享残疾人体育带给青少年的激励与感动。残奥会可以最大限度地体现竞技体育的精神实质。国际残奥委员会主席菲利普·克雷文曾说过这样一句话。残疾人超越缺陷，通过意志、技能、体能的较量，向生命的潜能挑战，展示人的创造力和价值，同时陶冶情操，增强生活的信心和勇气，推动平等参与，这是对奥林匹克精神的精彩演绎。

据北京奥组委官员介绍，2008年北京残奥会期间，奥组委将采取低票价措施吸引更多市民走进残奥会赛场，特别是参加“同心结”活动的学生和广大残疾人将获得门票。届时，将有几十万青少年观看比赛，感受残疾人体育的魅力。

转变我们的观念，将令每名社会成员受益

蒙上眼睛投篮、套住双腿“跑步”，或者坐在地上仅仅依靠上肢打排球……为迎接残奥会倒计时100天和全国第18个助残日的到来，北京大学近百名奥运会志愿者扮成“残疾人”，在学校“五四”体育场举行了一次模拟残奥会比赛。“我的眼睛被蒙上以后，立刻失去了方向感，不知道距离有多远，也不清楚篮球架有多高，感觉自己像与外界隔离一样。”一位志愿者说。

2008年残奥会大约需要3万多名志愿者，重点培训3 000名成为骨干志愿者，其中大学生占了多数，他们要学习残疾人心理特点、残疾人交往礼仪、手语、残奥英语、应急与自护等，掌握助残技巧，学会换位思考。“对于中国而言，残奥会留给你们的将是人们观念上的根本改变。”菲利普·克雷文在接受采访时表示，生命正是因为不完美而充满了挑战和意义，如果我们能够从根本上转变对残疾人的偏见，那么我们就会自然而然地养成为他人考虑的习惯。这一观念上的根本转变将令全社会的每一名成员受益。

（改编自：赵秀红，《残奥会让青少年感受残疾人体育魅力》，中国教育新闻网，http://www.jyb.cn/cm/jycm/beijing/zgjyb/4b/t20080529_166522.htm，2008 年 5 月。）

案例二　残疾人体育重在普及

参加广州亚残运会的中国代表团由 613 人组成，其中运动员 431 人，规模为中国残疾人体育代表团参加世界大赛之最。中国残疾人体育代表团曾在北京残奥会夺金数量最多，在广州亚残运会上，中国队稳坐金牌榜第一也几乎没有悬念。不过，在中国代表团团长吕世明看来，取得优秀的竞技成绩并不是中国发展残疾人事业的根本目标，最重要的还是扩大残疾人体育运动的普及程度，让更多的残疾人参加体育运动，使他们拥有自信、自强的人生态度。

据中国代表团副团长赵素京介绍，参加广州亚残运会的中国残疾运动员全部是业余选手："他们中有工人、农民、学生，平时都有自己的工作，只是在此次大赛之前才开始集中训练。"中国代表团中，70% 的残疾运动员是从未参加过世界大赛的年轻选手，他们也将成为中国代表团参加 2012 年伦敦残奥会的主力。得益于残疾运动员的拼搏精神和国家给予的不断改善的物质条件，中国残疾人运动员在世界大赛中成绩稳步提升。

中国残疾人体育事业的开展始于 20 世纪 80 年代，最早只位列残奥会金牌榜 10 名以外，但在北京残奥会上已成为世界第一。在大幅提高的竞技成绩之后，群众体育的普及开展已经成为中国残疾人体育事业未来发展的首要目标。近年来，中国残联在全国范围内推广了残疾人"自强健身计划"，目前有上千万残疾人常年参加各类体育活动。以群众普及为目标的体育运动的开展，对提升残疾人的生活质量具有明显的改善作用。很多残疾人的残疾程度有所减轻，一些人重新树立了人生目标，这都是体育运动的积极作用。从残疾人体育事业的社会意义而言，普及的意义远远超出了在一项赛事取得成绩的价值。

（改编自：赵敬菡．残疾人体育普及远重于成绩 [N]. 中国青年报 .2010-12-13.）

思考问题：

1. 根据案例分析我国残疾人体育运动发展的积极意义是什么。

2. 思考我国残疾人体育管理的改革路径。

参考文献：

[1] 周学荣，谭明义 . 社会体育学概论 [M]. 哈尔滨：黑龙江人民教育出版社 ,2004.

[2] 编委会 . 中国体育年鉴 1949—1962[M]. 北京 : 人民体育出版社 ,1964.

[3] 吴生海 . 和谐社会引导下的农村体育发展研究 [D]. 湖南师范大学硕士学位论文，2009，3.

[4] 田雨普 . 中国群众体育探究 [M]. 北京 : 人民体育出版社，2004.

[5] 张云龙，郑道锦 . 农牧民运动会为何不见农牧民 [N]. 中国体育报 .2004.6.21.

[6] 王凯珍 . 社会转型与中国城市社区体育发展 [D]. 北京体育大学博士学位论文 ,2004.4.

[7] 李建国，吕树庭，董新光 . 社会体育 [M]. 北京：人民体育出版社 ,2004.10：127~128.

[8] 王维婷 . 改革开放以来我国城市社区体育政策的研究 [D]. 苏州大学硕士学位论文 ,2010.3.

[9] 李伟 . 南昌市社区体育俱乐部经营状况调查分析 [D]. 江西师范大学硕士研究生学位论文 , 2009.5.

[10] 任海，王凯珍，王渡，等 . 对我国城市社区体育发展模式的研究 [J]. 体育与科学 .1998.4.

[11] 卢元镇 . 中国职工体育全书 [M] 红旗出版社 ,1997.

[12] 刘志敏 , 聂真新 , 王树金 . 大中型企业职工体育的现状与对策 [J]. 体育文化导刊 ,2007（2）:13~15.

[13] 邱永诚 . 从经济视角考察群众体育与竞技体育的协调发展 [J]. 体育科学研究 ,1993（4）:15.

[14] 张少云 , 徐振兵 . 浅析新中国职工体育的发展及其未来趋向 [J]. 体育科学研究 , 1992（04）:25.

[15] 赵立 , 赵锡利 , 王港 . 我国与发达国家群众体育发展条件的比较研究 [J]. 哈尔滨体育学院学报 ,1992（04）:15~16.

[16] 孙葆丽，孙葆洁，潘建林 . 我国群众体育发展的历史回顾 [J]. 体育科学 ,2000（1）；13~16.

[17] 周建军 , 仇军 , 樊恒学 . 我国“单位体育”的过去和未来 [J]. 体育学刊 ,2004（09）:14.

[18] 谢琼桓 . 近半个世纪以来蓬蓬勃勃发展的群众体育 [J]. 福建体育科技 ,1992（01）:28.

[19] 杨建海 . 社会转型期山西省大中型企业职工体育管理现状研究 [D]. 北京体育大学硕士学位论文 ,2008，10.

[20] 荣高棠 . 当代中国体育 [M]. 北京 : 中国社会科学出版社 ,1984.38~39.

[21] 伍绍祖 . 中华人民共和国体育史 [M] 北京 : 中国书籍出版社 ,1999.26.

[22] 赵国雄 . 有计划的商品经济与群众体育的发展 [J]. 成都体育学院学学报 ,1992（02）:20.

[23] 任海 . 试论新时期我国职工体育面临的挑战与机遇 [J]. 北京体育大学学报 ,1994,4（1）:56~58.

[24] 龚建林 . 试论我国职工体育发展模式的转变 [J]. 浙江体育科学 ,2007（03）:39.

[25] 兰自力 . 我国三资企业职工体育管理体制与运行机制的研究 [J]. 北京体育大学学报 ,2007（05）:594−596.

[26] 马惠娣 . 休闲：人类美丽的精神家园 [M]. 北京：中国经济出版社，2004.5：208.

[27] 黄敬亨 . 健康教育学 [M]. 上海 : 上海科技大学出版社 ,1992:32~33.

[28] 罗林 . 休闲体育的认识深化及在我国的发展研究 [D]. 苏州大学博

士学位论文 . 2005.3:79.

[29] 单思聪 . 吉林省户外运动环境分析 [J]. 重庆科技学院学报（社会科学版）,2010 年第 22 期 156.

[30] 中国群众体育现状调查课题组 . 中国群众体育现状调查与研究 [M]. 北京：北京体育大学出版社 ,2005:193.

[31] 朱红香 , 于素梅 . 论极限运动与健康 [J]. 北京体育大学学报 ,2002,（9）.

[32] 李宁 . 我国残疾人体育事业回顾与展望 [J]. 网络财富理论探讨 ,2009,10；200.

[33] 谭丽清 . 我国残疾人体育运动发展历程的思考 [J]. 中国特殊教育 ,2005,6：21~24.

第六章

体育产业管理

西方发达国家体育产业蓬勃发展,已经成为了国民经济的支柱性产业。我国体育经过多年的改革和发展,也从过去的福利事业逐步走上了职业化、商业化、产业化的发展进程。与西方发达国家相比虽然还存在一定差距,但体育产业已初步形成了一个集竞赛表演业、体育健身业、体育用品业、体育场馆管理业、体育彩票业、体育中介业等门类齐全的新兴产业体系,成为国民经济新的增长点之一。

北京奥运会的成功举办，为我国体育产业带来了快速发展的契机，各项体育事业相继发展起来，取得了很好的社会效益和经济效益。但我们应该清楚地认识到，我国体育产业的发展尚处在初始阶段，市场尚不成熟，区域发展不平衡，市场规范化程度不高，体育产业相关管理部门还未完全厘清权利和责任。客观地看，我国尚未形成系统全面的体育产业政策体系，体育产品和体育服务的开发力度不大，资本运作程度不高，产业核心不突出，体育产业管理体制不完善，管理人才匮乏，要解切实决好这些问题，才能确保体育产业健康、持续地发展。

第一节 竞赛表演业

竞赛表演业又称为体育竞赛业、竞技体育业，是以体育竞赛表演为核心产品，提供相关商品或服务，以满足消费者各种需求的各类行业总称，它是体育产业的主体和支柱，具有辐射和带动作用。2010 年 3 月国务院办公厅《关于加快发展体育产业的指导意见》中指出，发展体育产业的重点任务之一就是要努力开发体育竞赛和体育表演市场。

一、竞赛表演业概述

（一）我国竞赛表演业的历史沿革与发展现状

1. 竞技体育改革理论准备阶段（1978—1987 年）

1978 年，我国各行业都开始了对旧有体制的改造和完善，体育系统为了解决事业发展自给不足的问题，试图打破原来依赖国家包办的旧体制，尝试筹措经费的新途径，对体育竞赛产业的创办和发展进行了初步探索[①]。1985 年 4 月在北京召开的全国体委主任会议，深入研究了体育改革的有关问题；1986 年 3 月召开的全国体委主任会议做出了关于体制改革的决定；国家体委于 1986 年 4 月 15 日下发了《关于体育体制改革的决定（草案）》，确立了以社会化为突破口、以竞赛和训练改革为重点的改革思路，制订了 10 个方面 53 条改革措施。[②] 我国体育竞赛表演业正是在这样的历史背景和条件下，逐步完成了理论初探及未来发展的铺垫工作。在这一阶段，体育产业的管理体制尚未形成，很多体育经营组织刚刚由体育事业单位转变过来，既是管理

① 张瑞林，王先亮．我国体育产业管理体制研究 [J]. 体育学刊，2010.10:15~21.

② 刘东锋．对我国单项运动协会实体化改革演进的思考 [J]. 体育学刊，2008.09:21~25.

部门又是经营部门，计划经济模式依然存在，政企不分现象十分突出。

2. 竞技体育社会化发展阶段（1988—1991 年）

1988 年，国家体委提出了转变政府职能的机构改革方案。将一些名义性的运动协会改革为责、权、利统一的，能够独立核算的事业单位；把一些条件具备的协会办成纯社团性质的实体[①]。经过反复研究，最终选择了一些群众基础比较好，具备一定条件又不承担奥运会任务的 12 个运动项目，先期推向了市场[②]。在这一阶段中，原国家体委对于整个体育管理体制改革的总体目标和思路尚不明确，改革行动也颇具争议，整体处于“徘徊和摇摆状态”[③]。

3. 竞技体育职业化探索阶段（1992—1994 年）

“红山口会议”是中国体育产业化历程中的标志性事件。1992 年 6 月在北京红山口召开的全国足球工作会议，明确了中国足球走职业化道路的方向，提出了建立与国际接轨的职业俱乐部体制的新思路。[④]各地方将足球专业队陆续推向市场，在 1992—1993 年间，上海申花、大连万达等十余家职业或半职业足球俱乐部先后建立起来。1993 年，中国足协组织了两次“中国足球俱乐部锦标赛”，开始对各俱乐部、球员、教练员进行注册登记，各参赛队首次参与了门票分成，开启了足球职业化比赛的试运行[⑤]。

1993 年 4 月召开的全国体委主任会议，通过了《国家体委关于深化体育改革的意见》，提出要加快运动项目协会实体化的步伐，建立具有中国特色的协会制，使运动项目协会成为责权利相统一、全面负责本项目管理的实体，逐步形成以单项运动协会为主的运动项目管理体制[⑥]；还专门分析了发展竞赛产业的必要性和重要意义；明确了培育竞赛市场、发展竞

① 国家体委联合调查组．解放思想积极探索推进体育协会制的改革 [J]. 体育文史，1995（2）:27~30.

② 国家体育运动委员会．关于运动项目管理实施协会制的若干意见 [S].1993.5.24.

③ 刘东锋．对我国单项运动协会实体化改革演进的思考 [J]. 体育学刊，2008.09:21~25.

④ 邱雪．后奥运时期深化单项运动协会改革的研究 [R]. 北京：国家体育总局体育科学研究所，2009.

⑤ 黄凯．我国足球职业化改革的历史回顾与发展对策 [J]. 行政与法，2010.10:70~72.

⑥ 国家体育运动委员会．关于运动项目管理实施协会制的若干意见 [Z].1993.5.24.

赛产业的目标是："通过竞赛体制的改革和运行机制的转换，推进竞赛的社会化、产业化，实现由单一的国家办和高度集中管理向国家办与社会办相结合、集中管理与分散管理相结合转变，逐步形成适应社会主义市场经济、符合运动竞赛发展规律、充满生机和活力的体育竞赛市场体系，使竞赛产业成为体育产业中的支柱产业"[①]；确立了竞技表演业和体育竞赛组织管理代理业的发展重点，指出要走职业化、商业化、法制化的发展思路，并提出了制订竞赛许可证制度的设想。这些都标志着政府管理层对于体育管理体制改革的总目标已经形成共识，体育竞赛业进入了市场管理体制的探索阶段。此后，体育竞赛产业化改革的步伐明显加快，1994 年 3 月 4 日，国家体委成立乒乓球管理中心，之后 54 个体育运动项目分别划归 14 个国家体育运动项目管理中心管理。

4. 竞赛表演市场化初步形成阶段（1994 年至今）

1995—1996 年，篮球、排球和乒乓球等项目相继成立了职业体育俱乐部，推出了职业联赛，竞技体育的职业化探索进程不断深入。1995 年国家下发了《体育产业发展纲要》，颁布了《体育法》等一系列法律法规，为竞赛表演业的发展创造良好的制度环境和政策保障。历经十多年的培育，以足球、排球、篮球和乒乓球构成的中国四大职业联赛为主体，F1 上海大师赛、网球大师赛、高尔夫精英赛等各类商业性比赛为辅的体育竞赛表演业体系已初步成型，具体表现在以下几个方面：

（1）职业联赛稳步发展

截至 2012 年底，中国职业足球联赛运作了 19 个赛季，篮球职业联赛运作了 18 个赛季，排球职业联赛和全国乒乓球超级联赛运作了 17 个赛季。在联赛组织、俱乐部管理、裁判员管理、联赛整体市场开发等方面已经日趋完善和稳步提高[②]。以 CBA 联赛为例，从最开始对 NBA 的照搬模仿，到现在不断突出中国特色，联赛的整体质量明显提升，已成为在亚洲非常具有影响力的篮球赛事之一。

① 国家体育运动委员会．关于运动项目管理实施协会制的若干意见 [Z].1993.5.24.

② 江和平，张海潮．中国体育产业发展报告（2008—2010）[M]. 北京：社会科学文献出版社，2010.01：78~120.

（2）俱乐部的数量和质量都呈快速增长态势

截至 2010 年，我国四大职业联赛下的俱乐部总数超过 170 家。其中足球 29 家；篮球 69 家，排球 33 家，乒乓球 41 家。据国家篮管中心统计，近 4 年俱乐部增长的数量超过了前 10 年的总量 [①]。伴随着职业联赛俱乐部的增加，职业球员的数量和素质也有了明显的提高。

（3）观赏性体育消费群体不断扩大

自 1994 年我国职业联赛开始运作以来，四大职业联赛的现场观众人数不断增加。足球甲级联赛的现场观众由 1994 年的 237 万人次，增加到 2001 年的 720 万人次，增长了 3 倍。篮球 CBA 联赛由 1995 年的 43 万人次增加到 2009 年的 170 万人次，电视转播由 296 小时增加到 4 190 小时。除职业联赛外，其他各种商业性比赛的观众人数也在不断增加，如“中国龙之队”与皇家马德里队足球友谊赛、NBA 明星队与中国男篮义赛等热点赛事的上座率甚至达到了 100%。

（4）为竞赛表演市场服务的中介机构开始出现

一般说来，依据体育中介机构数量的多少和质量的高低可以判断竞赛表演市场的发展水平。[②] 各种联赛、商业比赛的数量及规模不断扩大，促使赛事代理和运动员代理的需求形成，促进了体育中介机构的不断成熟与发展。目前，我国最有商业价值的赛事基本上都是由中介机构来代理运作的，如中巴足球对抗赛、中国网球大师杯、斯诺克上海大师杯、F1 赛事等。中外体育中介机构开始不断介入中国的体育竞赛表演市场，也是该市场业已形成并不断完善发展的重要标志之一。

（二）竞赛表演业的管理体制

我国竞赛表演业在经历了近二十年的不断改革和探索，已经初步形成了以职业联赛为主体、各类商业性比赛为补充的格局。同时，我国职业体育竞赛表演业的管理体制也在不断完善，形成了由体育行政部门管理下的项目管理中心直接领导、各个项目协会负责组织与管理的管理系统（见图 6–1）。

① 范泽，我国职业篮球俱乐部的现状与发展对策思考 [D]. 山东师范大学，2009，03:17.

② 徐甫根，邓卫红. 我国体育竞赛表演市场现状及对策探析 [J]. 企业经济.2006，(5):117~119.

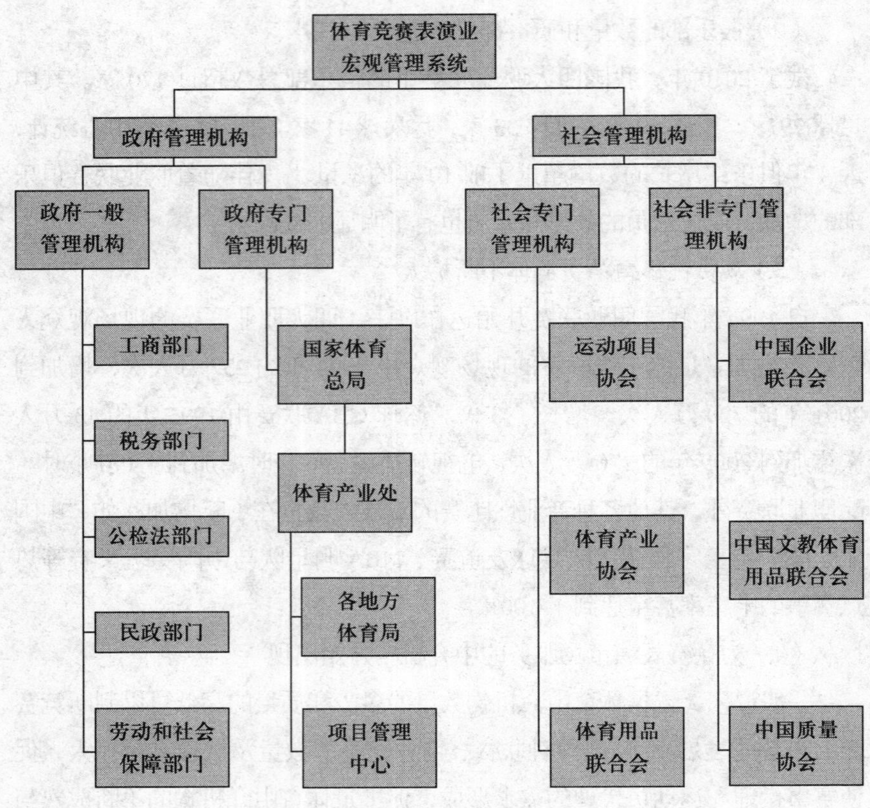

图 6–1　体育竞赛表演业宏观管理系统示意图

按照赛事的组织主体来分类，竞赛表演业可以分为以俱乐部为主体的职业赛事和其他组织形式的赛事。

1. 职业体育俱乐部

我国职业赛事及其相关产业的市场整体架构已经基本形成，包括不断成长的各级职业联赛、市场化运作的职业俱乐部、流动的教练员和运动员人才市场、不断增长的赞助群体和门票收入、发展中的电视转播权市场等。

（1）职业联赛管理体制

我国职业联赛由各个项目协会负责组织与管理，隶属国家体育总局的直接领导，国家体育总局和各协会负责全面开发各项职业赛事运动。从中国足球协会超级联赛（中超联赛）、中国男子篮球职业联赛（CBA 联赛）、中国乒乓球俱乐部超级联赛（乒超联赛），我们可以看出联赛管理体制的特点：

① 超联赛赛事管理体制。

我国全国性职业足球赛事都是由中国足球协会（以下简称足协）负责管理，各地方足球协会按照中国足协的部署，参与全国性竞赛并举办地方性竞赛。作为我国职业足球顶级赛事的中超联赛是由中国足协主办、由中超联赛委员会进行组织和管理的，其中联赛委员会下设竞赛部、资格部、裁判部、技术部、商务部、安保部、新闻部、财务部八个职能部门，并在各俱乐部主赛场设立赛区委员会，全面管理赛区事务，同时与中国足球协会裁判委员会、纪律委员会、仲裁委员会和安保委员会分工协作，共同完成对中超联赛的管理。

② CBA 联赛赛事管理体制。

CBA 联赛是我国最高水平的职业男子篮球赛事。CBA 联赛是由中国篮球协会（以下简称篮协）主办，并依法对联赛拥有联赛标识等知识产权和所属权。根据《CBA 联赛委员会章程》，中国篮协授权成立 CBA 联赛委员会，负责联赛相关的各项管理工作。CBA 联赛委员会下设联赛委员会全体会议、联赛委员会常务委员会和联赛办公室。其中，联赛委员会全体会议与常务委员会是联赛委员会的最高权力执行机构，联赛办公室则负责联赛日常事务、训练竞赛、市场开发、媒体服务等一系列日常事务工作。

③ 乒超联赛赛事管理体制。

根据《乒超联赛竞赛指南》，中国乒乓球协会（以下简称乒协）作为乒超联赛的主办单位依法拥有乒超联赛的所有权（包括竞赛主办权、电视转播权、商业开发和经营所有权等），负责乒超联赛的组织、管理和实施。乒超联赛的具体承办单位为各参赛俱乐部。乒协、承办单位等相关人员成立乒超联赛委员会，其下设竞赛委员会、纪律委员会、仲裁委员会、新闻委员会、推广委员会，对乒超联赛进行全面的组织、领导和监督。各参赛俱乐部也就是承办单位在所属省市体育行政主管部门及当地行政主管部门的指导下，负责实施该赛区比赛的组织和领导。

（2）职业俱乐部内部管理与运作

我国职业俱乐部的内部管理结构并没有统一的固定模式，但总体上看，各个俱乐部的机构设置一般由办公室、竞赛训练部、市场开发部、财务部等组成，公司制是其开展经营活动的主要方式。各俱乐部的经营活动都是围绕联赛展开的，具体表现为组建球队、球员转会、参与联赛、广告赞助等。目前，职业俱乐部市场开发主要包括：球员转会的收入、门票、广告、电视转播、各类冠名权的转让、邀请赛收入、相关衍生品的开发、后备人才的开发等。我国职业体育正处在探索阶段，不少俱乐部虽以公司制的形式经营，但很大程度上还是由地方体育行政部门领导，很多地方体育行政部门拥有俱乐部的所有权，而俱乐部本身仅有经营权，出现了产权不明、责权不清的矛盾。

2. 其他组织形式的竞赛业

其他组织形式的竞赛业是除职业体育俱乐部模式之外的体育竞赛表演业，包括非俱乐部职业赛事和非职业赛事。

（1）非俱乐部职业赛事

非俱乐部职业赛事是指职业运动员以个人或个人所属组织的名义参加的职业性赛事。在非俱乐部职业联赛中，参赛的运动员以参加各种比赛为主要的谋生手段，运动员的绝大多数都是通过比赛获得奖金、荣誉或关注，同时通过广告、表演或其他商业性活动获得其他费用和收入。职业运动员的训练、申请比赛、参与商业活动可以由职业运动员自理，也可以由职业运动员所聘的个体经纪人或经纪团队来加以运作，还可以由运动员所属组织全权受理。因此非俱乐部职业赛事具有组织形式灵活、竞技水平较高、项目个人化的特点。除了典型的职业俱乐部赛事以外，国内其他项目的职业性赛事多以非俱乐部形式存在，多数运动员都是以个人、协会、地方等组织方式参赛。虽然没有职业俱乐部运作的支撑平台，非俱乐部职业赛事的影响丝毫不亚于职业俱乐部联赛，如高尔夫、网球、台球、拳击等，赛事通常具有浓厚的商业运作气息。非俱乐部职业赛事由赛事的运作组织者发起，运作组织者以体育行政机构、民间体育社团、公司企业或个人为单位，通过设定积分制度、高额奖金等形式吸引运动员参加赛事。其赛事的运作大致可以分为计划商榷、组织筹备、最终实施三个阶段（图 6-2）。

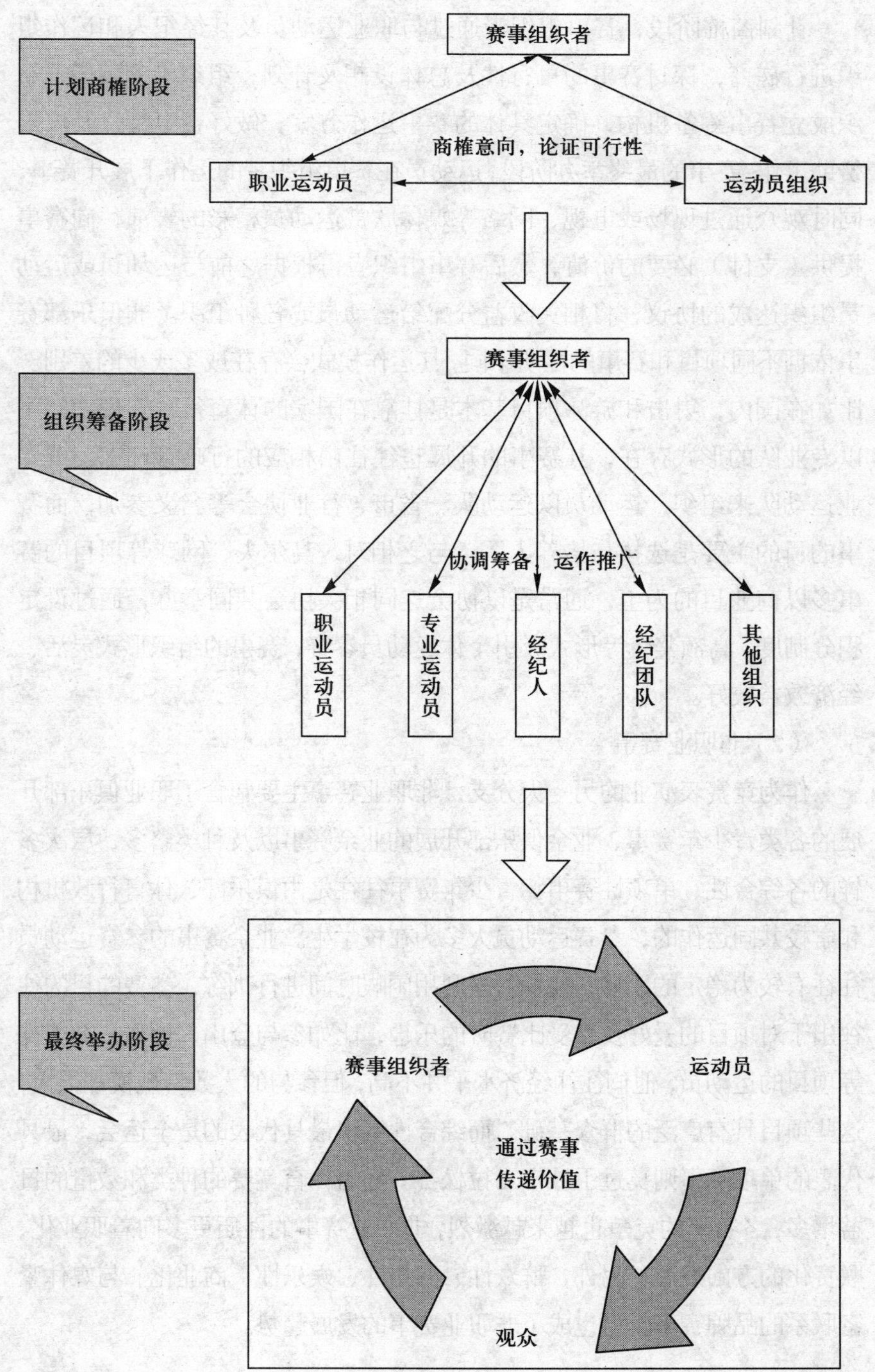

图 6–2 非俱乐部职业赛事的运作模式

计划商榷阶段，赛事组织者通过与职业运动员及其经纪人和运作组织进行磋商，探讨赛事的可行性及总体设想及计划；组织筹备阶段，组织成立赛事筹备机构，确定具体的赛事运作方案，做好赛事推广及广告赞助工作；赛事的最终举办阶段，运动员在赛事组织者的运作下展开赛事，同时观众通过现场或电视、网络等媒体欣赏运动员精彩的表演，向赛事提供（支付）必要的价值，然后赛事组织者再根据之前与运动员或运动员组织达成的协议，将相关收益分配给运动员或各种组织。非俱乐部赛事依据不同项目和赛事的性质不同，其运作模式会存在或多或少的差别。比如在国内，射击和游泳项目基本是挂靠在国家的体育行政管理部门下以专业队的形式存在，其赛事的开展也往往由相应的行政管理部门或专业运动队来组织，运动员以运动队、省市、行业协会等名义参加，而赛事的目的主要是选拔与培养人才；与之相对，高尔夫、网球等项目的赛事多以商业目的为主，通常是以协会连同相关协会共同举办，通过设定积分制度、高额奖金等形式吸引个体运动员参赛，赛事的组织形式灵活、经济效益较好。

（2）非职业赛事

作为竞赛表演业的另一大分支，非职业赛事主要包含了职业俱乐部开展的各类青少年赛事、业余俱乐部开展的业余赛事以及种类繁多、层次多样的各综合性、单项性赛事。青少年赛事往往是由俱乐部、体育行政机构和学校共同运作的，参赛运动员大多为在校学生。业余赛事的参赛运动员往往有较为稳定的职业，他们都是利用闲暇时间进行训练，参赛的目的往往出于对项目的爱好及享受比赛时的乐趣，比如参与登山、街舞、健美操等项目的运动员，他们往往经济水平并不高，但参与的人数与规模却很大，这些项目具有广泛的群众基础。而综合性赛事最具代表的是全运会，最具代表的单项赛事则莫过于城市马拉松赛。随着体育竞赛的种类和数量的日益增多，各赛事的竞争也越来越激烈，非职业赛事的性质更多向着职业化、联赛化的方向发展。另外，群众性、参与性、娱乐性、商业化、与媒体紧密联系的品牌赛事打造也成了非职业赛事的发展趋势。

二、案例精选

案例一　中国特色的职业俱乐部管理模式

足球俱乐部管理模式

目前，包括中超联赛和中甲联赛在内的29支足球俱乐部绝大多数都已注册成立了有限责任公司或股份有限公司，具有独立的法人资格。当前，足协对联赛拥有绝对的所有权。管理职业足球是中国足协（足管中心）职能的一部分，其在实际的开发运作过程中，仍兼有“官”、“民”、“商”的三重身份。中国足协负责人在谈到这种管理体制时概括到：在计划经济体制下，由于政事合一、管办不分，这种协会和政府主管部门两块牌子、一套人马的体制有其优越性，有了政府的支持，很多困难迎刃而解，但其明显的弊端在于，政府陷入了很具体的事务性工作中，无法充分行使宏观管理的职能；协会过分依赖政府，协会的职能没有充分地体现。

中国各职业俱乐部现在虽然已经拥有对俱乐部的控制权，但其收益权则与中国足协共同分享，而中国足协对各个俱乐部并没有实际控制权，却通过赛场广告的出售等方式获得部分收益。对只有部分收益权的职业足球俱乐部的所有者来说，经营行为给他们带来的收益，有时与他们的努力程度是不成比例的。

篮球俱乐部管理模式

参与CBA联赛的各职业篮球俱乐部所有权分为政企结合、企业独资两种形式。政企结合的所有权是各地方体育局与企业共同所有。第二种就是企业独自享有所有权。由于多数俱乐部是都是由计划经济体制下的事业单位演变而来，目前我国大部分职业篮球俱乐部都是各地方体育局和企业联合拥有的。由于这种特殊的所有权构成方式，职业篮球俱乐部在经营过程中的权力分配出现了不均衡。一方面CBA各俱乐部绝大多数只能行使篮管中心所认可的有限权力，另一方面俱乐部的所有者——体育局和出资企业还要对这些有限的权力进行二次分配。[①]

① 于德东，孙闽君.NBA与CBA管理体制比较之研究[J].山西师范大学体育学院学报.2004,（2）.

乒乓球俱乐部管理模式

目前，我国乒乓球俱乐部联赛职业化的为“双轨制”，是计划经济与市场经济并轨的具有中国特色的体制。现有的乒乓球俱乐部绝大部分仍是在原有专业运动队基础上建立发展起来的，虽然提倡由经济实力雄厚的企事业单位或个人出资注册成立乒乓球俱乐部，但实际上，乒乓球俱乐部还不具备职业性，存在着俱乐部与省市队并存的“双轨”现象：政府与企业在经费上共同投入；运动员以省市队或俱乐部的双重身份参加各种比赛；教练员、运动员既属于省市体育局，又是俱乐部的成员。在俱乐部具体的运行过程当中，往往夹杂着较多的政府行为和行政干预，从而也导致了俱乐部作为实体的独立性和自主性受到了不合理的制约。

案例二　从“武林大会”到“武林大会联盟”的超越

大型武术赛事《武林大会》是我国拥有完全自主知识产权的传统民族体育赛事，由中央电视台体育频道、中国大学生体育协会、中视体育推广有限公司联合主办，自 2007 年 3 月 6 日开播以来，一直受到业界和电视观众的广泛关注。据央视索福瑞（CNS）的数据显示：“武林大会”开播 3 个月，即成为 CCTV-5 晚间 22 时以后的收视“擂主”。

WMA 全称为 WUSHU MASTERS ASSOCIATION，中文是“中国武术职业联赛”，也被称为“武林大会联盟”。2008 年 12 月 30 日，WMA 由中视体育娱乐有限公司发起正式宣告成立。它的定义是指在工商或者民政部门等注册的俱乐部，通过契约形式完成的武术职业联赛赛事产品的生产机构。WMA 是国内第一家严格意义上的商业赛事联盟。“武林大会”是中国第一个具有自主知识产权的体育赛事，它实现了传统武术赛事由套路表演转变为技击格斗的超越。2008 年 12 月 30 日，武林大会联盟（WMA）成立，它实现了传统武术又一次超越，即武术选手由非职业选手转变为职业选手。

WMA 是国内体育和媒体双赢的经典案例。WMA 由中视体育推广有限公司发起并建立，而“中视体育”是隶属于中央电视台的大型体育赛事、活动专业推广公司。公司依托赛事、活动等体育资源，将电视、网络、报纸、杂志等媒体资源进行整合实施体育市场开发和体育营销推广。WMA

从一开始就坚持运动员产权的俱乐部所有制、赛事运营核心内容（包括比赛内容、赛制、赛事运营、运动员奖金）的联盟协商制。WMA 使中国第一批真正的职业武术选手亮相 CCTV 5 荧屏，使得拥有自主产权、责权利明晰的 6 家武术俱乐部获得了制度上的保障，对于门票、转播权、赛场广告、运动员经纪、俱乐部冠名、衍生产品这六种收入来源，俱乐部和电视台共同协商分配，双方是处于一个相对平等地位的利益共同体，而武术运动管理中心仅仅是一个第三方的管理机构。在中国多数职业体育俱乐部还难以从俱乐部的核心产品——赛事中获得赢利的背景下，后发的 WMA 如能实现多数俱乐部的全面赢利，无疑是对中国职业制度的重大变革和成功的尝试!

案例三　城市马拉松赛打造城市新名片

随着经济的发展和人民生活水平的提高，能够吸引更多群众亲身参与的大众化赛事越来越受到欢迎。马拉松运动就是这类运动中发展较为迅速的一种。1981 年北京首次举办城市马拉松赛事以来，已有三十年的历史。除北京外，目前国内已经有大连、杭州、上海、西安等十七个城市举办了自己的马拉松赛事，并且将马拉松赛事作为城市的名片和展示城市魅力的新舞台。其中，北京国际马拉松赛是市场化程度最高、单项规模最大、最具代表性的赛事产品，每年的参赛人数已达到 3 万人以上。北京国际马拉松已跻身于世界十大马拉松赛，并与最古老的波士顿马拉松赛相呼应，被称为最年轻的马拉松赛。

北京马拉松赛经过 30 年的经营，在赛事运作理念上已经成熟，采用市场化运作模式，以利润为目标、以市场为导向、以经济效益为中心运转，赛事规模不断扩大，经济效益和社会效益越发显著（表 6–1），世界知名的企业争相进入（表 6–2）。

表 6–1　2007 年北京国际马拉松赛参与者的总体消费统计

单位：万元（人民币）

消费项目	北京市居民	外省市居民	港澳台居民	外国居民	合计
运动服装	422.90	—	—	—	422.9
运动器材	219.40	—	—	—	219.4

续表

消费项目	北京市居民	外省市居民	港澳台居民	外国居民	合计
聘请教练	206.68	—	—	—	206.68
餐饮费	117.64	126.18	39.63	424.17	707.62
交通费	85.85	212.93	110.95	1 393.20	1 802.93
住宿费	—	44.53	53.35	770.10	867.98
游览费	—	27.83	6.34	67.81	101.98
购物费	—	47.78	55.48	593.94	697.2
合计	1 052.47	459.25	265.75	3 249.22	5 026.69

（数据来源于：靳英华、原玉杰．北京国家马拉松赛的社会效益和经济效益分析 [J]，北京体育大学学报 .2008.11）

表 6-2 2010 年北京马拉松赛的赞助商情况一览表

赞助商分类	合作单位
官方合作伙伴	阿迪达斯体育（中国）有限公司、佳能（中国）有限公司、现代汽车（中国）投资有限公司、中体奥林匹克花园管理集团
官方赞助商	精工控股株式会社
官方供应商	吉林市凇露饮品有限公司、北京康比特体育科技股份有限公司、北京华腾美居酒店
官方合作媒体	CCTV、网易、体育画报、新浪体育、北京晚报、腾讯体育、京华时报、音画之光、焦点校园
官方电子支付合作伙伴	中国银联

（资料来源于：北京马拉松赛官方网站 [N/OL].http://www.beijing-marathon.com/cn/index.html）

北京国际马拉松赛在 20 世纪 80 年代初期，同其他国内赛事一样，不和市场发生关系，主要靠国家财政拨款办赛。经济体制转变，市场经济体制的确立和发展为北京国际马拉松赛的发展开辟了新的思路。借鉴和吸取国外办赛经验，组委会把注意力转移到赛事商业化和赛事运行机制上面，采取由总局负责承办，总局再通过委托代理的方式聘请专业的体育经纪公司（八方环球）进行赛事运营。近年来我国承办了包括喜力网球公开赛、网球大师杯赛、F1 大奖赛，以及各城市组织马拉松赛等多项大型单项体育赛事，这些赛事都有一个共同的运营模式，即“政府主导、市场运作”。在这一模式下，我国大型单项体育赛事呈现出繁荣昌盛的局面。当前国内主要城市马拉松赛的主办方主要有三类主体：一是马拉松运动的归口管理者——中国田径协会；二是举办马拉松赛所在地的人民政府（包括省政府和市政府）；三是马拉松举办地的体育主管部门或体育组织，如省市体育局等。而从模式来看，也大致分为三类：一类是由举办城市政府直接牵头，由政府各部门组成大赛组委会，如开封马拉松赛、南宁马拉松赛等；第二类是分工详细的赛事组委会模式，通常在赛事组委会下设分工明确的各赛事具体负责部门，例如，第22界大连国际马拉松赛组织委员会下设纪律检查委员会、办公室、竞赛部、外联部、宣传部、群工部、接待部、场地器材部、安全保卫部、医务部、市场开发部、兴奋剂检查委员会、技术代表、技术官员和仲裁委员会等15个部门。[①]

城市马拉松赛在刺激城市经济、带动相关产业发展的同时，也产生了良好的社会效益，比如西安城墙国际马拉松比赛、扬州鉴真国际马拉松赛，充分利用本地区的文化特色与优势环境，塑造了新的品牌赛事和城市名片。

（改编自：闫俊涛，《对北京国际马拉松赛竞赛组织的现状分析与改革研究》，北京体育大学学位论文，2008；褚孝勇，《对北京国际马拉松赛市场化运作的探讨》，北京体育大学学位论文，2007；靳英华、原玉杰，《北京国家马拉松赛的社会效益和经济效益分析》，北京体育大学学报，2008年第31卷第11期。）

思考问题：

1. 根据案例背景及材料，分析影响我国体育竞赛表演业发展的因素有哪些？

2. 针对案例一，足、篮、乒俱乐部联赛管理模式，哪一种更胜一筹？从管理者角度看，你对我国职业俱乐部联赛出现的问题有怎样的应对之策？

3. “职业体育与现代媒体的结合”是一个新的热点课题，结合案例二

① 江和平，张海潮．中国体育产业发展报告（2008—2010）[M]. 北京：社会科学文献出版社，2010.01：78~120.

谈谈你对这个命题的理解，此外，政府部门可以采取哪些措施进行有必要的引导？

4. 虽然一直是国际田联的重要赛事，但比起伦敦、柏林马拉松等同样级别的赛事，北京马拉松的奖金金额却还不到上述赛事的十分之一；虽然具备强大的群众基础，却很难云集国际优秀的马拉松选手……对于而立之年的北京马拉松赛，分析问题的原因在哪里，从管理角度看你有怎样的合理建议？

第二节　体育健身业

体育健身业为人们生活提供不可或缺的健康服务和精神产品，是体育产业中应用体育手段而实现体育价值的本体产业之一。体育健身业的发展可以带动体育服装、体育器材、体育场馆等相关产业的发展，是体育产业链中的上游产业。

我国体育健身活动由来已久，武术、气功等民族传统体育活动源远流长，传播广泛，骑马、射箭、摔跤、钓鱼、龙舟等特色项目也拥有广泛的群众基础。随着我国经济的迅猛发展和全民健身运动的全面铺开，体育健身业得到了长足的发展，其市场规模宏大、崛起势头强劲、发展潜力巨大，已成为带动我国体育产业发展的核心产业之一。

一、体育健身业概述

（一）体育健身业的发展状况

体育健身业为满足不同健身人群的不同需要和不同目标，细分出不同的发展层次和不同的组织形式。根据不同的服务形式，我国健身业可分为以下几种细分市场。[①]

（1）健身娱乐经营市场：以活劳动的形式向消费者提供不同项目、不同档次的体育健身娱乐服务，如健身俱乐部、高尔夫球场、保龄球馆等。

（2）健身技能培训市场：为健身指导员、健身教练提供技能培训、健康知识培训等。

（3）群体竞赛表演服务市场：为群众组织开展群众性体育活动提供编排、组织、裁判等竞赛服务。

（4）体质测试和健康评估市场：运用科学先进的仪器设备和合理有效的测试手段，为人们提供有偿的体质测试及健康评估服务。

（5）体育保健康复市场：运用传统体育医疗保健方法，为某些慢性病患者或身体局部组织损伤的患者提供科学的运动处方，帮助其适当缓解或慢慢恢复。

（6）体育健身娱乐的科技开发：为提高大众锻炼身体的实效性和趣味性而开展的科学研究和科技开发与推广。

我国体育健身业起步晚，健身企业的整体数量和质量都落后于西方发达国家，但发展速度和发展潜力却不可低估。中国健身市场快速增长吸引了国际众多知名品牌的加入，如宝力豪、一兆韦德、亚历山、美格菲、加州健身等，还有一些企业以中外合资的形式进入中国市场，如中体产业股份有限公司与美国倍力健身公司合资成立了中体倍力健身俱乐部有限公司。近年来，我国本土的商业健身俱乐部企业也呈现连锁化、品牌化的快速发展趋势，如青鸟、英派斯、浩沙、奇迹等知名健身机构。经过多年的发展，我国体育健身业已初步形成了国有、集体、个体、中外合资、外商独资等多种体制与多元化投资的格局[②]。

回顾体育健身业的发展，有三个时间节点对行业的发展至关重要。第一，1995 年国务院颁发了《全民健身计划纲要》，政府广泛动员，建立全国性的“健身路径”，大力推广社区体育，在全社会形成崇尚健身、参

① 江和平，张海潮．中国体育产业发展报告（2008—2010）[M]. 北京：社会科学文献出版社，2010.01：78~142.

② 江和平，张海潮．中国体育产业发展报告（2008—2010）[M]. 北京：社会科学文献出版社，2010.01：141~142.

与锻炼的良好氛围。第二，2003 年，抗击“非典”，倡导健康理念，人们的健身热情空前高涨，引起全国上下对科学健身的知识、健身场地的建设、适合不同人群锻炼项目的推广的关注，一时间，群众体育难得地占据了众多媒体的主要位置，也前所未有地为全社会所推崇，呈现出蔚为壮观的全民健身热潮。第三，2008 年奥运会的举办为我国体育健身业扩大了发展的空间，一方面奥林匹克精神的传播进一步提升了我国大众的科学健身意识，为市场创造了更多的健身需求；另一方面举办赛事的场馆和体育基础设施建设也为健身行业的发展提供了巨大的物质载体。北京奥运会常规建设项目审计结果显示，2008 年北京奥运会新建和改扩建比赛场馆 36 个、独立训练馆和国家队训练基地 66 个，分别位于北京、天津、上海、沈阳、秦皇岛、青岛等城市，项目总投资 194.9 亿元[①]。奥运会结束后，国家体育总局命名冬季运动管理中心、射击射箭运动管理中心、训练局所属奥运场馆群为“全民健身活动中心”，自行车击剑运动管理中心、国家奥林匹克体育中心、北京大学等奥运场馆群为“全民健身基地”，此举深受广大群众的好评。

在服务方面，经过多年发展，我国的体育健身业也逐渐由单一型、大众型向综合型、精英型，由低端产品向中、高端产品，由简单营销向连锁经营发展，服务形式多种多样，服务质量不断提高。另一方面，国内的健身市场开始由大型城市向中、小城市拓展，由东部向中西部蔓延。随着人们健身意识的增强和地区差异的缩小，不少大型健身企业已把经营目标由东部发达地区延伸到全国各地，我国健身行业正在逐步缩小品牌的区域特征，开始走扩大知名度的品牌之路。

在健身项目方面，概括起来可分为传统项目、户外运动和高端项目三大类。传统项目主要包括器械健身、有氧健身操、形体训练、体育舞蹈、游泳、乒乓球、羽毛球、网球、武术等，深受广大群众的喜爱，普及程度也逐年提高。户外运动项目是近年新兴起来的，如攀岩、漂流、定向运动、沙漠穿越、野外生存、滑翔伞等在自然场地举行的极限拓展项目，深受高

---

① 审计署. 北京奥运会财务收支和奥运常规建设项目跟踪审计结果公告 [S],2009.06

薪、爱冒险的青年人所喜爱，而提供的相应户外用品的企业也非常有市场前景。第三是高尔夫、马术、滑雪、汽车、水上项目等为代表的高端项目，这一类市场的发展也非常迅速，而其同时带来的体育用品、餐饮、旅游等相关产业的消费也非常可观。

在过去几十年的发展中，体育已经从娱乐转向与经济密切关联。而我国的体育健身业却在 2008 年金融风暴过后表现抢眼。据 2008 年 12 月至 2009 年 1 月北京的走访调查[①]，北京九华山庄国际健身俱乐部自 2008 年 10 月 1 日起 SPA 健身金卡从 2400 元调高至 3000 元，当天健身票价从 180 元调高至 220 元，价格调高后节假日健身人数仍不减；北京浩泰、英派斯等大型健身俱乐部在此期间的会员续卡率基本持平；天通苑、回龙观等大型社区周边健身俱乐部每到下班后依然人满为患，这些都显示了我国体育健身行业强大的生命力。在抵御金融危机的过程中，体育健身业的趋众性使其在拉动内需上作出了一定的贡献，在危机的过程中一部分健身企业抑制或暂时性的停止大规模扩张，进行内部结构调整，提高服务质量，为健身业后续的健康长效发展打好基础。

从 2009 年起每年的 8 月 8 日为中国的“全民健身日”，2010 年 3 月，国务院办公厅《关于加快发展体育产业发展的指导意见》中指出，大力发展体育健身市场是加快体育产业发展的重要任务之一。加强城乡居民基本体育服务的基础上，积极培育体育健身市场，培养群众体育健身意识，引导大众体育消费。广泛开展群众喜闻乐见的运动项目，加强群众体育俱乐部建设；积极稳妥开展新兴的户外运动、极限运动等项目的经营活动，因地制宜地开发和培育具有地方特色的体育健身项目，加强对民族民间传统体育项目的市场开发和推广。政府的这一系列的重要举措对金融危机后的我国健身业的健康成长产生了莫大的鼓舞和深远的影响。

（二）体育健身业的管理现状

快速发展的同时，我国体育健身业尚存在管理上的问题亟待解决，具

① 江和平，张海潮．中国体育产业发展报告（2008—2010）[M]. 北京：社会科学文献出版社,2010.01：78~79、116~120、130~134、141~142.

体表现在以下几个方面：[①]

第一，主管部门对体育健身业的管理缺位。体育健身服务相对公民需求过剩，目前没有体育健身市场准入标准的制约，造成盲目投资，行业内竞争激化，经济效益下降，企业经营困难。针对巨大的体育健身市场，相关部门尚未成立专门的管理机构，对健身业发展现状进行研究，预测未来的发展前景，制订促进、保护和规范我国体育健身业发展的相关政策，引导我国行业健康发展。为了保障体育健身市场的培育和管理，体育主管部门应对所有健身中心（俱乐部）统一进行管理。应逐步理顺体育健身项目的归口问题，并与其他部门协作，实现对体育健身业的综合管理，培育统一的体育健身市场。

第二，体育健身业管理制度不健全。目前，与体育健身业发展有关的管理规定和制度，只有一个推荐标准，即 2002 年 9 月国家质量监督检验检疫总局发布的《健身房星级划分及评分国家标准》，仅对体育健身中心（俱乐部）的硬件设施，如安全、卫生、营业时间等做出了规定，对不同星级体育健身中心（俱乐部）的体育指导员的比例做出了规定。但是，这仅是一个推荐标准，既无法强制执行，也不完全符合我国体育健身业市场化发展的实际情况。

第三，体育、工商等相关部门监管不够，国家及地方体育健身市场管理的机构和规章制度尚未建立，缺乏对体育健身市场的宏观调控、合理布局和战略规划。体育主管部门要根据本地发展水平和体育健身市场的发展情况，确定体育健身业发展重点，制订体育健身业长期发展规划，准确把握体育健身业的发展动态、变化趋势和未来走向，提高对体育健身市场宏观调控的科学性和整体把握能力。要对体育健身中心（俱乐部）进行等级评定与划分，重点开发中低档体育健身服务项目，适度发展高档体育健身服务项目，为体育健身业创造良好的竞争环境。

第四，作为体育健身场所最为核心的服务人员——健身教练，很大一部分是兼职，没有经过相关部门的职业资格认证，导致体育健身服务人员

① 曹可强 . 论我国体育健身业准入制度的建立与管理 [J]. 体育科研 .2008.06:67~69.

素质参差不齐，影响了体育健身业经营服务水平的提高。

第五，体育健身服务质量标准缺乏。体育健身业提供的是健身服务，旨在满足消费者对健身、娱乐和康复等方面的需求，其关键点在于提供的服务能满足消费者对体育健身中心（俱乐部）服务质量的期望。从目前体育健身中心（俱乐部）所提供的健身服务质量看，仅有 50% 的消费者对它们提供的体育健身服务比较满意。其原因在于我国体育健身业还没有一个统一的质量标准或评价标准，致使体育健身中心（俱乐部）提供的服务质量差异很大，无法使消费者信服。

现阶段，大众对体育健身的需求呈现多层次的特征，因此，在遵循市场规律并参照国际经验的基础上，体育主管部门应进行统筹规划，尽早实行我国体育健身业政府调控与市场调节相结合的运行机制。最为紧迫和有效的措施是加强体育健身业的行业管理，改革现行体育健身中心（俱乐部）资质管理制度，制订商业性体育健身中心（俱乐部）资质认证标准和管理办法，提高体育健身业的准入门槛，有效规范体育健身中心（俱乐部）的经营活动，提高体育健身教练职业素养。

（三）体育健身俱乐部的经营管理

我国体育健身俱乐部是由企事业单位、社会团体和自然人等筹资创办的，为满足广大人民群众的健身需求，开展群众体育活动，以增进身体健康为主要目的的基础体育组织。我国体育健身俱乐部主要分为两种形式：一种是以盈利为目的的经营性体育健身俱乐部，另一种是公益性质的非经营性体育健身俱乐部。经营性体育健身俱乐部向消费者提供健身和休闲的场所、设备、专业化指导以及其他服务作为核心产品，自负盈亏，是享有独立法人资格的经济实体。非经营性健身俱乐部是指不以盈利为目的的社会组织，主要包括政府和事业单位所投资经营的健身俱乐部，以及公益性社区健身机构等。①

根据经营模式的不同，可以将体育健身俱乐部分为连锁经营和项目经营两种基本形式，根据不同营销模式可分为会员制和散客制两种方式，如

① 江和平，张海潮．中国体育产业发展报告（2008—2010）[M]. 北京：社会科学文献出版社，2010.01：141~146.

图 6–3 所示。

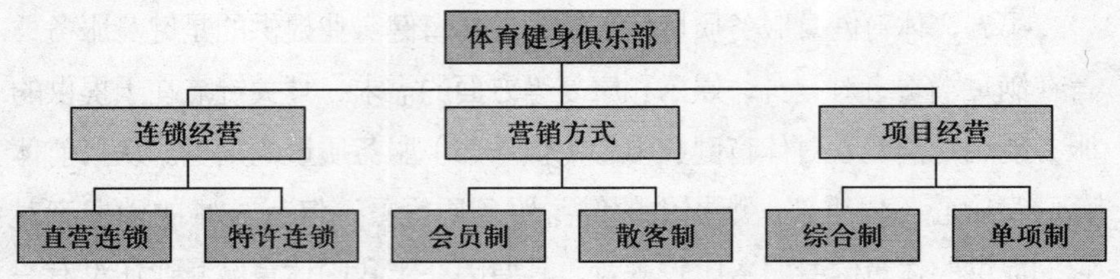

图 6–3 我国体育健身俱乐部经营模式

我国体育俱乐部经营大部分以会员制为主，而在营销手段上主要是以会员制预付消费为基本模式。科学的经营管理是商业健身俱乐部可持续发展的关键因素。但我国健身俱乐部行业由于发展时间较短，经验不足，在经营管理方面还不够成熟，表现在某些俱乐部定位趋同导致恶性市场竞争，还有一些健身俱乐部的建设项目单一，经营方法简单，成为发展的瓶颈。经营管理者要有科学的经营管理理念，遵循效益原则，以市场为导向，以法律为准则，灵活运用各种方法与手段，加强俱乐部内部的经营管理。

二、案例精选

案例一　青鸟健身成长的烦恼

青鸟健身有限公司成立于 2000 年初，是国内最早采用连锁化经营、最具规模的健身中心，全国有 16 家分店，总面积超过 35 000 平方米。除了卓越的硬件条件，青鸟健身更打造了一支高素质的教练队伍，大部分教练都拥有国际认可专业证书，其中包括来自国外的资深健美操教练。由私人教练组成的青鸟健身健美队屡创佳绩，许多冠军从这里诞生；青鸟健身经过十多年的发展已成为国内规模最大的高档健身中心之一。

创业之初“青鸟健身”在没有任何外资支持的情况下，凭借自有资金走上了中国健康产业之路，是国内较早地将“健身运动”作为一种产业来经营的机构。青鸟最早推出私人教练服务；开业一年即夺得北京市体育休闲产业销售第三名，次年获第二名；青鸟最先推出星级私人教练体系；倡导“科技健身，青鸟先行”；协助国家体育总局编纂“五星级”商业健身房硬件与服务标准；与首创集团共同开设业内首家加盟模式的大型商业健身中心；“青鸟瑜伽”一经推出即迅速火遍京城。青鸟健身北上大连，南下杭州、广州，已初步完成全国布局。

然而，青鸟并非一帆风顺。2011 年 1 月 12 日，青鸟健身在京的 6 家直营店中，有 5 家宣布因“股东调整”暂停营业。北京青鸟健身有限公司披露，新股东进入后资金不到位，导致各门店无力支付房租，不得不关门。有消息称，涉及暂停营业的 5 家店均为青鸟健身的直营店。据了解，青鸟采取加盟制，加盟费用包括特许使用费、加盟金、保证金、广告基金、店面租金，单店投资约在 500 万 ~ 3 000 万元左右。因此，此次北京 5 店的突然关张，给众多的加盟店带来了负面影响。

“在这件事中，最受伤的是会员，其次才是青鸟，我们的信任度会大打折扣，已经有会员表示，以后不会再轻易相信商家，再办卡只会办计次卡了。”一名青鸟健身员工这样说。青鸟健身安贞店的一位会员称其于 2010 年 10 月刚刚花 3 500 元办了一张年卡，收到该店面关门信息后立刻致电会籍顾问，但对方表示自己尚未得到公司正式的会员安置计划，不确定能否凭会员卡退款或转到其他店。另一名会员齐先生称，其于 1 月 11 日晚间 10 时 30 分收到暂停营业的通知，但据他所知，在当天下午，青鸟健身仍在对外招募会员。

由于青鸟健身自身原因导致服务暂停，按《合同法》，属违约行为，企业应承担相关的民事责任，如企业明知经营有问题仍在办理会员卡，就涉嫌欺诈。工商部门在接到多名消费者针对青鸟健身的投诉后，积极与青鸟健身相关负责人联系，了解具体情况。工商部门也派专员对青鸟健身各门店进行走访，要求店方说明会员数量、投诉情况等，为以后解决问题做好准备。

16 日北京青鸟健身停业的 5 家门店恢复营业。不少会员赶到现场，仍有会员担忧是否会再次停业甚至倒闭。对此，青鸟健身公司负责人表示，公司会尽最大努力继续经营，保障会员权益，如果有会员要求退卡退费，店内将进行登记汇报给公司总部。面对外界质疑是否会再次停业，负责人表示，现在形势比较乐观。

对于青鸟健身出现的问题，该公司一名管理人士分析说，健身行业从业者鱼龙混杂、行业门槛低、市场环境混乱是重要原因。他还表示，大型健身企业在教练、课程、环境、设备、选址等方面都优于小型健身企业，为了企业发展、吸纳更多会员，开更多门店，成本更大。而小型健身房投入少，价格低廉，吸纳了一些会员，同时拉低了健身卡的市场售价。大型企业的房租、水电、人力等运营成本压力巨大，售卡价格却不得不跟风下降，此时一旦资金断链，倒闭在所难免。金融危机对健身行业也有很大冲击：人们的消费更理性了，口袋里的钱没那么容易掏出来。

青鸟健身面临问题在其自身。北京大学经济学院副教授吕随启表示，目前健身行业虽然风险大，但总体成长空间依然广阔。他认为，健身企业出现类似的危机，原因有两点：一是公司内部治理存在问题，经营管理不善；二是经营扩张过快，超出可控能力。对于行业内部“小型低端企业抢占分流会员”的说法，吕随启并不认同。“从理论上说，青鸟这类高端大型企业应该更有竞争优势。”吕随启表示，无论什么行业，都会有小型后发企业加入，大型企业应该在竞争面前变得越来越强。虽然当前健身行业鱼龙混杂，但高端健身企业的客户定位和小型低端企业并不相同，小型企业很难对大型企业产生大的冲击力。“青鸟健身面临问题的根本原因，应该在于其自身。”吕随启分析说。

“青鸟事件”对于竞争者中体倍力可能是一次潜在的机会，中体倍力健身俱乐部市场部相关人员表示，青鸟健身门店停业事件冲击了健身行业在消费者心中的信誉。中体倍力与青鸟的市场定位一致，目标都是中高端人群，经历这样的危机，青鸟的会员流向最多的应该也是中体倍力，因此中体倍力将出台一些优惠措施吸纳这些会员。该人士表示，青鸟健身的这次危机是由其自身原因导致的，与行业状况无关。目前，健身行业总体竞争确实很激烈，市场大环境确实不好，但这些因素不足以使青鸟这样的大型企业关门停业。

北京市体育局体育产业发展处的相关人员也坦承，健身行业目前并没有经营许可的准入管理规定。这也就导致健身行业内部内耗较严重，使这个十年前兴起的朝阳产业开始了下坡路。业内人士表示，青鸟坠落绝非个案，行业内的洗牌早就开始了，小的健身房倒闭的很多，而且两三年以前就已经倒闭了，报纸上不时就可以看到健身房或者美容中心卷款走人，人去楼空，只不过这样的问题这两年越来越多。对于国内健身行业，即使再多的小机构倒闭，都不如青鸟这次事件的冲击猛烈，青鸟坠落带来的震撼还波及所有依靠提前透支消费过活的行业。一次次的人去楼空、卷款走人，都在消磨着顾客的信心，还影响着行业自身的公信力。

案例二　高尔夫会员制的隐忧

2009 年 7 月的一天，北京，骄阳似火。36 摄氏度的高温下，在京城某高尔夫俱乐部门口，几十名会员被拒之门外，保安戒备森严，会所大门紧闭。无独有偶，此前的 5 月 9 日，在京城的另一家高尔夫俱乐部里，竟然发生了一起群殴事件。只因为 4 名会员拒绝使用球车，他们即被球会的工作人员殴打。后经过多次协商，该俱乐部给每人上万元的赔偿。

高尔夫俱乐部与会员之间连续发生纠纷，以至于演变成剑拔弩张的对立。作为全世界最高贵的运动、已有数百年历史的高尔夫球会传统，怎么在中国就变了味儿呢?

会籍价格上涨，占了便宜的老会员被挤兑

李先生早在 2006 年就获得了北京某高尔夫球会的会籍，为此，他花费了 38 万元。买下会籍后，每年还需向球会交纳 5 000 元的会费。据他介绍，到今年，该俱乐部的入会费已经上涨到 80 万元。即便如此，仍有很多新会员不断加入。

高价钱买来的会员身份，却并没有让包括李先生在内的百余会员享受到应有的服务，尤其是今年以来，俱乐部的一些做法，引起了会员们的诸多不满。比如，在未与会员进行任何沟通的情况下，擅自将会费从每年 5 000 元提高至 8 000 元；强制会员打球时必须使用车辆；球童服务不专业等。

“走路健身是打高尔夫最重要的组成部分，很多人打高尔夫就是为了这，哪有强制开车的道理？”不少会员对俱乐部的做法十分不满。“从会员章程到收费标准，从格式合同内容到球场管理规定，几乎所有的一切都是球会说了算，最极端的做法就是球会可以任意更改收费标准、随意加收费用、强制会员消费，而且都不与我们商量一下，这就是中国式的高尔夫‘会员制’。会员除了交纳会费、支付球童费和小费，基本没有任何其他权利。”据了解，在北京，强制消费、霸王条款的高尔夫俱乐部并不只这一家。

会员制在中国变了味儿

据了解，高尔夫运动有其独特的协议、语言、服饰、礼仪、管理和文化。在国外，拥有高尔夫会籍可视为是身份、社会地位的象征，是进入特殊圈子的通行证。最典型的例子是美国的奥古斯塔球会，其独特的会员章程和运作模式显示了会员不亚于皇室的尊贵。如今的奥古斯塔依然秉承奥古斯塔球场建设者鲍比·琼斯的遗愿，不对外开放，只为俱乐部成员专用。其会员限为300名，每一名会员都是知名人物。再有钱、再有名望，也只有等300名会员中的某一位故去或退出，才能补进去，就连比尔·盖茨也得乖乖等候空缺。

然而在中国，会员制却逐渐被转化为一种“经营模式”。在这种“模式”下，高尔夫俱乐部的利益被最大化了。很多球会在发展会员上更多考虑的是收回投资，是赚取钱财，对会员人数几乎没限制。而且，有不少球会采取“会员+散客”的经营模式，无视对会员利益的保护。甚至很多俱乐部还将会员章程作为“对付”会员的“武器”，随意修改，有的俱乐部甚至直接明文规定，允许自已有单方面调价的权利。

对此，有法律界人士认为，高尔夫俱乐部的会员章程应该视为合同的一部分，如果对章程的内容进行修改，则必须得到俱乐部与会员的一致同意，否则即属于单方面变更合同，应属无效。

过分追求利润乃症结所在

据一份中国高尔夫球场调查显示：截至2006年6月底，中国已开业、试营业和在建球场的总数就已经超过500家。来算这样一笔账，即使只有八成的球会在销售会籍，平均每个球会只卖500张，每张2.5万美元，那么，中国球友会籍总金额已经达到50亿美元。

原本就“高不可攀”的会籍费更是一涨再涨。比如，2006年1月15日开始，深圳观澜湖高尔夫球会将之前售价为128万元的特许钻石会籍费调高到168万，不到一年，上调幅度超过30%；广州九龙湖高尔夫球会，由初始的20多万元涨到了49.8万元，价格翻了一倍多仍然卖得很火；北京华彬高尔夫俱乐部在2005年12月31日，也再度全面提升会籍价格，由35万美元升至40万美元。即便如此，不少高尔夫爱好者在花费了高昂的会籍费后，仍享受不到各种尊贵的服务。

据一位不愿意透露姓名的业内人士介绍，目前中国的高尔夫球场基本都自称是“会员制”，有的甚至称自己是“纯会员制”。但在不成熟的市场环境之下，很多高尔夫球场过分注重自己的盈利需要，甚至采用损害会员利益的经营模式。极端的表现就是擅自提价、强制消费。夸张点说，有“贵族运动”之称的高尔夫，在中国的“贵”只停留在物质层面的价格上，其内涵、传统等精神层面，根本不被俱乐部重视。而这种经营模式和理念，对于在中国刚起步的高尔夫产业来说，显然是致命的。

（改编自：朱宁宁，《高尔夫场所发生群殴 会员制经营模式变味》，法制日报，2009年07月16日。）

案例三　健身俱乐部十大赢利法则

健身俱乐部是专业健身产品通往消费终端的唯一出口，而健身俱乐部的经营者则紧紧把守着这一唯一出口的大门。在健身行业，一家新健身俱乐部在开业三个月后因经营无法步入轨道而导致转让或停业的比率要大大高于同属服务业的百货零售业，健身俱乐部的经营风险可想而知。

健身俱乐部经营的黄金法则是：服务力 + 销售力 = 持久赢利。根据这个法则，在硬件条件相差无几的情况下，留住人才就成为俱乐部成功的必要条件。

以下是国际健身行业管理专家给出的十条赢利法则：

1. 让每个职员都明确预算的明细支出。举例子来说，毛巾部的预算是每月2000美元，如果职员能够在保证服务质量的前提下减少支出，那么低于预算的部分职员可以获得50%的奖励，即如果节省了500美元，职员就可以获得250美元的奖励。

2. 额外补偿不必采取现金的形式。可以给职员放半天假，但是工资照发。

3. 如果健身俱乐部有儿童用的设施，就对职员的孩子们免费开放，这样一来就减轻了职员们在孩子身上的开销。

4. 如果可能，灵活安排工作时间。这对于有孩子的职员来说是一大福利。

5. 不管身处什么岗位，每一位职员都是健身俱乐部的推销员。给每个人都制订任务计划，让每个人都学会推销俱乐部。

6. 提供进修学习的机会。这样就会增加职员的自信和自尊。

7. 支持俱乐部内部的各种比赛。可以举办销售大赛，也可以举办卫生评比，不仅要比赛招募新会员，而且要比赛谁能够挽留住更多的老会员。

8. 内部挖潜。当有人辞职后，不要立刻就雇人，而是在现有职员中先寻找有没有能够做好这份工作的人。

9. 把职员看作最宝贵的资产，而不是必需的开销。

10. “人”有所值。如果低薪雇佣的人做不好工作，这会浪费更多的精力和金钱。

（改编自：张曙光，《健身俱乐部十大赢利法则》，体育产业信息 2011 年 04 期。）

思考问题：

1. 根据整个材料的论述，试分析体育健身业管理体系应如何进一步完善。

2. 体育健身俱乐部经营管理的影响因素有哪些？

3. 根据你对案例一的理解，你认为一名合格的体育健身俱乐部经理需要具备哪些能力？

4. 假如你是青鸟健身的负责人，当出现案例一中的问题时，你将如何处理？

5. 根据案例二的第三份材料中各自争论的声音，你支持哪种观点？或者你自已的见解是什么？

6. 案例二中为什么同样的会员制在中国就变了样，思考一下这背后的原因，怎样从管理制度层面解决这样的问题？

第三节 体育用品业

一、体育用品业概述

体育用品业由体育器材、服装、鞋帽及相关产品的制造和销售两大部分构成，它是我国体育产业最为重要的组成部分之一，2008 年我国体育用品制造与销售业的增加值占到全国体育产业增加值的 79.1%。并且，由于劳动力、原材料等方面的优势，我国成为了世界体育用品的加工制造业基地，相关统计显示，我国占据世界 65% 以上的体育用品生产份额，体育用品生产基地布局在广东、上海、江苏、浙江、福建、山东、黑龙江等地。① 根据国家体育总局、国家统计局发布的体育产业统计公报，2008 年我国体育用品业从业人数为 252.67 万，实现增加值 1230.1 亿元，平均增长速度大大超过了同期国内生产总值的增长速度。虽然我国体育用品业产品数量多、份额大，但是我国体育用品业大而不强，缺乏核心技术，尚未创立足够多的知名品牌，产品以中低档次为主，要做大做强体育产业，实现体育强国的梦想，还有很长的路要走。

根据体育用品业管理的主体不同，可以将体育用品业管理分为三个层次：政府、企业与社会组织。第一，政府对体育用品业的管理是对市场的管理，重在培育和规范体育用品业的发展，包括制订体育用品业政策法规、国家标准，扶持体育用品业发展，监督企业依法运行等；第二，企业层面是体育用品业的经营管理，主要任务是技术研发、产品设计、加工制造、品牌打造、产品营销；第三，社会组织对体育用品业的管理是行业自律性管理，旨在促进整个行业的发展进步。当前，我国体育用品业管理尚存在

---

① 周城雄．体育用品业发展分析 [J]．中国体育产业发展报告．北京：社会科学文献出版社．2010：185.

制约行业可持续发展的关键性问题：首先，政府管理体系不完善，产业政策法规不健全，市场监督管理不到位，国家以及行业标准缺乏。其次，企业经营管理水平亟待提升，企业缺乏核心技术，品牌管理不到位，未能形成世界知名品牌。第三，社会组织没有发挥应有的功能与作用，在行业自律、行业发展等方面还有待强化。

二、案例精选

耐克抢滩中国

耐克的前身是1964年成立的美国蓝绶带制鞋公司。1972年，蓝绶带更名为耐克。1975年，为降低生产成本，耐克将日本的生产线转移至人力成本较低的韩国与中国台湾地区，后又扩大到印尼和中国大陆；20世纪80年代中叶，耐克公司的年营业额超过了37亿美元，占领美国运动鞋业一半以上市场；1999年耐克公司年销售额已达到95亿美元，跨入《财富》500强行列，超过了原来同行业的领袖品牌阿迪达斯、锐步，被誉为近20年来世界最成功的消费品公司。

耐克始终将研发和品牌营销作为重中之重，其领导者认为把企业行为简单地归结为技术开发、生产、市场营销，耐克的核心在两头，被人形象地描述为“哑铃式”。它只保留企业中增值最大的技术研发和销售功能，而将其他的功能虚拟化，通过各种方式借助外力进行整合弥补。

全球借力

创业之初，耐克公司就非常重视产品研发和技术革新。耐克有数百名研究人员，专门从事研究工作，其中许多人具有生物力学、实验生理学、工程技术、工业设计学、化学等各领域的博士学位。公司设立了研究委员会和顾客委员会，顾客委员会有教练员、运动员、设备经营人员甚至足病医生和整形大夫，他们定期与公司见面，审核各种设计方案、材料，提出客观修改意见。在产品研发中比较精细的活动如：对运动中的人体进行高速摄影分析、运动员踏车的情况分析、有计划地让300多名运动员进行耐克实验，根据试验开发新型跑鞋和改进原有跑鞋与材料。耐克用于产品研究、开发和试验方面的费用每年都很可观，为什么其他品牌鞋子与耐克存在本质区别，这就是根本原因。

为了实现自己的目标，耐克在全球寻求生产伙伴，日本、西欧、韩国、中国台北、中国大陆、印度等劳动力十分低廉的地区最终都成为它的生产基地。

耐克的成功在于专注。在选择生产商方面，标准是：成本要低，交货要及时，品质要有保证！由此，耐克顺利规避了制造风险，专心于产品的研究与开发，快速推出新款式，大大缩短了产品生命周期。

经营情感

迄今为止，没有一家公司可以与耐克在名人营销上相媲美。1985年，耐克就以数百万美元聘NBA超级巨星迈克尔·乔丹担任代言人。从而确立了它在篮球市场的绝对优势。“菲尔·奈特和耐克把我变成了一个梦幻人物。”乔丹曾感叹道。

2000年，伍兹被耐克相中，CEO奈特亲自到赛场服侍“老虎”，毛巾、饮料和球杆他一人包揽。最终，伍兹答应耐克，出任其高尔夫产品代言人，5年报酬1亿美元。

耐克最愿做、最擅长做的是培养明日之星。当年，刘翔只跑出了近14秒的成绩时，耐克运动员市场部的张彤就寸步不离，2004年8月24日，就在刘翔参加奥运会跨栏小组预赛前一天，刘翔为主题的耐克广告开始在全国播放，并与耐克国际版本广告在时段上交替播放；27日起，耐克全部换上刘翔广告；8月28日刘翔轰动性取得冠军，此时，人们也不由地叹服耐克的眼光与魄力。

其实耐克卖的是鞋子，经营的却是情感。耐克在中国消费者心中是最“酷”的运动品牌。耐克宣扬的个性化、创造力、动感、活力以及休闲等价值观成了消费者非常肯定和乐于接受的一种文化体验。

立体营销

耐克公司的营销手法也很高明：标志Swoosh（意为“嗖的一声”），是印在耐克全部产品上的，能让消费者可以立刻辨认出来的明显标志。此外，耐克让人产生无限遐想的传统广告，在内陆城市兴建篮球场，向中学捐赠整套耐克产品，动用各种宣传方式不断塑造品牌形象等一系列营销手段也让更多的人追捧欣赏它。

如今，耐克的广告已经走进了地铁，醒目、新颖，甚至让人备受启发。于是，有人把耐克的创始人、CEO奈特称为“广告界的毕加索”。其实，一个企业假如要开始它的虚拟经营，就必须有自己的特色之处，这样才有自己的优势，在这个优势前提下，能很快地集合关键的资源，展现自己的品牌号召力。是知识上的财富也好，是资源上的独享也罢，企业本身得有个核心的依托，必须有能力让自己居于主导地位才能有效地推行自己独特的经营。

抢滩中国

美国耐克公司首席执行官帕克曾在公开场合表示，未来5年内，耐克在全球的销售额预计将增长53%，达到230亿美元。耐克公司将给客户提供更加个性化的产品。未来3年内，公司将在全球开设100家新的专卖店。新店将着重“优质客户体验”，以提升公司品牌形象，并为新产品提供一个测试区，从而使耐克区别于其他竞争对手。耐克公司预计，未来5年内，其专卖店、专柜和网络销售部门的收入占公司总销售额的比重将由目前的12%增长至15%。帕克还表示，对新兴市场的开发也将带动公司未来销售额的增长。预计，中国最终将发展成为该公司的第二大市场（美国为其最大市场），公司在这一市场的潜在销售额可望达到10亿美元。

（改编自：《全球大滑头耐克》，http://inc.icxo.com/read.jsp?aid=5003&uid=2819,2007年9月。）

思考问题：

1. 在案例中，我们发现了耐克哪些方面的商业智慧？

2. 耐克实施的是怎样的组织结构形式？这样的组织形式有什么优势？

3. 体育用品业的核心技术是什么？

4. 管理学上有价值链的概念，你认为体育用品业的价值链是怎样的？耐克占据了价值链的哪些环节，这些环节在整个价值链中占据怎样的地位？

5. 你认为，我国体育用品企业应该向耐克学习哪些经验？

第四节　体育彩票业

一、体育彩票业概述

体育彩票是我国体育事业发展的重要经费来源，是全民健身和竞技体育的有力支撑。根据国家体育彩票管理中心的数据，截止到2009年，我国体育彩票发行15周年，累计发行2498亿元，筹集体彩公益金812亿元，为社会提供直接就业岗位约30万个，其中2009年全国体育彩票销售量达到568亿元。

（一）体育彩票业的发展历程

我国体育彩票业的发展经历了三个阶段：

第一，探索阶段（1984—1993年）。1984年举办的北京国际马拉松比赛第一次发行体育彩票，即“发展体育奖一九八四年北京国际马拉松赛”奖券，开创了我国体育彩票的先河。随后，许多地方政府为举办大型体育赛事和建设体育场馆发行专项奖券。1992年，在国务院的批准下，我国先后发行了亚运会、全运会、农运会等大型体育赛事彩票。体育奖券的发行，为探索体育彩票积累了成功的经验。

第二，形成阶段（1994—1999年）。1994年3月15日，国务院批准原国家体委在全国范围内发行中国体育彩票，所筹集的公益金用于体育社会公益事业，同时，明确中国人民银行是国务院主管彩票的机关。同年4月5日，国家体育总局体育彩票管理中心正式成立，它标志着我国体育彩票正式建立形成。

第三，发展阶段（2000年至今），1999年，财政部全面接管体育彩票工作，并逐步确立了现行的体育彩票管理体制，完善了体育彩票管理。2009年，国务院颁布《彩票管理条例》，我国体育彩票的管理逐渐步入正轨。①

① 李芳．我国体育彩票业管理中存在的问题与对策研究[J]．贵州工业大学学报（社会科学版）．2006，8（5）：101~103.

（二）体育彩票的管理

根据《彩票管理条例》，财政部负责全国体育彩票的监督管理，国家体育总局负责全国体育彩票管理，国家体育总局体育彩票管理中心负责全国体育彩票的发行管理。地方的体育彩票管理工作，由各省、自治区、直辖市政府财政部门、体育行政部门、体育彩票管理中心分工负责管理，如图 6–4 所示。

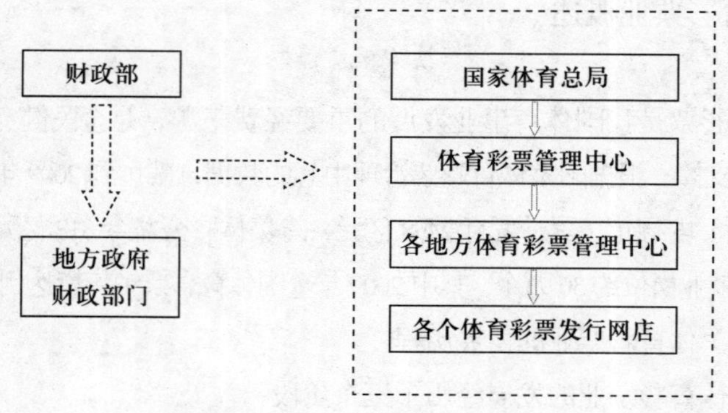

图 6–4　体育彩票管理体制示意图

体育彩票管理的内容主要包括发行和销售管理、开奖和兑奖管理、彩票资金管理。发行和销售管理是指体育彩票销售系统的数据管理、开奖兑奖管理以及彩票资金的归集管理；开奖和兑奖管理要确保彩票公平、公正；彩票资金要依据体育彩票公益金管理办法处置管理。

（三）体育彩票业管理的问题

相关研究显示：

第一，我国体育彩票相关的法律和制度尚不健全。自 1994 年体育彩票正式发行以来，我国出台了一系列的有关体育彩票的法律法规。但是，我国体育彩票业起步较晚，走的是“先发展，后立法”的道路，现有一些行政法规和部门规章及各地针对各自情况制订的应急措施，覆盖面过窄，没有明确责任，在执法过程中易出现无法可依的情况，不能有效地解决彩票市场出现的各种问题。此外，体育彩票的发行销售与相关法律的衔接上尚未做出明确规定。

第二，体育彩票发行成本过高。由于网点布局不合理、销售成本高，我国体育彩票发行成本远远超过一些彩票业发达的国家，我国足球彩票发行成本为13%，其余种类的彩票为15%，远高于日本的10.1%、保加利亚的10%。销售网点布局没有充分考虑人群的聚集和网点的相对分散，存在区域布点过多或者过少的现象。

第三，体育彩票体育特色不足。彩票规则没有与体育赛事密切结合，新玩法的开发滞后，缺乏吸引力。

第四，体育彩票营销相对滞后，体育彩票宣传、公益活动的开展还有待加强，体育彩票市场有待开发的空间还非常巨大。

第五，非法博彩业对体育彩票的不利影响，地下赌球、境外博彩等对体育彩票业造成了巨大冲击，当前对非法博彩业的打击力度不够。[①]

二、案例精选

案例一 4.20体育彩票案和陕西宝马案件

4.20体育彩票案

4月20日晚在湖北省电脑体育彩票2001年第31期开奖现场发生了严重的舞弊事件——现场开奖的70个彩球中竟有6个球中藏有螺帽。

据一位现场的观众称：摇奖结束后，现场的彩民强烈要求检查摇奖器具，被工作人员当场拒绝。在双方相持不下的情况下，赶到现场的武昌区公安分局水果湖派出所民警当场剖开彩球，发现1号奖球及其他5个奖球里藏有螺丝帽（此次摇奖共有70个球）。然而，就在开奖前不久，公证员还宣布说，摇奖器具和号球检查无误。

据了解，湖北省电脑体育彩票2001年第31期由湖北省体彩中心和湖北电视台体育部共同举办，摇奖地点在湖北体育彩票中心一直播间内。24日中午，记者采访了湖北省电视台一位参与直播的工作人员。

“摇奖过程中确实有事发生。”这位工作人员对记者说，“当天（4月20日）确实出事了，现场来了几百名嘉宾，基本上是从黄石来的。摇

① 李芳.我国体育彩票业管理中存在的问题与对策研究[J].贵州工业大学学报（社会科学版）.2006，8（5）：101~103.

奖结束后，许多彩民涌上直播台，要检查彩球，被工作人员拒绝后，还是有不少彩民硬冲上摇奖台，致使场面一度失控。”

他说，当派出所的民警进入演播室后，场面才得以控制。同时，他表示，没有看到切开后的彩球内有螺丝帽。他认为，因为现场人太多，许多人都把手伸向彩球，也有彩民将螺丝帽放入彩球中的可能。

此后，记者又拨通了武汉晨报社的电话。据千龙网报道，有一位同仁说，在当晚事情发生后不久，即有人打电话到报社，称在直播现场看到了如此一幕：摇奖过程中，参与直播的现场观众发现彩球中有裂痕，立即要求检查彩球，被主办单位拒绝后，愤怒的彩民才与工作人员发生了冲突，结果发现破裂的彩球中藏有螺丝帽。

陕西宝马假彩票案

2004 年 3 月曝出西安宝马假彩票案。青年刘亮喜中宝马汽车，而兑奖时却被诬认为所持为假彩票，无法接受现实后以跳楼来抗议。最后经调查，乃彩票承销商杨永明贿赂西安体彩中心，在销售兑奖过程中造假。此事件引起了全国的轰动，彩票行业也因宝马案等一系列不良案例而受到了极大的冲击。

1998 年到 2002 年体育彩票发行量大量攀升，得到了快速发展，为体育产业的发展提供了强大的资金保障，也凸显了彩票业的强大生命力。然而 2003 年，特别是宝马案发生的 2004 年中彩票行业却走了下坡路，体育彩票的销售额由 2003 年的 201.3 亿元下降至 2004 年的 154.227 亿元。2004 年 3 月的西安宝马案揭开了彩票业看似繁荣的背后潜伏着的巨大危机，我国的彩票销售量深受负面案件所影响。

中国的彩票发行经历了一个前所未有的冰冻期，彩票公正性受到大众质疑，彩市跌入谷底，彩票业整顿前所未有。彩票在 2005 年有所回升，但若假彩票案再次成为公众焦点，复苏的彩票业是否还能承受打击？

（改编自：黄胜华，《4.20 蓄意破坏体育彩票案》，江南时报，2001 年 4 月；

蒋英雪，《不良案例对中国体育彩票销售和发展的影响及风险规避》，经济研究导刊，2008 年 32 期。）

案例二 江苏省体育彩票业成功之道[1]

2009年，江苏省体育彩票以突破68亿元的总销量，连续第4年蝉联全国体彩销量冠军，同时实现三项突破、保持三个领先。三项突破即以全省体育彩票总销量68.42亿元实现省级体育彩票年销量突破，以苏州市总销量14.23亿元实现地级市体育彩票年销量突破，以江阴销量2.26亿元实现县级市体育彩票年销量突破。三个领先即以超过12%的贡献率保持全国体育彩票贡献率领先，以58.85%的市场份额保持省内市场占有率领先，以全年126个大奖保持省级体彩年度百万大奖个数领先。

2009年，江苏体彩系统坚持深入贯彻科学发展观，紧密围绕“强化基础建设，狠抓质量提升”的工作思路，在推进渠道建设、完善玩法结构、创新营销宣传、提高服务质量、加强文化建设等方面狠下苦功、狠抓质量，进一步推进了江苏体彩事业的持续、快速、健康发展。

产品管理：优化结构 推出新品

体育彩票作为面向市场的产品，其各种玩法规则必然需要在市场历练中不断进行调整和优化，以更好地满足彩民需求。2009年，江苏体彩在优化玩法结构上进行了很多尝试。当年6月，省体彩中心对老牌产品7位数的玩法规则进行了一些调整，并将其周三的开奖日调整到周四，经过调整，7位数游戏让江苏彩民在一周中的每一天都有了向体彩百万大奖发起冲击的机会，受到了彩民的热烈支持，销量稳中有升。

同年10月，体育彩票大盘玩法超级大乐透的游戏规则也进行了部分调整，1.2亿元派送活动同时展开。江苏体彩充分把握这一有利时机，在奖池等日常信息的公告、人员培训、销售员奖励等方面，都加大了工作力度。派送期间，江苏体彩进一步强化了基础工作，大规模的广告投放、新闻报道也起到了推波助澜的作用，随着江苏彩民对于大乐透关注度的不断提升，其销售状态也如“芝麻开花节节高”。到12月底，“买超级大乐透复式票奖上再奖”活动又为彩民送上更多的实惠和乐趣。

2009年，新单场竞猜型体育彩票（竞彩）的上市，更引人关注。竞

① 江苏体育彩票成全国唯一销量“四冠王”[N]，新华日报，2010.1.11.

彩游戏引入单场、让球、过关等全新国际化概念，将体育赛事与竞猜游戏完美结合，简单有趣、中奖容易，自当年 11 月底登陆江苏市场深受彩民喜爱和关注。

从早期的 7 位数一枝独秀，到前几年的 7 位数和排列 3“两条腿走路”，再到近两年的 7 位数、排列 3、大乐透和即开彩票四种玩法“四轮驱动”，江苏的体育彩票产品结构从单一发展到多元，市场基础由薄弱发展到雄厚，这些都为促进江苏体育彩票销量的增长发挥了巨大的助推作用。

服务保障：扎实有效 全面推进

作为面向彩民的窗口，销售站点的建设一直被江苏体彩视为基础工作而常抓不懈。2009 年，江苏体彩持续狠抓渠道建设，全省电脑站点总数突破 1 万，为彩民就近购彩提供了极大便利。年底竞彩登陆江苏，其网点在江苏的增长速度同样迅速。

在扩大网点规模的同时，努力提升站点形象，2009 年尤其值得一提的是以规范化、标准化面貌出现的竞彩网点，不但店面整洁、规划齐整、布局合理，还配备了液晶电视、电脑等设施，经过严格培训和考核的销售、客服人员为彩民提供标准化、专业化的服务，可以说竞彩点也成为江苏体彩一份崭新的形象名片。

在加强站点硬件建设的基础上，通过业务培训、奖励机制来促进销售员队伍素质的提升，以实现站点软件质量提升。2009 年，江苏体彩共开展各类销售员培训百余场，提高销售员的业务知识和服务水平。专管员队伍中也有新鲜血液加入，新任专管员接受培训后持证上岗，其中不乏本科、大专等中高学历者，他们作为联系体彩机构和销售网点的桥梁和纽带，为站点提供了服务保障。

营销宣传：创新形式 全面开花

江苏体彩营销宣传渠道的创新思路首先体现在渠道建设，创办《精品体彩》杂志，成为全面展示体彩品牌形象以及体彩文化的又一阵地；开设江苏有线电视数字频道体彩栏目，目前已覆盖省内 9 个地市，节目内容实现了每日更新，为广大彩民足不出户了解体彩信息提供了便捷的途径，同时也成为江苏体彩展示行业风采的一大窗口。

作为江苏体彩的品牌活动，深受彩民喜爱和支持的“体彩零距离”活动在 2009 年进一步深入开展，全年共有 333 批、近 7000 余人参与其中，同时，活动的形式也有了更多创新，获得了更多社会人群的参与。其中，包括南京大学 MBA 班学子、中石化和苏果职员。

2009 年，江苏体彩还举办了其他众多形式创新、精彩纷呈的营销活动，包括："排列 3 荐号春季联赛"、"顶呱刮拍客总动员"活动、"竞猜舜天主场胜平负 20 万现金送球迷"、"竞猜南钢主场胜负 场场万元大礼相送"活动等。

公益事业：为民利民 社会共享

作为和谐社会发展的助推器，体育彩票公益金在各项社会事业发展中发挥着积极作用：支持"全民健身计划"，增进全民健康；支持"奥运争光计划"；补充"社会保障基金"，促进社会保障事业发展；支持"雪炭工程"，援建老少边穷及西部地区体育设施。2009 年全年，江苏体彩共筹集公益金约 20 亿元，这些公益金广泛地应用于上述各项事业之中。

在积极筹集公益金的同时，江苏体彩还通过各种形式推动社会事业发展。江苏体彩为迎接 2009 年全国首个"全民健身日"而开展的系列活动成为一大亮点。4 月，"顶呱刮拍客总动员活动"在全省热力举行，顶呱刮的大拇指跃动在省内各市县的大街小巷，引领人们关注全民健身、关注健康生活。"全民健身日"当天，江苏省全民健身日活动启动仪式在五台山体育中心隆重举行，同日，全省各地都举办了各种形式的庆祝活动：常州"千人象棋对抗赛"、徐州"健身腰鼓展示"、扬州"千人太极拳大赛"丰富多彩的活动让江苏的每个城市都充满了活力，也让更多人从参与中体会到了体育彩票"公益为先"的宗旨。

除了全力支持群众体育事业，2009 年，江苏体彩支持竞技体育的步伐也始终未曾停止。江苏竞技体育离不开江苏体彩的大力支持。除此之外，2009 梅赛德斯－奔驰杯中国网球大奖赛、第十九届世界女子手球锦标赛、2009 中国之队国际足球赛等众多重要赛事中都可见江苏体彩的支持力量。在支持群众体育和竞技体育的同时，江苏体彩还积极开展济困助学工作。2009 年 10 月 16 日，由江苏体彩捐资 20 万元援建的淮安市淮阴区吴城镇黄河村公共服务中心顺利揭牌启用，该服务中心集文体活动室、农产品超市、百货超市、党员活动室、行政办公室等多种职能于一体，全面启用后将全面改善该村的公共服务环境和条件。同日，省体彩中心再次向黄河村捐助 6 万元，用于资助黄河村特困家庭学生，帮助他们更好地完成学业。这也将对帮助该村从根本上改变贫困落后面貌起到积极作用。

12 月，江苏体彩向省儿基会捐资 20 万元，用于在南京、徐州两地创办“职教春蕾班”，捐赠的款项将作为春蕾班贫困学生的助学款，帮助家庭经济困难的学子更好地成长发展。这也是江苏体彩继 2008 年向省儿基会捐资 20 万元，用于在扬州、南京两地各创办一个职教春蕾班之后，公益行动的再一次闪光。省妇联、省儿基会根据江苏体彩对全省儿童教育等社会公益事业作出的贡献，授予其“江苏省五星级儿童慈善明星单位”称号。

与此同时，作为赈灾彩票，即开型体育彩票顶呱刮全年共筹集公益金 2.2 亿余元，这些资金将源源不断地输入到地震灾区恢复重建中，为灾区人民更好地重建家园贡献力量。

思考问题：

1. 为什么体育彩票的公正、公平和公益是其生存和发展的根基？

2. 案例一中反映出体育彩票管理中存在哪些漏洞？你认为应该如何解决这些问题？

3. 2012 年江苏省体育彩票销售额仍然高居全国榜首，分析案例二中江苏省体育彩票业发展的成功经验。

第五节 体育中介业

一、体育中介业概述

体育中介业是为社会提供体育商务代理、经纪、保险、咨询、策划等服务性活动的行业。我国体育经纪市场的发展历经了两个阶段，即探索发展阶段和规范发展阶段[①]：第一，探索发展阶段（1984—1997年），在市场经济、体育产业和体育事业改革与发展的宏观背景下，我国体育经纪人出现，国外体育中介机构进入我国，体育经纪活动逐渐兴起，但是该阶段体育中介活动主体、组织形式、活动范围、经营方式还带有随意性、盲目性，体育中介还不成熟；第二，规范发展阶段（1997至今），个体经纪人向公司制运作转变，一批以体育中介为主营业务的企业初步形成，一些经纪人管理办法、认证制度出台，体育中介活动趋于规范。根据国家体育总局、国家统计局2010年发布的体育产业统计公报，到2008年，我国体育中介从业人员达到了1.35万人，实现增加值4.46亿元，按可比价比上年增长45.61%。

体育中介组织主要分为两类，一类是全国性、地区性单项运动协会、行业联合会等，它们介于政府与体育经营企业之间，属于非营利性组织；另一类是依照国家的有关政策、法规及市场需求，经过国家工商行政管理部门及体育行政管理部门资格审查认定建立起来的民营中介性组织，属于营利性组织。体育中介业的管理由经纪人管理、经纪组织管理和经纪活动管理三部分构成，其中，经纪人管理主要是体育经纪人资格认证、培训管理。随着我国体育产业的深入发展，体育中介业发展也步入了快速上升期，体育中介活动的数量、质量、范围、方式稳步提升，整个行业呈现出专业化、市场化、个性化、规范化的发展趋势。

体育中介业被喻为体育产业的“润滑剂”，能够联系竞赛表演、体育用品、体育场馆管理等不同的行业，体育产业市场的活跃程度与体育中介业有着密切的关系，体育中介业是我国体育产业发展的重要环节。当前，管理体制、中介市场、中介组织还存在制约体育经纪业进一步发展的因素。第一，管理体制制约体育中介的发展空间，存在优势项目、优秀运动员被垄断的现象，体育中介组织很难按照市场化的机制开展运作项目、代理运动员转会等中介业务；第二，中介市场不规范，保障市场公平的法律法规不健全，中介市场的监督管理也不到位，无法形成开放、规范的中介行为和中介市场；第三，体育中介组织缺乏竞争力，资金、

① 谭建湘，邹亮畴，张宏，等．我国体育中介市场现状与对策研究[J].广州体育学院学报．2004，24（5）：5~8.

人才、管理技术薄弱，缺乏自身的优势，在国内外的行业竞争中处于弱势地位，经营效益较低。[①]

二、案例精选

体育经纪业之王

——记国际管理集团（IMG）创始人马克·麦考麦克

是麦考麦克为体育运动注入了资本的活力，他创造性地把经纪人引入体育明星的生活，使体育明星可以从个人财务管理、纳税和广告商谈判等繁琐事务中摆脱出来，而专心致志于比赛和训练。今天，从中国的足球联赛到职业高尔夫球巡回赛，到处可见 IMG 的经纪业务。法新社在评价麦考麦克的生平时说："国际体育的每一个领域都会感觉到他的存在。"

与 IMG 签约的著名高尔夫球星伍兹说："麦考麦克是体育营销领域罕见的奇才，是他使优秀的职业选手致富，如果没有他，我不可能有今天的名望和地位。"世界团体网球联赛创始人比利·简·金女士高度评价了麦考麦克的一生，她说："马克·麦考麦克是体育产业之王……特别是他融合运动员经纪、资产开拓和电视广播的能力，将成为这一产业的永恒标准。"

开启各扇大门

职业高尔夫能够在美国兴旺，并最终在国际上得以流行，几乎完全是 IMG 的推广之功。ATP 总裁米尔斯说："麦考麦克在 ATP 和 WTP 诞生过程中扮演了重要的角色，他将以一个热爱网球的顽强斗士的形象被我们所怀念。"

1960 年，麦考麦克创立了自己的运动员经纪业，代理当时高尔夫球星阿诺·帕玛。像阿诺·帕玛这样的体育天才，马克铸就了 IMG 的品牌形象，也铸就了整个体育经纪业的运作模式。马克在回忆自己的成功之路时说："IMG 成功基石的核心一直都是全力打造个别精英球员，今后将

① 谭建湘，邹亮畴，张宏，等．我国体育中介市场现状与对策研究 [J]. 广州体育学院学报．2004，24（5）：5~8.

依然如此。因为正是那么少数几个人有能力推动整个体育事业迈上新的台阶。我们的公司今天将世界不同的体育产业运转如一，可能就是始自1960年初阿诺·帕玛个人的天才与魅力。IMG从高尔夫进入其他体育产业是在20世纪60年代中期，我们拷贝了先前的模式。对罗德·拉沃的代理让我们成功地进入网球界；让·克洛德·基利是我们涉足滑雪和其他冬季运动的基石；而斯图尔特为IMG打开了F1世界的大门。具有里程碑意义的进步发生在高尔夫领域，我们成为了泰格·伍兹的经纪人。对我而言，阿诺是个爱迪生或者福兰克林式的人物，而伍兹，就意味着比尔·盖茨。”

经过40多年的艰苦创业，IMG目前已经成为一个能够开展各种经营业务的大型跨国集团公司。IMG代理过的著名运动员已超过千名，几乎包括各代著名的体育明星，如斯图尔特、博格、纳什纳蒂洛娃、阿加西等。近年来，IMG还成为一些古典音乐家和歌唱家的经纪人，如伊泽克·佩尔蒙、詹姆斯·加尔韦和内维尔马瑞纳等。IMG发起并管理各种体育文化艺术活动，从温特沃斯的丰田杯世界高尔夫球比赛到新加坡的约瑟·卡瑞斯音乐会，从底特律摩托车大赛到悉尼的耶稣基督超级明星演唱会，再到阿联酋迪拜的台球大赛，无不闪现着IMG的身影。IMG还是诺贝尔基金会、温布尔顿网球公开赛组委会、安德鲁斯皇家古典高尔夫球俱乐部的代理人。IMG的电视业务遍布全球。它的全球国际传播公司代理着奥运会、世界杯和欧洲杯花样滑冰锦标赛、全美橄榄球联赛、全世界所有重要的网球和高尔夫球比赛的电视转播权。

鉴于麦考麦克对全球体育界的杰出贡献，1990年，美国权威体育杂志《体育画报》将他列为国际体坛最有权势的人，并给予他“网球界和高尔夫球界最显赫的人”的美誉。1991年，英国《星期日泰晤士报》将麦考麦克评为20世纪世界1000个最有影响力的人物之一。

世界最大的体育经纪公司

今天IMG已经成为世界最大的体育经纪公司，它的经纪业务遍布世界。在全球35国家设有85个办事处，拥有员工3000人，世界上平均每天有9场重要活动出自它的管理和营销。而在20世纪60年代马克·麦考麦克创业之初，体育产业几乎是一片空白。在谈到IMG对体育职业化的贡献时，WTA执行总裁斯科特说：“事实上，在20世纪70至80年代，

IMG 是职业体育领域唯一的发电机。”

麦考麦克的成功在于他创立了明星经纪业的基本商业原则，这些原则的核心是与“和客户共同成长”的信念联系在一起的，在与体育明星的“共同成长”中，IMG 奠定了自己的基础，通过对体育赛事、文化活动和电视转播的资本运营，使 IMG 不断壮大。“今天，市场的成长和随之而来的激情与挑战融合在一起。伴随着我们对天才和名人的代理，对大型体育赛事、电视转播的经营，使我们能够通过遍及全球的机构和伙伴为客户提供更多更好的服务。在一个真实的全球运作平台上，IMG 比这个世界上的任何人都更加懂得球员和球迷间的关系，电视转播和赛事组织者的关系，比赛本身和市场经营的关系。这是一种伟大的认知。”马克·麦考麦克说。

麦考麦克成功的另一个关键因素是 IMG 强大的管理团队，无论是在美国还是在世界范围内都是这样。在 IMG，许多高级经理人员已经在那里工作了 20 多年；同时，马克·麦考麦克三个年长的孩子也在 IMG，大儿子布莱克（Breck）在法律学院毕业后就加入了 IMG，现在是 IMG 亚太地区主席，二儿子托德（Todd）和女儿莱斯丽（Leslie）也在 IMG 身居要职。

麦考麦克一生勤奋，在心脏病发作的时候他仍在伏案工作。他常常说自己不需要退休，因为一个退休的人所做的事只是他平常有幸所做的事的一小部分。在总结自己的一生时，马克·麦考麦克写道：“当我回首自己的职业生涯，我为自己亲身参与并成为全球体育产业爆炸性发展的一分子而荣耀。在我对那些和我们一起创造出体育营销产业的客户满怀感激之情的同时，我也为 IMG 对全球体育发展所做出的巨大贡献感到骄傲。当我们的英雄和我们的团队把我们所有人都感受到的激动和热情带给世界各地更多的人的时候，我们 IMG 的每一个员工为我们已经成功地给体育运动和签约球员所带来的回报感到自豪。我们坚信我们所做出的努力将帮助又一代巨星达到新的高度。IMG 将在那里和他们继续前进。”

带动中国体育经纪业

虽然体育产业的历史还不到百年，但目前其年产值约 4000 亿美元，并且以每年 20% 的速度递增。在体育发达的北美、西欧和日本，体育产业创造的年产值都排名国内十大产业，成为国内产业中的大项。美国是世界上体育产业最发达的国家，体育行业创造的产值在第三产业中排名第三，仅次于商业银行和证券市场。

中国的体育经纪业是在20世纪90年代初起步的，其中国际体育经纪公司，尤其是麦考麦克的IMG起到了很大的推动作用。当前国内体育影响最大的两大赛事——足球甲A联赛和篮球CBA联赛，最初起步的时候，都是由IMG担任赛事商务推广工作。直到现在，IMG还是足球甲A联赛和足协杯赛的商务推广商。

跳高名将朱建华创办的“希望国际体育经纪公司”成为我国第一家体育经纪公司。公司一开张，朱建华就成为了大忙人，先是给CBA联赛找外援，天津、南京和浙江等地的俱乐部纷纷前来洽谈；接着足球甲A、甲B开赛，他们又主动和来沪比赛的球队联系，为其提供需要的球员以及球员的资料等情报。希望国际体育经纪公司同俄罗斯、乌克兰的一些篮球俱乐部以及荷兰、西班牙、南非等国家的足球俱乐部都建立了广泛的联系，充实了公司的外援库，为公司的发展储备了丰富的资源。此外，运动员的包装、签约、形象设计、赛事的组织、民间体育的交流以及国外球队来华表演，国内球队到国外训练等都是“希望公司”积极开拓的业务范围。但是，目前中国的体育产业还没有形成像IMG那样响当当的品牌。随着体育产业的发展，中国的体育经纪业将走上一个新的台阶。

（改编自：玉忠，《体育经纪业之王——记国际管理集团（IMG）的创始人马克·麦考麦克》，银行家，2003年8期。）

思考问题：

1. 体育中介业与体育产业之间的关系是怎样的？

2. 体育中介业的业务活动有哪些？其核心业务是什么？

3. 体育中介企业最核心的资源是什么？

4. 体育中介企业内部组织机构应该如何设计？

5. 借鉴麦考麦克，我国体育中介企业有哪些经验值得学习？

6. 为了更好的发展我国体育经纪业，你认为我国体育管理体制应该如何改革？

第六节 体育场馆管理业

一、体育场馆管理业概述

体育场馆是竞技体育、全民健身的物质基础和基本条件，随着国际、国内各种大型体育赛事的举办，我国兴建了大量的体育场馆，截止到2010年，我国各类体育场馆的数量已经突破了100万大关。体育场馆管理活动也快速发展，形成了较大的产业规模，2010年体育产业统计公报显示："截止到2008年，体育场馆管理活动从业人员达到2.62万人，实现增加值30.00亿元，按可比价比上年增长27.53%。"

体育场馆管理不仅涉及体育场馆固定资产的盘活，而且事关竞技体育的进步和全民健身的发展。我国虽然拥有数量庞大的体育场馆，但是其运营管理状况并不容乐观，诸多问题仍然制约着体育场馆的可持续发展。

第一，体育场馆定位模糊。体育场馆"是否以体为主"？体育场馆"是公还是私"？这些体育场馆的基本属性目前尚不明晰。体育场馆应该以体为主，但是运营体育竞赛表演、健身休闲并不盈利甚至亏损，而演唱会、展览会等活动却大幅盈利。我国绝大部分体育场馆属于公共投资兴建，应该以低廉的价格服务社会大众，但是体育场馆公益性的定位并没有配套的政策，而公益开放无法实现体育场馆的持续发展。

第二，体育场馆管理体制落后。我国大多数体育场馆以事业单位为主，属于体育局的下属单位，管理体制上仍采用行政管理的方式。在此管理体制下，体育场馆运营的动力不足，缺乏激励和监督管理的措施。

第三，体育场馆运营水平较低。体育场馆运营是一个世界性的难题，但是也不乏成功运营的案例。对于我国而言，我国体育场馆的运营观念还相对落后，运营管理的手段和方法缺乏，总体运营水平较低，入不敷出、靠财政接济的体育场馆占到了相当大的比例。

第四，体育场馆的运营与场馆建设、体育事业的发展关系不够紧密。一方面体育场馆前期的规划、建设没有与后期的运营相结合，导致建设与运营隔离，巨大投资建成的体育场馆却无法有效地运营；另一方面，体育场馆运营未能与体育事业的发展建立紧密的联系，造成体育场馆运营方向不明，运营效益不佳。

二、案例精选

中国体育场馆焦点问题透视

广州亚运会期间，中国体育场馆协会召开全体会员代表大会，中国体育场馆建设与运营论坛同期举行。处在重大赛事期间的本次会议成为了媒体的亮点，会议不仅仅在于吸引了 300 多名国内体育场馆界的业内人士参加，关键是在这次会议上，中国体育场馆界有着举足轻重分量的人士之间非“老生常谈”的高端对话，有人说这样的对话一针见血、高屋建瓴，也有人说这样的对话敢于直面问题、不回避症结和困惑。

问题之一 经济效益与社会效益究竟能否兼顾

让政府满意、让群众高兴、让场馆的资源优化配置、让经营者获得最大的收益。这四点要求看似简单，怎样满足这四个方面的要求，却成了近年来摆在体育场馆建设和运营者面前的一道难以调和的问题。

浙江省体育局副局长李期华在报告中指出，体育场馆经营的社会效益和经济效益应从“政府的要求、群众的需求、企业的追求”三大着眼点出发，充分发挥体育场馆的资源优势，通过举办大型体育赛事来提升城市影响力、为城市发展服务。一方面发挥政府的引领和赛事效应的辐射作用，利用、整合场馆资源举办大型赛事，提升城市影响力。另一方面，发挥市场的导向和消费主体的能动作用，利用民营资本优势结合群众体育活动举办大型赛事，提升场馆利用率和城市影响力。宁波北仑是场馆社会效益和经济效益双赢的成功典范。北仑积极引进中国女排赛事落户，北仑区政府一方面投资 2.5 个亿建设了北仑体艺中心；另一方面，加大赛事文化的宣传和北仑精神的塑造，积极引导女排精神的融入，向全世界展示一个生机盎然的北仑，成功打造了这张城市金名片，在形成了对市民文化感召力的同时有效提升了城市影响力和经济收益。

问题之二 场馆运营与发展能否和谐统一

场馆开放是体育公共服务的基本目的和要求。江苏省体育局副局长颜争鸣指出，场馆开放不等于开发，开发必须建立在开放之上，开放+开发是一种全新的场馆开放型体育专业服务。通过对场馆资源的运作，提升其综合效益和服务能力，最终目的是为了更好地提供公共服务。合理的规划和规范是体育场馆发展过程中两个重要环节，体育场馆规划是谋求长远发展的基础，规范是追求体育场馆良好运营的长效机制。

经过多年实践，多元化发展已成为江苏无锡体育场馆工作者的共识和成功实践，多元体现在其思路多样性、结构多样性和服务多样性，在多元化发展思路下，形成了场馆效益多极增长的格局，由特点走向特色、由多元走向多极，实现本质上的提升。无锡率先实施体育管理体制的“管办分离”改革，将大型国有体育场馆的所有权和经营权分离，将场馆的经营管理权通过委托或出让的方式授权给场馆运作平台，形成 BCO 运营模式：政府建设（Build）—中心监管（Control）—企业运营（Operate），5 年来节省了近亿元财政补贴。

问题之三 场馆社团的核心定位如何兼顾公益与效益

中国体育场馆协会如何在今天中国体育场馆的运营过程中起到最关键的导向和领导作用？如何引导好建设社会主义和谐社会进程中的体育公共服务？国家体育总局体育经济司副司长、中国体育场馆协会副主席兼秘书长陈恩堂表示，协会将充分发挥其作为政府与场馆会员之间沟通的桥梁和纽带作用，坚持协会的公益化方向，以市场化运营为手段，促进两者间协调发展。

坚持公益性发展方向，必须坚持以为会员服务作为核心。同时，协会进行多元化转型，服从经济规律，依靠市场化运行。陈恩堂说：市场化运行并不意味放弃公益，公益化服务离不开市场化发展作为支撑，两者需要相互支持，互为补充，协调发展。通过市场化运行，增强协会自身的造血功能，在满足自身生存发展需要的同时，可以加强政府、协会、会员三者之间沟通渠道的建设，完善公益性服务平台和交流学习平台的建设，做好会员的参谋、当好政府的助手，为加快我国从体育大国向体育强国的迈进贡献力量。

问题之四　中国体育场馆绿色发展之路是否坚实

新材料、新能源、新技术是不是在今天注重利益博弈的场馆中得到了切实和广泛的应用？在体育场馆运营方面，提高单位面积的使用率，从单一功能向复合型方向发展，加强体育建筑的绿色节能手段是目前我国体育场馆工作者的首要问题。

陈恩堂表示：在未来的体育场馆建设与运营过程中，需要我们用设计理念的创新使未来体育场馆的设计与建设更加具有综合使用价值，通过高科技手段做到环保和资源的绿色优化配置，努力推进中国体育场馆的绿色环保和可持续利用。

问题之五　场馆发展是否需要拓宽多维视角

中国体育场馆发展的国际化道路应该伴随着多维发展视角的拓宽。华南师范大学体育科学学院教授谭建湘指出，目前，我国绝大部分体育场馆设施产权归政府所有，运营管理主要是事业单位或政府国资公司负责，由于受到管理体制、政策、资源、市场环境等因素的限制，运营对大部分的业主来说，仍旧是一个难题，这需要去积极探索、大胆实践，去摸索、探寻一条符合中国国情的发展之路。

北京市建筑设计研究院研究员刘明骏表示，在建筑设计过程中辅助体育固定投入目标，建设单一专业化体育建筑，向以“体育功能为主”，文化博览、会展、博览、商业等多种功能并存的复合型体育建筑综合体转化，使之在运营过程中充满活力，为未来变被动亏损性维持为主动盈利性商业经营设计合理产业组合和有机流程。

美国特拉华州立大学体育管理学博士、曾任休斯敦火箭队战略市场分析经理的张立方和武汉体育中心发展有限公司董事长兼总经理易国庆均表示，要推行中国体育场馆的服务外包化进程，各体育场馆应依据自身外包服务的具体情况来预测潜在的风险，并针对不同类别的风险采取相应的风险防范措施，以规避和控制各种风险的发生。

（改编自：曹彧，《几大焦点问题透视——中国体育场馆发展的现状与未来》，中国体育报，2010年12月10日。）

思考问题：

1. “让政府满意、让群众高兴、让场馆的资源优化配置、让经营者获得最大的收益”四个方面，反映了体育场馆中所蕴含的政府、群众、资源、经营者之间怎样的关系？

2. 体育场馆是否属于公共品？其社会效益和经济效益应该如何同时保障？

3. 你认为BCO运营模式是否可行？实行该模式，应该规避什么风险？

4. 体育场馆协会在体育场馆管理业中应该发挥什么样的作用？

5. 体育场馆运营与规划、建设的结合点有哪些？

6. 什么是体育场馆服务外包？你认为体育场馆服务外包包括哪些内容？

7. 你认为我国体育场馆的管理体制是怎样的？应该如何破除目前我国体育场馆管理体制的弊端？

参考文献：

[1] 国务院办公厅 . 关于加快发展体育产业的指导意见 [S].2010−3−19.

[2] 伍绍祖 . 中华人民共和国体育史 [M]. 北京 : 中国书籍出版社，1999.

[3] 张瑞林 , 王先亮 . 我国体育产业管理体制研究 [J]. 体育学刊 ,2010,10:15~21.

[4] 刘东锋 . 对我国单项运动协会实体化改革演进的思考 [J]. 体育学刊 ,2008.9:21~25.

[5] 国家体委联合调查组 . 解放思想积极探索推进体育协会制的改革 [J]. 体育文史 ,1995（2）:27~30.

[6] 国家体育运动委员会 . 关于运动项目管理实施协会制的若干意见 [S].1993−5−24.

[7] 邱雪 . 后奥运时期深化单项运动协会改革的研究 [R]. 北京 : 国家体

育总局体育科学研究所，2009.

[8] 黄凯 . 我国足球职业化改革的历史回顾与发展对策 [J]. 行政与法 ,2010.10:70~72.

[9] 陈小林 , 中国职业体育制度改革研究 [J]. 福建体育科技 ,2008.10:6~8.

[10] 江和平 , 张海潮 . 中国体育产业发展报告（2008—2010）[M]. 北京 : 社会科学文献出版社 ,2010.01：78~142.

[11] 国家体育总局 . 改革开放 30 年的中国体育 [M]. 北京 : 人民体育出版社 ,2008,12:179.

[12] 范泽 , 我国职业篮球俱乐部的现状与发展对策思考 [D]. 山东师范大学 ,2009.03:17.

[13] 徐甫根，邓卫红 . 我国体育竞赛表演市场现状及对策探析 [J]. 企业经济 ,2006.05:117~119.

[14] 唐鹏 . 中国职业足球管理体制研究 [D]，河海大学学位论文，2006.

[15] 于德东，孙闽君 .NBA 与 CBA 管理体制比较之研究 [J]. 山西师范大学体育学院学报，2004.02.

[16] 闫俊涛 . 对北京国际马拉松赛竞赛组织的现状分析与改革研究 [D]. 北京体育大学 .2008.

[17] 褚孝勇 . 对北京国际马拉松赛市场化运作的探讨 [D]. 北京体育大学 .2007.

[18] 靳英华，原玉杰 . 北京国家马拉松赛的社会效益和经济效益分析 [J]. 北京体育大学学报 .2008.11.

[19] 曹可强 . 论我国体育健身业准入制度的建立与管理 [J]. 体育科研 .2008.06:67~69.

[20] 刘扶民 .2007 年全国体育产业工作会议报告 [R]，国家体育总局，2007.08.

[21] 审计署 . 北京奥运会财务收支和奥运常规建设项目跟踪审计结果公告 [S],2009.06.

[22] 朱宁宁 . 高尔夫场所发生群殴 会员制经营模式变味 [N]. 法制日报 .2009-07-16.

[23] 周城雄 . 体育用品业发展分析 [J]. 中国体育产业发展报告 . 北京：社会科学文献出版社 2010：185.

[24] 李芳 . 我国体育彩票业管理中存在的问题与对策研究 [J]. 贵州工业大学学报（社会科学版）.2006，8（5）：101~103.

[25] 黄胜华 .4.20 蓄意破坏体育彩票案 [N]. 江南时报(第二版).2001(4).

[26] 蒋英雪 . 不良案例对中国体育彩票销售和发展的影响及风险规避 [J]. 经济研究导刊 .2008,32（13）：118~119.

[27] 谭建湘，邹亮畴，张宏，等 . 我国体育中介市场现状与对策研究 [J]. 广州体育学院学报 .2004，24（5）：5~8.

[28] 裴立新 . 建立体育中介人制度是构建和完善我国体育产业体系的重要环节 [J]. 西安体育学院学报 ,1995,12（4）:17~20.

[29] 玉忠 . 体育经纪业之王——记国际管理集团（IMG）的创始人马克・麦考麦克 [J] 银行家 2003,（8）: 74~77.